अध्ययन और आस्वाद-1

अध्ययन और आस्वाद-1

(साहित्यिक निबन्ध)

गुलाबराय

वाणी प्रकाशन

वाणी प्रकाशन
4695, 21-ए, दरियागंज, नयी दिल्ली 110 002
शाखा
अशोक राजपथ, पटना 800 004
फ़ोन: +91 11 23273167 फ़ैक्स: +91 11 23275710
www.vaniprakashan.in
vaniprakashan@gmail.com
sales@vaniprakashan.in

ADHYAYAN AUR ASWAD-1
by Gulabrai

ISBN : 978-93-86799-40-1
Literary Essays

प्रथम संस्करण 1957
प्रथम (वाणी) संस्करण 2017

मूल्य : ₹ 425

सिटी प्रेस, दिल्ली-110 095 में मुद्रित

वाणी प्रकाशन का लोगो मक़बूल फ़िदा हुसेन की कूची से

प्रकाशकीय

'अध्ययन और आस्वाद' बाबू गुलाबराय के साहित्यिक निबन्धों का संग्रह है। 'अध्ययन और आस्वाद' उनके सभी निबन्ध संग्रहों में निबन्धों की संख्या और विषय के वैविध्य की दृष्टि से व्यापक है। पुस्तक में संकलित कुल चालीस निबन्धों में बाबू गुलाबराय के विस्तृत अध्ययन की एक पूरी झाँकी का दर्शन हो जाता है। 'अध्ययन और आस्वाद' में साहित्य, आलोचना, काव्यशास्त्र और कथा की मूल प्रवृत्तियों पर प्रकाश डालने वाले निबन्धों के अलावा हिन्दी साहित्येतिहास के विभिन्न कालखण्डों पर केन्द्रित स्वतन्त्र और विद्वत्तापूर्ण निबन्धों का संकलन किया गया है। ये निबन्ध पाठकों में साहित्य की मूल समझ के साथ-साथ इतिहास-दृष्टि और आलोचना-दृष्टि को विकसित करने में बेहद उपयोगी हैं। इस पुस्तक के बारे में स्वयं गुलाबराय मानते हैं कि ''संग्रह के सभी निबन्ध आलोचनात्मक हैं, कुछ सैद्धान्तिक आलोचना से सम्बन्ध रखते हैं और कुछ व्यावहारिक। सैद्धान्तिक और साहित्यिक एवं इतिहास से सम्बन्धित निबन्धों में अध्ययन की बात अधिक है और व्यावहारिक आलोचना में अध्ययन के साथ आस्वाद का भी पुट है। अध्ययन और आस्वाद मेरी आलोचना के मूल स्तम्भ हैं और यही उनकी विशेषताएँ भी हैं।'' आलोचना के इन दो मूलाधारों पर स्थित होने के कारण ये निबन्ध आज भी उतने ही प्रामाणिक और प्रासंगिक हैं।

'अध्ययन और आस्वाद' का पहला संस्करण छह दशक पहले 1957 में प्रकाशित हुआ था। आलोचनात्मक निबन्धों की इतनी महत्त्वपूर्ण पुस्तक अब अनुपलब्ध है। पुस्तक की महत्ता को देखते हुए वाणी प्रकाशन इसका नया संस्करण प्रकाशित कर रहा है। पाठकों की सुविधा के लिए मूल पुस्तक को दो खण्डों में प्रकाशित किया जा रहा है। सैद्धान्तिक अवधारणात्मक निबन्धों के अलावा भक्तिकाल और रीतिकाल से सम्बन्धित निबन्ध पहले खण्ड में रखे गये हैं। दूसरे खण्ड में आधुनिक

काल के साहित्यकारों और कृतियों से सम्बन्धित निबन्धों को शामिल किया गया है। इसी दृष्टि को ध्यान में रखते हुए 'बिहारी का सौन्दर्य-बोध' निबन्ध को पहले खण्ड में रखा गया है। शेष निबन्ध मूल संस्करण के अनुसार ही यथास्थान हैं। हमें आशा है कि दो खण्डों में यह पुस्तक पाठकों के लिए बेहद उपयोगी होगी।

–प्रकाशक

दो शब्द

यद्यपि **'उपजहिं अनत अनत छवि लहहिं'** की उक्ति में बहुत-कुछ तथ्य है तथापि यह भी ठीक है कि लेखक को अपनी कृतियों का निकटतम परिचय होता है। इसी नाते मैं 'अध्ययन और आस्वाद' के निबन्धों के सम्बन्ध में दो शब्द लिख रहा हूँ।

निबन्ध का विषय-विस्तार बहुत व्यापक है। उसके विस्तृत क्षेत्र में सारा जीवन और जगत आ जाता है। साहित्य और आलोचना भी उसी विशाल जीवन-विटप की सुरम्य सुमनावली में से है। जीवन और जगत से सम्बन्धित विषयों को लेकर मेरे दो संग्रह 'मेरे निबन्ध' (जीवन और जगत) और 'कुछ उथले कुछ गहरे' शीर्षक से निकल चुके हैं। यद्यपि इन संग्रहों के अधिकांश निबन्ध साहित्य से सम्बन्धित नहीं हैं। (इनमें कुछ अवश्य साहित्य विषयक हैं) तथापि उनकी शैली सर्वथा साहित्यिक है। इनमें मेरे जीवन के अनुभव, राष्ट्रीय भावनाएँ और जीवन-दर्शन के सिद्धान्त संगृहीत हैं इनके अनुशीलन से विद्यार्थीगण विचारों में सम्पन्नता प्राप्त करने और व्यवहारकुशल अच्छे नागरिक बनने के साथ एक परिमार्जित और आकर्षक शैली के गुण सीख सकते हैं।

प्रस्तुत संग्रह के निबन्धों का विषय भी साहित्यिक है और उसी के साथ उनमें शैली की सरसता स्थित रखने का प्रयत्न किया गया है। ये निबन्ध उच्च स्तर के विद्यार्थियों के लिए अवश्य लिखे गये हैं किन्तु मेरा सदा यह ध्येय रहा है कि साधारण विद्यार्थी के लिए भी वे दुरूह न हो जाएँ। मेरा विश्वास है कि बहुत ऊँची बातें भी सरल और सुबोध भाषा में बतायी जा सकती हैं, इसी विश्वास को इन निबन्धों में चरितार्थ किया गया है। इस संग्रह के प्रायः सभी निबन्ध आलोचनात्मक हैं, कुछ सैद्धान्तिक आलोचना से सम्बन्ध रखते हैं और कुछ व्यावहारिक। सैद्धान्तिक और साहित्यिक एवं इतिहास से सम्बन्धित निबन्धों में अध्ययन की बात अधिक है और व्यावहारिक आलोचनाओं में अध्ययन के साथ आस्वाद का भी पुट है। अध्ययन और आस्वाद मेरी आलोचना के मूल स्तम्भ हैं और यही उनकी विशेषताएँ भी हैं।

इन निबन्धों में अधिकांश निबन्ध 'साहित्य सन्देश' के लिए लिखे गये हैं। इस संग्रह में वे अधिक परिमार्जित रूप में आये हैं। मासिक पत्रिकाएँ यद्यपि दैनिकों और साप्ताहिकों की अपेक्षा अधिक स्थायित्व रखती हैं फिर भी उन निबन्धों में वह

तारतम्य, एकसूत्रता और क्रमबद्धता नहीं रहती है जो पुस्तक में संगृहीत निबन्धों में होती है। इन निबन्धों के संकलन और क्रमबद्ध करने और अखबार की फाइलों से निकाल कर पुस्तक रूप देने का श्रेय मेरे ज्येष्ठ पुत्र रामशंकर गुप्त को है। आशा है विद्यार्थीगण इनसे अपने अध्ययन तथा साहित्यिक निबन्ध लिखने के अभ्यास में लाभ उठायेंगे। काव्य का रसास्वाद करने वालों को अपने रसास्वाद में भी इन निबन्धों से सहायता मिलेगी। इस प्रकार इस संग्रह का नाम 'अध्ययन और आस्वाद' सार्थक होगा।

विनीत

गुलाबराय

गोमती-निवास
दिल्ली दरवाज़ा, आगरा
वैशाख शुक्ल पूर्णिमा
संवत 2014

अनुक्रम

साहित्य के मूल्य

आर्थिक व्यंजना : साधारण बोलचाल की भाषा में मूल्य शब्द का सम्बन्ध मोल-भाव या क्रय-विक्रय की मनोवृत्ति से है। उस शब्द के सुनते ही वर्तुलाकार रजत-खंडों का जिनका प्रत्यक्ष दर्शन आजकल कुछ दुर्लभ हो गया है या उनके प्रतीक-स्वरूप नोटों का आकर्षक रूप सामने आ जाता है। अंग्रेजी भाषा में 'वैल्यू' शब्द का अर्थ हिन्दी की अपेक्षा अधिक व्यापक हो गया है किन्तु वहाँ भी वह आर्थिक व्यंजना से निर्मुक्त नहीं हुआ है, और शायद इसी कारण से विशुद्ध कलावादी जो कला को सब मूल्यों से परे मानते हैं, साहित्य के साथ मूल्य शब्द जुड़ा देखकर चौंक उठते हैं और कभी-कभी प्रभु ईसा मसीह के से आवेश में आकर कहने लगते हैं कि तुम लोगों ने साहित्य जैसे पावन देव-मन्दिर को क्रय-विक्रय की हाट बनाकर रक्खा है।

मूल्य और प्रयोजन : शायद ऐसी ही आपत्तियों से बचने के लिए भारतीय समीक्षा शास्त्र में 'प्रयोजन' शब्द का व्यवहार हुआ है। प्रयोजन शब्द यद्यपि पर्याप्त रूपेण विस्तृत है और आर्थिक व्यंजना से मुक्त भी है तथापि वह मूल्य का ही आन्तरिक रूप है। मूल्य वस्तु के निर्माण के पश्चात् मिलता है। निर्माण से पूर्व वही लक्ष्य रूप से प्रयोजन कहलाता है। कलावादी तो मूल्य और प्रयोजन दोनों के ही विरोधी हैं।

मूल्य का अभिप्राय : शुद्ध कलावादियों के क्षोभ की निवृत्ति के अर्थ हमको मूल्य शब्द के अर्थ पर विचार कर लेना आवश्यक हो जाता है। साधारणतया हम उसी वस्तु को मूल्यवान् कहते हैं जो या तो सीधे तौर से हमारे उपयोग में आ सके या हमारे लिए उपयोग की वस्तुओं को जुटा सके या भविष्य में जुटा सकने की सामर्थ्य रक्खे। धन के मूल्य का प्रमुख रूप इसीलिए माना गया है कि उसके द्वारा हमको बहुत सी उपयोगी वस्तुएँ प्राप्त हो सकती हैं। हम उपयोगी उसी वस्तु को कहते हैं जो हमारी किसी आवश्यकता की पूर्ति कर सके। कूड़ा-कर्कट जब हमारी किसी आवश्यकता की पूर्ति नहीं करता तो अनुपयोग समझा जाकर फेंक दिया जाता है; किन्तु वही जब खाद बनकर हमारे उद्यान के फूलों या गोभी-टमाटर के उत्पादन तथा उनकी पुष्टि और आकार-वृद्धि में सहायक होता है तब हमारी एक

आवश्यकता की पूर्ति के कारण उपयोगी और मूल्यवान बन जाता है। आवश्यकताएँ केवल भौतिक जगत में ही सीमित नहीं रहतीं, वे मानसिक और आध्यात्मिक भी हो सकती हैं। जो वस्तुएँ इन आवश्यकताओं की पूर्ति करती हैं वे उपयोगी और मूल्यवान् कहलाती हैं।

रुचि-वैचित्र्य : कलावादियों की कला भी जो उपयोगिता की अपावन गन्ध से परे समझी जाती है, अपनी सौन्दर्य-जन्य प्रसन्नता देने की शक्ति और क्षमता के कारण उपयोगी कही जा सकती है। संगीत भी क्लान्त मन को विश्रान्ति देने के कारण उपयोगिता के क्षेत्र से बाहर नहीं। देश-सेवक अपने आदर्शों की पूर्ति के लिए प्राणों की भी आहुति देने में आना-कानी नहीं करता; उसके लिए वे आदर्श ही मूल्यवान हैं क्योंकि उनकी पूर्ति में उसकी विस्तृत आत्मा को परितुष्टि होती है। एक धार्मिक व्यक्ति घर-बार की चिन्ताओं को छोड़कर हरि-भजन में मग्न रहता है, क्योंकि वह उसे अपने प्रियतम से मिलन का साधन समझता है। राजरानी मीरा ने अपने प्रभु गिरिधर नागर के लिए राज-वैभव, लोक-लाज और कुल-मर्यादा को तिलांजलि देना ही श्रेयस्कर और मूल्यवान् समझा था, क्योंकि उससे उसके आध्यात्मिक भाव की तुष्टि होती थी। कोई श्रद्धालु भक्त मासिक 'कल्याण' के लिए डाकिये की अधीर प्रतीक्षा करते हैं और कोई व्यसनप्रिय-सज्जन टाइम्स ऑव इंडिया के क्रासवर्ड पजल्स के लिए न्यूज-एजेण्ट की दुकान के दिन में दस बार चक्कर लगाते हैं, क्योंकि उन वस्तुओं द्वारा उनकी विभिन्न आवश्यकताओं की पूर्ति होती है।

आवश्यकताओं के प्रकार : अब प्रश्न यह होता है कि ये मूल्य भिन्न-भिन्न व्यक्तियों की रुचि-वैचित्र्य के कारण सापेक्षित हैं या निरपेक्ष। मूल्यों के सम्बन्ध में भी कुछ सापेक्षता अवश्य है किन्तु मनुष्य का जरा निकटतर अध्ययन करने से इन आवश्यकताओं के मोटे-मोटे प्रकारों का पता चल जायगा। मनुष्य में शरीर, प्राण, मन, बुद्धि और आत्मा का अपूर्व संयोग है। इनके ही अनुकूल उसकी भिन्न-भिन्न आवश्यकताएँ हैं।

भौतिक आवश्यकताएँ : मनुष्य भौतिक पदार्थों की भाँति जड़ नियमों के बन्धन में रहता है। यद्यपि उसने अपनी वैज्ञानिक बुद्धि के बल पर उन नियमों पर बहुत अंशों में विजय प्राप्त कर ली है तथापि वह उनकी नितान्त अवहेलना नहीं कर सकता। मानवी बुद्धि की चरम सफलता के द्योतक वायुयान भी अचल होकर गगन-मंडल में स्थित नहीं रह सकते। शीतोष्ण और क्षुत्पिपासा आदि आवश्यकताओं से भी मनुष्य अपना पल्ला नहीं छुड़ा सका। मनुष्य सत् होने के नाते मिट्टी के ढेले की भाँति प्राकृतिक नियमों में बँधा हुआ है और सजीव होने के नाते आहार, निद्रा, भय, मैथुन आदि प्राणिशास्त्र सम्बन्धी आवश्यकताओं में पशुओं का समानधर्मी है। अन्तर केवल इतना ही है कि मनुष्य की इन सब बातों में कुछ मानसिक पक्ष भी लगा रहता है और इस कारण उसका आनन्द भी बढ़ जाता है। पेट तो होटल में भी भर जाता है,

किन्तु प्रेम से परोसे हुए भोजन में कुछ सरसता, तुष्टि और शायद पुष्टि भी अधिक बढ़ जाती है। इसी कारण परम विरक्त गोस्वामी तुलसीदास को विनय-पत्रिका में राम-नाम के सम्बन्ध में *"सुखद अपनो सो घरु है"* कहना पड़ा था।

उच्च प्रकार की आवश्यकताएँ : यहाँ तक तो मनुष्य के अन्नमय और प्राणमय कोषों की बात रही, उसका मनोमय कोष इन दोनों से ऊँचा है। इसका सम्बन्ध उसके मन, बुद्धि, चित्त, और अहंकार से है। उसकी एषणाएँ, अभिलाषाएँ, महत्वाकांक्षाएँ सब इसी से सम्बन्धित हैं। इस प्रकार उसकी भौतिक और प्राण-सम्बन्धी आवश्यकताओं के अतिरिक्त उसकी मनोवैज्ञानिक आवश्यकताएँ भी हैं। यही आवश्यकताएँ उसके व्यक्तित्व की पोषिका बन जाती हैं। वे उसकी अहं-भावना को तुष्ट करती हैं। किन्तु मनुष्य में जहाँ व्यक्तित्व का पार्थक्य है वहाँ उसकी आत्मा उसको व्यक्तित्व की तुच्छ सीमाओं के ऊपर उठाती है। उसकी सामाजिकता इसी का फल है। इसी कारण वह आचार और नीति के घेरे में आता है, यही प्रवृत्ति अनेकता में एकता स्थापित करती है।

एकात्मवाद का आधार : योरुप के लोगों ने इस एकता का आधार मनुष्य की सामाजिक प्रवृत्ति को माना है। भारतीय मनीषियों ने इस एकता की प्रवृत्ति का आध्यात्मिक आधार माना है और उसका सम्बन्ध विज्ञानमय कोष से स्थापित किया है। उसी आधार पर भारतीय एकात्मवाद की प्रतिष्ठा हुई। कुछ पाश्चात्य दार्शनिकों ने भी 'सुपर ईगो' अर्थात् पर-आत्मा माना है। आनन्दमय कोष इससे भी ऊँचा है। उसमें ज्ञाता-ज्ञान-ज्ञेय की त्रिपुटी की एकता हो जाती है। कला अपने चरम विकास में इसी ध्येय की ओर अग्रसर होती है। इसीलिए रस को काव्य की आत्मा माना है और उसे ब्रह्मानन्द सहोदर कहा है।

आनन्द की श्रेणियाँ : भौतिक आवश्यकताओं की पूर्ति के अतिरिक्त मनुष्य जीवन में आनन्द के लिए भी कुछ स्थान है। इस आनन्द की ऊँची और नीची कई श्रेणियाँ हैं। क्रिकेट मैच देखने से हमारा पेट नहीं भरता और न हम सिनेमा देखने से कुछ मोटे हो जाते हैं फिर भी हम उनके लिए परेशान रहते हैं। शतरंज का खिलाड़ी खाने-पीने और बाल-बच्चों की भी परवाह नहीं करता। भगवद्भक्त राम-गुणगान में तल्लीन हो जाता है। साहित्य और कला के क्षेत्र में यही आनन्द रस कहलाता है। यही काव्य का जीवन है किन्तु इस रस का स्रोत आन्तरिक होता हुआ भी बाह्य जगत से असम्बद्ध नहीं है।

साहित्य और जीवन : साहित्य मुखरित जीवन है। वह जीवन का ही आत्मचिन्तन है। जीवन की आवश्यकताओं को भूलकर हम साहित्य का चिन्तन नहीं कर सकते। हमारे यहाँ का साहित्य शब्द 'लिटरेचर' से कुछ अधिक व्यंजना रखता है। साहित्य में 'सहित' 'इकट्ठे होने' व समन्वय का भाव लगा हुआ है– *"सह एव सहितं, तस्य भावः साहित्यम्।"* दूसरी व्युत्पति है *"हितेन सह सहितं तस्य भावः साहित्यम्।"*

साहित्य की इन्हीं दोनों व्युत्पत्तियों से हमको इन मूल्यों के प्रश्न को हल करने में सहायता मिलेगी।

व्यापक मूल्य की खोज : यह बात तो सभी मानेंगे कि जिसका जीवन में मूल्य है उसका साहित्य में भी मूल्य है। साहित्य के मूल्य जीवन के मूल्यों से भिन्न नहीं। अब प्रश्न यह होता है कि क्या इनमें कोई सर्वप्रधान है कि जिसमें हाथी के पैर के समान सबके पैर आ जायँ अथवा सब एक-सा महत्त्व रखते हैं और देवताओं के समान कोई छोटा बड़ा नहीं? यह प्रश्न टेढ़ा है। सब लोग अपने-अपने पक्ष को महत्ता देने के लिए अपनी-अपनी डफली पर अपना-अपना राग अलापते हैं। *'भिन्न रुचिर्हि लोकाः'* की बात इस समस्या को और भी जटिल बना देती है। सब मनुष्यों को एक लाठी से हम हाँक भी नहीं सकते। कुछ लोग तो प्रगतिवादियों के साथ यह कहेंगे कि *'भूखे भजन न होय गुपाला'* और कुछ बिहारी के साथ कहेंगे कि *''तन्त्रीनाद कवित्त रस सरस राग रतिरंग। अनबूढ़े बूढ़े तिरे जे बूढ़े सब अंग''* में मनोविज्ञान ने भी मनुष्यों के 'इन्ट्रोवर्ट' (अन्तर्मुखी) और एक्स्ट्रोवर्ट (बहिर्मुखी) दो प्रकार के टाइप माने हैं। छायावादी शायद इन्ट्रोवर्ट श्रेणी में रखे जायेंगे और प्रगतिवादी 'एक्स्ट्रोवर्ट' (बहिर्मुखी) के अन्तर्गत माने जायेंगे। ये दोनों टाइप किसी अंश में एक-दूसरे को प्रभावित कर सकते हैं, परिवर्तित नहीं कर सकते।

व्यक्तियों की व्यक्ति-सम्बन्धी और टाइप-सम्बन्धी विशेषताओं को ध्यान में रखकर अब यह ध्यान रखना चाहिए कि साहित्य के लिए भौतिक (प्राण-सम्बन्धी आवश्यकताएँ भी इसमें शामिल हैं) भावात्मक, बौद्धिक, सामाजिक (इनमें हम नैतिक आवश्यकताओं को भी शामिल करते हैं) और आध्यात्मिक आवश्यकताओं में किसी एक को प्राधान्य देना चाहिए या सबको।

भारतीय समन्वय दृष्टि : हमारे यहाँ जो धर्म, अर्थ, काम, मोक्ष के चार पुरुषार्थ माने गये हैं उनका भी इन्हीं मूल्यों से सम्बन्ध है। धर्म में सामाजिक और नैतिक मूल्य आ जाते हैं, अर्थ का सम्बन्ध भौतिक मूल्यों से है, काम में सौन्दर्य और कला सम्बन्धी सभी मूल्य सम्मिलित हैं और मोक्ष में आध्यात्मिक मूल्य आ जाते हैं। यद्यपि ये सभी मूल्य अपना महत्त्व रखते हैं, तथापि इनमें से किसी एक की भी उपेक्षा नहीं की जा सकती है। मोक्ष को चाहे थोड़ी देर के लिए हम भुला दें, किन्तु इन तीन को हम नहीं छोड़ सकते और करीब-करीब तीनों का बराबर महत्त्व है। किसी एक को भी प्राधान्य देना जीवन का सन्तुलन बिगाड़ना होगा। मर्यादापुरुषोत्तम श्री रामचन्द्र जी ने अपने भाई भरत जी को प्रश्नों द्वारा नीति का उपदेश देते हुए पूछा था कि कहीं अर्थ से धर्म में या धर्म से अर्थ में और काम से धर्म और अर्थ में तो बाधा नहीं पड़ती?

''कच्चिदर्थेन वा धर्मअर्थ धर्मेण वा पुनः।
उभौ वा प्रीतिलोभेन कामेन न विवाघसे॥''

श्री रामचन्द्र जी ने भरत जी को समय विभाजन कर तीनों के परिसेवन का उपदेश दिया था।

इस प्रकार श्री रामचन्द्र जी ने भरत जी को अपने जीवन में धर्म, अर्थ, काम तीनों ही के समन्वय की शिक्षा दी थी। यही समन्वय-दृष्टि भारतीय दृष्टि है।

मम्मट का मत: हमारे यहाँ के काव्य-समीक्षकों ने आनन्द में सब मूल्यों का समन्वय किया है; वे लोग यश और अर्थ के भौतिक उद्देश्यों से चलकर पर-निर्वृत्ति के आध्यात्मिक लक्ष्य तक गये हैं। मम्मटाचार्य ने काव्य के उद्देश्यों में यश को सबसे पहला स्थान दिया है। कालिदास आदि ने यश के लिए ही लिखा था। उसके पश्चात् धन का स्थान आता है। आजकल की अधिकांश साहित्य-सृष्टि धन के लिए ही होती है। काव्य लोक-व्यवहार से परिचित होने तथा परिचित कराने के लिए भी लिखा जाता है। प्राचीन लोग प्रार्थनाओं द्वारा अनिष्ट निवारण के लिए भी काव्य लिखते थे, जैसे गोस्वामी जी ने बाहु पीड़ा से मुक्त होने के लिए हनुमान बाहुक लिखा था। काव्य का सबसे बड़ा उद्देश्य तुरन्त उत्पन्न होने वाला आनन्द है। काव्य स्त्री की भाँति कोमलता और सहृदयतापूर्ण उपदेश देने को भी लिखा जाता है, जैसे बिहारी के *'नहिं पराग नहिं मधुर मधु'* वाले दोहे ने मिर्जा राजा जयशाह को सचेत किया था। काव्य के ये सब उद्देश्य नीचे के श्लोक में दिये गये हैं–

"काव्यं यशसेऽर्थकृते व्यवहारविदे शिवेतरक्षतये।
सद्यः परनिवृत्तये कान्तासम्मिततयोपदेशयुजे॥"

भामह ने भी काव्य को धर्म, अर्थ, काम, मोक्ष का साधक और कला में नैपुण्य उत्पन्न करने वाला तथा प्रीति और कीर्ति की प्राप्ति कराने वाला बतलाया है–

"धर्मार्थकाममोक्षणां वैचक्षण्यं कलासु च।
प्रीतिं करोति कीर्तिं च साधु काव्यनिबन्धनम्॥"

आध्यात्मिक मूल्य भौतिक मूल्यों से ऊँचे अवश्य हैं, किन्तु उनकी उपेक्षा नहीं करते। भौतिक सोपानों द्वारा ही आध्यात्मिक की प्राप्ति होती है।

साहित्य का आदर्श: साहित्य का मूल्यांकन भी हम इसी व्यापक दृष्टिकोण से कर सकते हैं। जो साहित्य हमको इन धर्म (नीति, आचार और आध्यात्मिक मान) अर्थ (भौतिक और शारीरिक मान) और काम (एषणाएँ, महत्वाकांक्षाएँ, कला और सौन्दर्य-सम्बन्धी मान) इन तीनों प्रकार के मानों के अथवा मूल्यों के समन्वय की ओर ले जाता है, वही सत्साहित्य है। साहित्य का अर्थ भी सहित का भाव है जो समन्वय-दृष्टि प्रधान है।

कुन्तक का मत: आचार्य कुन्तक ने शब्द के शब्दोत्तर के साथ और वाच्य के वाच्यान्तर के साथ मेल को ही साहित्य कहा है–

"सहितौ इत्यत्रापि यथा युक्ति स्वजातीयापेक्षया शब्दस्य शब्दान्तरेण वाच्यस्य वाच्यान्तरेण च साहित्यं परस्परास्पर्द्धित्व लक्षणामेव विवक्षितम्।"

कुन्तक ने शब्द और अर्थ दोनों को ही महत्त्व दिया है। यथा–

"शब्दार्थौ संहितौ वक्रकविव्यापारशालिनौ।
बन्धे व्यवस्थितौ काव्यं तद्विदाह्लादकारिणौ॥"

वक्रोक्तिवाद और अभिव्यंजनावाद : इसलिए वक्रोक्तिवाद का कोरे अभिव्यंजनावाद से तादात्म्य करना उचित नहीं ठहरता। साहित्य की दूसरी व्युत्पत्ति है *"हितेनत्र सह सहितं तत्य भावः साहित्यम्।"* साहित्य के दोनों ही अर्थ हमको समन्वय भाव और लोक मंगल की ओर ले जाते हैं। जो साहित्य मनुष्य-जीवन में उसकी सभी वृत्तियों और जीवन के सभी स्तरों में साम्य की ओर ले जाता है वही हमारे लिए मान्य होगा। इस साहित्य को चाहे प्रगतिवाद कहें, चाहे छायावाद और चाहे समन्वयवाद।

प्रगतिवाद और छायावाद : प्रगतिवाद ने आर्थिक मूल्यों को प्रधानता दी है। वह अन्य मूल्यों की यदि उपेक्षा करता है तो एकांगी ठहरकर उच्चादर्श से गिर जाता है। छायावाद मनुष्य की कला-सम्बन्धी प्रवृत्तियों का पोषण करता है, वह शब्द-सौन्दर्य पर भी अधिक बल देता है। किन्तु वह भी आर्थिक मूल्यों की उपेक्षा नहीं कर सकता। आजकल के छायावादी प्रायः सभी इन आर्थिक मूल्यों के प्रति सचेत होते जाते हैं।

सौन्दर्य का वस्तुगत और मानसिक पक्ष : कला-सम्बन्धी मूल्य अथवा नगेन्द्रजी के शब्दों में छायावाद का वायवी सौन्दर्य मूर्त्त-सौन्दर्य को पूर्णता प्रदान करता है। स्वयं सौन्दर्य भी एक साम्य है, जिसमें भौतिक और आध्यात्मिक दोनों का ही सम्मिश्रण रहता है। सौन्दर्य का आधार भौतिक है किन्तु बिना मानसिक रुचि और आकर्षण के वह अपनी पूर्णता को नहीं प्राप्त होता है। रवीन्द्र बाबू ने इसी बात को लक्ष्य करके कहा है–

"ओ वोमन, दाउ आर्ट हाफ ड्रीम एंड हाफ रीयैलिटी।"

स्थूल और सूक्ष्म की पारस्परिक निर्भरता : सुमन के दिव्य सौन्दर्य एवं सौरभ के लिए उसका परागमय स्थूल शरीर ही नहीं, वरन् कटीली डालें और मिट्टी के ढेले भी आवश्यक हैं। किन्तु हम मिट्टी के ढेले पर ही सन्तोष नहीं कर सकते। सुमन का सौरभ मिट्टी के ढेले की पूर्णता है। वही पृथ्वी का गन्धवती होना प्रमाणित करता है। किन्तु हमको यह भी मानना होगा कि फूल के साथ हाँडी जिसमें दाल पकती है और घड़ा जिसमें पानी ठंडा रहता है, मिट्टी की पूर्णताओं में से हैं। इसके साथ हम यह भी नहीं भूल सकते कि सारी मिट्टी घड़े और कुल्हड़ बनाने में ही खर्च नहीं हो जाती है, उसके खिलौने भी बनते हैं और उससे सुमन-सौरभ भी उत्पन्न होता है।

उपसंहार : उपसंहार रूप से एक बार मैं फिर दोहराना चाहता हूँ कि जीवन के मूल्य साहित्य के मूल्य हैं जो साहित्य जीवन को पूर्ण बनाये, वही सत्साहित्य है। जीवन की पूर्णता का अर्थ है भौतिक, मानसिक, सामाजिक और आध्यात्मिक, (जिसमें धर्म और कला दोनों ही सम्मिलित हैं) मूल्यों की सम्पन्नतापूर्ण समन्विति। हम वैविध्य-शून्य अभावों की समन्विति नहीं चाहते। हम चाहते हैं वीणा के स्वरों

अथवा इन्द्रधनुषी रंगों का-सा विविधतापूर्ण सम्पन्न साम्य। सत्साहित्य जीवन के व्यापक क्षेत्र में विविधता में एकता स्थापित करने वाले विकासवाद के चरम लक्ष्य को चरितार्थ करता है। मनुष्य केंचुए से तथा उसके भी उच्च श्रेणी के जीवधारियों से अधिक विकसित इसीलिए कहा जाता है कि उसके अंगों में कार्यों के वैविध्य के साथ पूर्ण अन्विति है। सत्साहित्य का क्षेत्र न किसी वर्ग-विशेष में सीमित होगा और न उसमें किसी का बहिष्कार होगा। जहाँ उसको मानवता के दर्शन होंगे, उसकी वह उपासना करेगा। उसके लिए उपयोगिता और सौन्दर्य दोनों एक ही वस्तु के भीतरी और बाहरी रूप होंगे। बाहर और भीतर के साम्य में ही सौन्दर्य की पूर्णता है और वही रस भी है। इस दृष्टि से साहित्य के प्राचीन मान अलंकार, ध्वनि, आदि भी निरर्थक नहीं हो जावेंगे। वे सौन्दर्य के ढाँचों के रूप में वर्तमान रहेंगे। कलाकार को यह स्वीकार करना पड़ेगा कि बिना वस्तु के ढाँचे खोखले और निर्मूल्य होंगे और बिना ढाँचों के सामग्री बिखरी रहेगी और उसमें अन्विति नहीं आ सकेगी। काव्य की आत्मा रस ही रहेगा, किन्तु उसका स्रोत रूढ़िवाद का अन्धकूप न होगा, वरन् जीवन का विशाल और गतिशील निर्झर होगा। भविष्य का कलाकार जीवन के भौतिक, मनोवैज्ञानिक, सामाजिक और आध्यात्मिक श्रेयों को कला के सौन्दर्यपूर्ण ढाँचों में डालकर प्रेय बनावेगा। वह सौन्दर्य को केवल वायवी न रखकर उसको पुष्ट और मांसल बनावेगा और अचल तथा स्थूल में भी वायवी सौन्दर्य की प्राण-प्रतिष्ठा करेगा।

साहित्यिक जीवन के दो पक्ष

बाह्य और आन्तरिक: यद्यपि साहित्यिक न तो पुच्छविषाणहीन पशु होता है और न अन्तरिक्ष में स्थित किसी नक्षत्र का काल्पनिक प्राणी, वह भी साधारण मनुष्य का-सा हाड़-मांस-चाम का बना हुआ पृथ्वीतल-वासी चलता-फिरता, बोलता-चालता पुतला होता है, फिर भी उसके जीवन में कुछ विशेषताएँ देखी जाती हैं जिनके कारण वह अपने सजातियों में बिहारी की नायिका की भाँति फानूस-सा छिपाये नहीं छिपता। उसके जीवन के दो पक्ष होते हैं—एक बाह्य और दूसरा आन्तरिक। यद्यपि उसका बाह्य जीवन हाथी के दाँत की भाँति असली नहीं होता तथापि उसका भी बाजार में मूल्य है।

पारिवारिक जीवन से उदासीनता: साहित्यिक शिवं का ध्यान करते-करते स्वयं शिव-सा ही फक्कड़ बन जाता है। स्वयं अशिव रूप धारण करता हुआ भी दूसरों के लिए शिवरूप होता है, स्वयं विभूति रमाकर दूसरों की विभूति का कारण बनता है। वह एकाकी रहना पसन्द करता है। उसके लिए भी कुछ सत्यता के साथ कहा जा सकता है *'सहज एकाकिन के धरहिं, कबहुँकि नारि खटाहिं।'* साहित्य को निर्द्वन्द्व (जोड़े से रहित) जीवन व्यतीत कराने में कभी-कभी स्वयं मृत्युंजय भगवान ही सहायक बन जाते हैं। यदि जनगणना के चक्र देखे जायँ तो विधुरों और अविवाहितों की संख्या साहित्यिकों में सबसे अधिक मिलेगी। वर्तमान हिन्दी-साहित्य में पंडित बनारसीदासजी चतुर्वेदी विधुर सम्प्रदाय के आदि-आचार्य हैं, शायद निरालाजी के आगे उनको भी सिर झुकाना पड़े।

यदि सौभाग्य या दुर्भाग्य से किसी साहित्यिक को पारिवारिक जीवन बिताना ही पड़े, तो वह उसे एक आवश्यक बुराई के रूप में, छिपकली की पूँछ की भाँति जो अधिक बल पड़ने पर उससे अलग हो जाती है, स्वीकार करता है और वह उसे सदा *'कीर के कागर लों'* त्यागने को तैयार रहता है। जीवन-सागर का आलोड़न-विलोड़न करने पर भी लक्ष्मी जी उसके हाथ नहीं लगतीं। उसके बाँट में तो जीवन का विष ही आता है। सुरसा के मुख की भाँति दिन-दूनी रात-चौगुनी बढ़ने वाली 'अभाव की चपल बालिके' चिन्ता से ही उसका पाला पड़ता है। नोन, तेल, लकड़ियों की सौहार्द-शून्य माँग और बच्चों का सप्त स्वर भेदी रें-रें-पें-पें-प्रधान आर्तनाद उसकी

लजवन्ती सदृशा सहज शान्ति की मान-मर्यादा को अनायास ही भंग कर देता है। शिव-धनु की भाँति उसका धैर्य-धनु भी छुअत ही टूट जाता है। पलायनवाद के विरोध में प्रगतिशीलता की दुहाई देता हुआ भी 'अवनी के कोलाहल' से दूर जाने के लिए नाविक के भुलावे में आने को वह सदा प्रस्तुत रहता है। कभी-कभी इस भुलावे की निद्रा का सुख लेने के लिए वह शिवजी की ही भाँति भाँग-धतूरे नहीं तो छनी-छनायी बोतल-वासिनी वारुणी-देवी को जठराग्नि से प्रदीप्त अन्तस्तल में निवास कराने का भी यथासाध्य उपक्रम कर लेता है। कोमल कुसुमोपम प्रफुल्ल सुकुमार शिशुओं की मोदभरी किलकन और अन्नपूर्णा गृहलक्ष्मी की प्रेमपूर्ण मुस्कान के बदले भी वह जीवन-भार की मोट को अपने सर पर रखने के लिए प्रसन्नता से तैयार नहीं होता, विवशता की दूसरी बात है। वह काव्य-कानन में खिले हुए शृंगार और वात्सल्य के कागज के-से अम्लान परन्तु निर्जीव रंग-बिरंगे पुष्पों से अमिश्रित आनन्द रस का पान कर सन्तोष कर लेता है। गृह चिन्ताभार से विमुक्त होकर आदिरस के आस्वादन का अवसर कदाचित उसे मिल जाय तो वह उसकी अनैतिकता को भी थोड़ी देर के लिए भूल सकता है।

अव्यवस्थित जीवन: साहित्यिक जीवन में एक विशेष प्रकार की अव्यवस्था रहती है। वह वैवाहिक जीवन का भी अंकुश नहीं स्वीकार करती है। वह महिषासुर-मर्दनी भगवती दुर्गा की भाँति अजेय है। कुछ सामान्य साहित्यिकों में यह अव्यवस्था स्वाभाविक ही होती है और सांसारिक विषयों में दार्शनिक उपेक्षा और स्वान्तःसुखाय वाले विषयों में निमग्नता भगवान अक्षपाद[1] की-सी अन्धकूप में गिरानेवाली तल्लीनता को भी पार कर जाती है किन्तु अधिकांश में यह कृत्रिम, प्रदर्शित और स्वारोपित होती है। साहित्यिक मध्य पथ को ग्रहण करना पसन्द नहीं करता, या तो वह कुन्देन्दु प्रभाविनिन्दित धवल धौत विशुद्ध खद्दर धारण करेगा या सदा एक रस रहने वाले रेशमी वस्त्रों में अपने शरीर को आच्छादित करेगा। वह प्रायः धोती-कुर्ता पहनता है और यदि प्रगतिवाद की ओर कुछ रुचि हुई तो पाजामा और पेशावरी चप्पलों से प्रगतिशीलता प्रदर्शित करता है। गले का बटन होता हुआ भी अजागलस्तनवत् निरर्थक रहता है। कभी-कभी लौटकर वह छिपा भी लिया जाता है। बाल काढ़े जाकर भी उनमें एक कृत्रिम अव्यवस्था उत्पन्न कर दी जाती है। ताम्बूल के बिना उनकी सरस्वती जड़ीभूत रहती है। भोजन की अपेक्षा उन्हें चाय और चुरट की चिन्ता कुछ अधिक वेग से सताती है। दूध पीने को वे सर्पों का धर्म समझते हैं। जो लोग घर के बन्धन से मुक्त हो जाते हैं, उनके यहाँ तो सुदामा की फूटी कठौती और टूटे तवे के भी मुश्किल से ही दर्शन होते हैं। अगर चाय गरम करने के लिए

1. कहते हैं कि न्यायशास्त्र के कर्ता महर्षि गौतम किसी विषय के चिन्तंन में इतने तल्लीन हो गये थे कि वे अन्धे कुएँ में गिर पड़े थे। इस दशा की पुनरावृत्ति से बचाने के लिए भगवान ने उनके चरणों में आँख दे दी थी ताकि वे चलते-चलते देख सकें।

कहीं हाँडी या देगची नाम की कोई चीज दिखाई पड़ जाय तो वह भी एलूमीनियम की होती है। संसार का कलुष वह अपने ऊपर धारण किये रहती है और जीवन की ठोकरों में अपने स्वामी का प्रतिनिधित्व करती हुई कभी-कभी प्राचीन योद्धा की भाँति ग्रीवा-विहीन दिखाई देती है। कुछ धूल-धूसरित पुस्तकें और अखबार उनके कमरे के अलंकरण बने रहते हैं। टूटी चारपाई अथवा उसकी प्रतिनिधि चटाई उनके सुख-दुख की एक मात्र संगिनी होती है। परसा, परसो, परसराम की भाँति सम्पन्नता की श्रेणियों को द्योतित करते हुए बीड़ी, सिगरेट और सिगार के अवशिष्ट भाग उनके निशा-जागरण का साक्षित्व करते हैं। उषा रानी के स्वर्णिम सौन्दर्य के वे चाहे जितने गीत गायें, किन्तु परम तेजस्वी होकर सूर्योदय का स्वागत करना वे अपना अपमान समझते हैं। स्वयं सूर्यदेव ही अपने कोमल करों से उनका वाकूरचनाविधान सम्पन्न करते हैं। इस प्रकार वर्तमान साहित्यिक के घर में पुस्तकों का सतोगुण, धूल का रजोगुण और निद्रालस्य और कभी-कभी क्रोध का तमोगुण मिलकर त्रिगुणमयी प्रकृति का दृश्य उपस्थित कर देता है।

फैशन के पुजारी कलाकार : इसके विपरीत कुछ कलाकार ऐसे भी होते हैं जिनके पूर्वजों के पुण्य-प्रताप से लक्ष्मी देवी की वरद छाया उनके घरों को शीतल किये रहती है। वे एकाकी रहते हुए भी कम से कम अपने कमरे की व्यवस्था को अक्षुण्ण रखते हैं। वे एक दूसरे ही छोर के मनुष्य हैं। वे पतलून की क्रीज को अन्तर्राष्ट्रीय सीमाओं से भी अधिक महत्त्व देते हैं। वे रेशमी वस्त्रों द्वारा अपनी विगत सुकुमारता की क्षतिपूर्ति करते रहते हैं। कलियुग में झूठ और लोभ की भाँति रेशम ही उनका ओढ़ना होता है और रेशम ही उनका बिछौना। चबैना के लिए उन्हें फोर्स और विटेमिनाइज्ड फूड का आश्रय लेना पड़ता है। यदि प्रोफेसर वर्ग में पहुँच गये तो कभी-कभी सिगार के साथ कार का भी व्यवहार करने लगते हैं। स्वर्ण तमाल पत्र का धूम्रपान कर दूसरों को शक्ति के भण्डार पेट्रोल का धुआँ पिलाते हैं। बलिदान के नाम पर वे सर तो नहीं किन्तु सर के बाल कटाने को सदा तैयार रहते हैं। सम्पन्न वर्ग के हमारे प्रगतिशील साहित्यिक खस की टट्टी और विद्युद्व्यजन के शीतल वातावरण में सुकोमल गद्दियों से लदे हुए स्प्रिंगदार सोफों पर बैठकर पार्कर पेन से प्रचण्ड मार्तण्ड के प्रखर आतप से सन्तप्त अर्धनग्न जठराग्नि के ज्वर से जर्जरित फावड़े चलाने वाले मजदूर को अन्तर्वेदना के शब्दचित्र अंकित करने का सद्प्रयास करते हैं। वे महलों में रहकर झोंपड़ियों का ख्वाब देखते हैं। वे जीवन की घुड़दौड़ में अपने घोड़े को सबसे आगे ले जाने वाले की महत्वाकांक्षा रखते हुए भी जीवन की निस्सारता के तराने गाते हैं। वे अपने जीवन के खोये हुए साम्य को संगीत की स्वर्ण-शृंखलाओं में जकड़कर शब्दों की कालिमामयी कारा में आबद्ध करना चाहते हैं। लोकतन्त्र की दुहाई देते हुए भी धोबी और रसोइये के लिए वे भगवान विरूपाक्ष का तृतीय नेत्र खोलने को तैयार रहते हैं। हमारे देश में सम्पन्न और विपन्न दोनों

ही प्रकार के साहित्यिक दिखाई पड़ते हैं। इनके जीवन के ये दोनों ही चित्र बाहरी हैं। हाथी के दिखाने के दाँतों की भाँति इनका बाजार में मूल्य हो किन्तु वे असली जीवन के द्योतक नहीं—इनमें से सम्पन्न जीवन का नहीं तो विपन्न जीवन का तो सहज ही में अनुकरण हो सकता है, किन्तु साहित्यिक हृदय के बिना वह जीवन प्राणहीन और निस्सार हो जाता है।

आन्तरिक पक्ष-संवेदनशीलता : साहित्यिक जीवन का हृदय अथवा आन्तरिक पक्ष क्या है? वह है व्यापक सहानुभूति, जिसके द्वारा वह संसार के सुख-दुख को अपना सुख-दुख बनाकर मुखरित करता है। वह विश्व से अपना तादात्म्य करने को तैयार रहता है। निज और पर की लघुता उसके जीवन को स्पर्श नहीं करती। कौंच-वध से उद्वेलित होकर शोक को श्लोक में परिणत करने वाली आदि-कवि की करुणा को वह एक अमूल्य पैतृक सम्पत्ति के रूप में अपने हृदय-कक्ष के भीतर स्थान देता है। वह संसार के साथ रोता है किन्तु उसके रोने में एक सामंजस्यपूर्ण राग रहता है।

तदनुकूल अभिव्यक्ति : साहित्यिक का हृदय और मस्तिष्क रेडियो के ग्राहक-यन्त्र से अधिक संवेदनशील और उसकी वाणी की अभिव्यक्ति ध्वनिविस्तारक-यन्त्र से भी अधिक प्रभावशालिनी होती है किन्तु उसके शक्ति भरे स्वर में कर्कशता का लेश भी नहीं रहता। वह विपत्ति में भी अपनी शालीनता नहीं खोता और किसी प्रकार की वीभत्सता उसकी वाणी के शृंगार से मेल नहीं खाती। वह कीचड़ उछालने की अपेक्षा कीचड़ के कलुषित स्थल को धोकर परिमार्जित और परिष्कृत करना अधिक पसन्द करता है। सच्चा साहित्यिक मानवता का उपासक होता है। वह स्वयं दीन रहकर दूसरों को दैन्य धारण करने के अवसरों से बचता है। वह अपने स्वाभिमान की अपेक्षा दूसरे के स्वाभिमान की रक्षा करने को अधिक महत्त्व प्रदान करता है। वह यदि सेवा का भार अपने सर पर लेता है तो उसमें शासन की दुर्गन्ध को नहीं आने देता। उसका उपदेश कान्ता से भी मधुर होता है। वह यदि कठोर बनता भी है तो लोक मंगल के लिए, अपनी महत्ता जतलाने के लिए नहीं, पुजाने की अपेक्षा वह पूजने के लिए अधिक लालायित रहता है। दम्भ, पाखण्ड, प्रपंच और गुरुडम उसके जीवन को स्पर्श नहीं करतीं। सच्चा साहित्यिक अपने दोषों की उपेक्षा नहीं करता। अपने विपरीत मत का अनुकूल मत से भी अधिक स्वागत करता है और सफलता और विफलता में सदा अनुद्विग्नचित्त रहकर हँसता हुआ कर्तव्य-पालन करता है।

शील और सौन्दर्य की उपासना : परमात्मा के दैवी गुणों में वह शक्ति की अपेक्षा शील और सान्दर्य को अधिक महत्त्व देता है। शील को वह सौन्दर्य का आन्तरिक पक्ष मानकर अपनाता है। उसके हृदय में संहारकारिणी शक्ति की अपेक्षा संरक्षणी शक्ति अधिक मान पाती है। जो शक्ति संसार में आन्तरिक और बाह्य सौन्दर्य की प्रतिष्ठि में सहायक होती है वही साहित्यिक की आराध्या बनती है।

प्रेम का प्रदीप : साहित्यिक भू के कोने-कोने में सौन्दर्य के दर्शन करता है और

अपेक्षाकृत असुन्दर को भी सुन्दर बनाने की वह प्राणपण से चेष्टा करता है। वह पतित से पतित और नीच से नीच ईश्वरीय ज्योति के प्रकाश-कणों की झलक देखता है और वह अज्ञान, उपेक्षा और तिरस्कार के आवरण को हटाकर स्वयं अपने को ही नहीं वरन् सारे संसार को उस दिव्य-ज्योति का पावन प्रकाश प्रदान करता है। साहित्यिक जीवन के लहराते हुए सागर में अवगाहन कर नित्य नये रत्नों को प्रकाश में लाता है। उसका जीवन एक खोज और विजय का इतिहास है। वह मानव-हृदय के अन्धतम स्तरों में प्रवेश कर उनको अपने प्रेम-प्रदीप से प्रकाशित करता है। उसके साम्राज्य की सीमाएँ नित्य विस्तारोन्मुखी रहती हैं। प्रत्येक विफलता से उसे एक नयी शक्ति मिलती है और वह उस शक्ति का मानव हिताय प्रयोग करता है।

समता और स्वातन्त्र्य : साहित्यिक का जीवन सजीव होकर समता और स्वातन्त्र्य की भावनाओं से ओत-प्रोत रहता है। वह वनस्पतियों की भाँति केवल बढ़ना नहीं जानता। सक्रिय जीवन ही उसके लिए जीवन है। निष्क्रिय जीवन उसके लिए मृत्यु है। वह जीवन को सुन्दर, सम्पन्न और साम्यमय देखना चाहता है। शून्य की सरलता उसका ध्येय नहीं। इसीलिए *'अद्वेष्टा सर्वभूतानां मैत्रः करुण एव'* का पाठ वह स्वयं पढ़ता है और दूसरों को भी पढ़ाता है। साहित्यिक क्षुद्र राष्ट्रीयता के भेदक प्राचीरों और सीमाओं को स्वीकार नहीं करता। उसके लिए विश्व एक नीड़ बन जाता है। वह विद्या-विनय-सम्पन्न ब्राह्मण, गाय, हाथी, श्वान और श्वपच सब में एक परमात्मा के दर्शन करता है। वह सदा निर्भय रहकर दूसरों को प्राणदान देता है। वह भय की प्रीति नहीं सिखाता वरन् प्रीति के भय को अपने कर्तव्यशास्त्र में स्थान देता है। उसकी आत्मा सदा स्वतन्त्र रहती है। वह स्वार्थ के स्वर्णकणों के लिए सत्य की हत्या नहीं करता। वह सत्य-हित और प्रिय वाणी द्वारा विश्व-कल्याण की कामना करता हुआ निर्वैर और साम्यमय-सम्पन्न जीवन व्यतीत करता है। वह है सच्चे साहित्यिक जीवन की एक क्षीण झलक। ईश्वर करे हमारे देश में ऐसे ही साहित्यिक उत्पन्न हों जो सदा संसार में *'सर्वे भद्राणिपश्यन्तु'* की भाव-तरंगें प्रवाहित करते रहें।

('आजकल' से)

समालोचक के कर्त्तव्य और गुण

मूल उद्देश्य : जिस प्रकार *'यशसे', 'अर्थकृते', 'व्यवहारविदे', 'शिवेतरक्षतये'* आदि काव्य के उद्देश्य बतलाये गये हैं, उसी प्रकार आलोचना के भी कई उद्देश्य हो सकते हैं।

समालोचना का मुख्य उद्देश्य तो पुस्तक का विवेचनापूर्ण परिचय करा कर पाठकों को उसके रसास्वादन में सहायता करना है। यदि पुस्तक में कुछ ऐसे गुण हैं जो सहज में दृष्टिगोचर नहीं हो सकते तो उनसे पाठकों को अवगत करा देना, जिससे वे कृति के सौन्दर्य का भली प्रकार आस्वादन कर सकें और यदि पुस्तक वास्तव में दूषित है, और पाठक उससे लाभ नहीं उठा सकते तो पाठकों के धन और समय का अपव्यय रोक देना, ये दोनों बातें आलोचक का परम कर्त्तव्य हो जाती हैं। समालोचक इस कार्य की पूर्ति के लिए कई प्रकार के साधनों का प्रयोग करते हैं और काव्य की उत्तमता के निर्णय करने में कई प्रकार की कसौटियों से काम लेते हैं। उनका वर्णन स्वतन्त्र रूप से किया गया है।

अर्थकृते : उपर्युक्त उद्देश्य के अतिरिक्त और भी कई उद्देश्य हैं। उनमें कुछ क्षम्य हैं और कुछ निन्ध्या और कुछ लोग 'अर्थकृते' समालोचनाएँ लिखते हैं। जो कार्य कर्त्तव्य-बुद्धि से सम्पादित किया जाय यदि उससे कुछ अर्थ-लाभ हो जाय, तो कर्ता दोषी नहीं ठहराया जा सकता। कर्ता दोषी तभी ठहराया जाता है जब उसका उद्देश्य केवल अर्थ-लाभ होता है, और अपने उद्देश्य की पूर्ति में कर्त्तव्य का ध्यान नहीं रखता।

यशसे : कुछ लोग यश के लिए ही समालोचनाएँ लिखते हैं उनमें से। कुछ दूसरों के गुण-दोष निकालने से ही सहज में जनता का चित्त आकर्षित कर लेते हैं। यद्यपि कविता करना एक बात है और समालोचना लिखना दूसरी बात है तथापि कुछ लोग ऐसा समझते हैं कि किस महाकवि की कविता में दोष दिखा देने से लोग उनको उस कवि से अधिक काव्य-मर्मज्ञ समझने लग जाएँगे। लेकिन वे लोग यह भूल जाते हैं कि जब तक जिस कवि के हम दोष निकालते हैं, उसकी-सी कविता स्वयं न कर लें, तब तक हम उस कवि की बराबरी या उससे बढ़ जाने का दावा नहीं कर सकते हैं, अस्तु।

समालोचना लिखना ख्याति का साधन अवश्य है। जो लोग ऐसी समालोचनाएँ

लिखते हैं, उनके नाम का बार-बार उल्लेख होने लगता है और इस कारण कभी-कभी वे लोग उस विषय के अधिकारी और ज्ञाता भी समझे जाने लगते हैं। ख्याति प्राप्त करने की सब लोगों में कमजोरी होती है। इसलिए समालोचना का यह उद्देश्य भी क्षम्य हो जाता है। किन्तु इसमें प्रश्न यही उठता है कि एक ही ख्याति के लिए दूसरे का क्यों बलिदान किया जाय? ऐसी समालोचनाएँ यदि प्राचीन कवियों के सम्बन्ध में लिखी जायें, तो विशेष हानि नहीं, क्योंकि कालिदास, सूर और तुलसी को कोई सहज में उनके उच्च आसन से डिगा नहीं सकता, और समालोचक की होंस भी निकल जाती है। किन्तु किसी जीवित लेखक को अपनी ख्याति के उद्देश्य से जनता की दृष्टि से गिरा देना उसके प्रति अन्याय है। इसका यह भी मतलब नहीं कि पुराने कवियों की बेधड़क बुराई की जाय।

दलीय भावना : कुछ लोग समालोचनाएँ अपने दल या पक्ष को बढ़ाने और प्रतिद्वन्द्वी पक्ष को गिराने के अर्थ लिखते हैं। यदि कोई लेखक खड़ीबोली के पक्ष का है, तो वह ब्रजभाषा की पुस्तकों में अश्लीलता का दोष दिखाता है और इसके विपरीत यदि लेखक ब्रजभाषा के पक्ष में है तो प्रत्येक खड़ीबोली की पुस्तक में नीरसता, कर्ण-कटुता, छन्दोभंग आदि दोषों को दिखलाने की फिक्र में रहता है। इसी प्रकार जहाँ धार्मिक दलबन्दियों का प्रश्न उपस्थित हो जाता है वहाँ लोग प्रायः कोरे कथनों को वाग्जाल में लपेटकर आलोचना का रूप देने लग जाते हैं। ऐसी आलोचनाएँ प्रायः प्रभावोत्पादक होती हैं। वे लोग अपनी ही रुचि को प्रमाण मानते हैं। आलोचक को परीक्षा-बुद्धि से ही काम लेना चाहिए। महाकवि कालिदास के निम्नोल्लिखित वाक्य आज भी सत्य हैं–

"पुराणामित्येव न साधु सर्वं
नचापि काव्यं नवमित्यवद्यम्।
सन्तः परीक्षान्तरद्भजन्ते
मूँढः परप्रत्ययनेयबुद्धिः॥"

जहाँ पर समालोचना में व्यक्तिगत ईर्ष्या-द्वेष का भाव आ जाता है, वहीं समालोचना का पतन होने लगता है। यदि मैं किसी ऐसे पद को नहीं प्राप्त कर सका, जिसे किसी दूसरे ने प्राप्त कर लिया हो, और ऐसी अवस्था में उस दूसरे की कृतियों में दोष दिखाने लग जाऊँ, तो मैं समालोचक के पद का दुरुपयोग करता हूँ। समालोचना का सबसे अधिक पतन तब होता है, जब समालोचना का विषय कवि की कृति न रहकर कवि या लेखक का व्यक्तित्व हो जाता है। सच्चा निर्णायक वही है, जो कर्ता की ओर ध्यान न रखकर कृति की ओर ध्यान देता है। चित्रकार की कुरूपता से उसकी कृति में कोई अन्तर नहीं पड़ता, लेकिन यह अवश्य है कि यदि चित्रकार भी सुन्दर हो, तो सोने में सुगन्ध की बात हो जाती है, जैसे गोस्वामी जी की कविता के अनुकूल ही उनका चरित्र भी था। यदि कोई मनुष्य धार्मिक या नीति

सम्बन्धी ग्रन्थ लिखता है तो चरित्रवान होना उसका कर्त्तव्य हो जाता है।

स्वान्तः सुखाय : इसके अतिरिक्त कुछ लोग 'स्वान्तः सुखाय' के ऊँचे उद्देश्य से भी समालोचना करते हैं। समालोचना लिखने से जो ज्ञान-वृद्धि और रुचि का परिमार्जन होता है, वही उनके लिए सब कुछ है। वे लोग स्वयं ही आनन्द नहीं लेते, वरन् दूसरों की रुचि को ठीक रास्ते पर लाने का भी श्रेय पाते हैं।

अच्छी समालोचना के लिए समालोचक को ऊँचे उद्देश्यों को ही लेकर प्रवृत्त होना चाहिए किन्तु समालोचक का ऊँचा उद्देश्य होते हुए भी यह अपनी अयोग्यता के कारण लेखक के प्रति अन्याय कर सकता है। इसलिए जब तक अपने कार्य में दक्षता न हो, समालोचक को किसी की समालोचना करने की अनधिकार चेष्टा नहीं करनी चाहिए।

आवश्यक गुण अन्तर्दृष्टि : प्रथम गुण है *अन्तर्दृष्टि या पैंठ* (Insight)। यह बहुत अंश में दैवी देन होती है। जिस प्रकार कविता के लिए शक्ति या प्रतिभा आवश्यक है, उसी प्रकार भावक या समालोचक होने के लिए पैंठ का होना जरूरी है। पैंठ वाला मनुष्य सहज ही कवि के अभिप्राय को ग्रहण कर सकता है। जिस प्रकार कवि मानव-जीवन की अन्धतम गुफाओं में प्रकाश डालकर *'जहाँ न जाय रवि तहाँ जाय कवि'* की लोकोक्ति को सार्थक कर देता है, उसी प्रकार भावक या समालोचक कवि के अन्तस्तल में प्रवेश कर उसमें रखे हुए रत्नों को प्रकाश में लाता है। यह गुण यद्यपि दैवी देन के रूप में प्राप्त होता है, तथापि अध्ययन और सत्संग से भी थोड़ा-बहुत मिल सकता है। इस पैंठ के लिए प्रकृत संस्कारों के साथ अध्ययन और सत्संग से प्राप्त रसिकता आवश्यक है।

रसिक हुए बिना कविता का रसास्वाद होना कठिन ही नहीं, असम्भव है। इसीलिए तो कहा है कि *'अरसिकेषु कवित्तनिवेदनं शिरसि मा लिख, मा लिख, मा लिख।'*

रसिकता का अर्थ है भाव-तन्मय हो जाने की शक्ति। यह भाव-तन्मयता इतनी तो न चाहिए कि वह कविता के दोषों को न देख सके, किन्तु इसको इतनी मात्रा में अवश्य होना चाहिए कि पाठक और लेखक का भाव-तादात्म्य हो सके, सूर और तुलसी की आलोचना के लिए नितान्त जड़ और प्रत्यक्षवादी होने से काम न चलेगा; समालोचक को रसिक होना आवश्यक है।

सहानुभूति : दूसरा गुण है *सहानुभूति*। इस गुण की प्राप्ति के लिए सहृदयता की आवश्यकता है। यदि भावक सहृदय दृष्टि से किसी रचना को देखता है, तो उसके मर्म को वह सहज में समझ सकता है, किन्तु जो लोग छिद्रान्वेषण को ही कर्त्तव्य समझते हैं, उनको छिद्र तो अवश्य मिल जाते हैं, किन्तु वे रत्नों के स्थान में शून्यता को अपनाते हैं। सुधार के लिए छिद्रान्वेषण बुरा नहीं, किन्तु गुणों को छोड़ देना लेखक को निरुत्साहित कर देना है और उसके द्वारा भविष्य में होने वाली साहित्य-सेवा में बाधक बनना है। इसीलिए कुछ भावक लोग गुणों की ही खोज

करते हैं दोषों की नहीं, देखिए—

"गुणदोषौ बुधो गृह्णन् इन्दुक्ष्वेडाविवेश्वरः।
शिरसा श्लाघते पूर्वं परं कंठे नियच्छति॥"

अर्थात् शिवजी की भाँति बुधजन गुण और अवगुण दोनों को ग्रहण करते हैं किन्तु चन्द्रमा की भाँति गुणों को शिर पर रख प्रकाशित करते हैं और दोषों को विष की भाँति गले के भीतर ही रखते हैं। दोषों को दबाना तो उचित नहीं, किन्तु उनको उसी अनुपात में रखना चाहिए, जिसमें वे पुस्तक में हों। दोषों को बढ़ाकर लिखना और गुणों को दबा रखना लेखक के साथ अन्याय है। यदि पुस्तक में दोषों का अनुपात अधिक है, तो उनको उसी अनुपात में रख देना चाहिए। संसार में ऐसे लोगों की भी कमी नहीं है जो जोंक की भाँति केवल दोषों को ही ग्रहण करते हैं। ऐसे लोग जलौकावृत्ति के कहलाते हैं।

"दोषहि को उमहे गहै, गुन न गहैं खल लोक।
पियै रुधिर पय ना पियै, लगी पयोधर जोक॥"

तीसरा गुण है *बहुज्ञता*। यह समालोचक के लिए अत्यन्त वांछनीय है। जिसको साहित्यशास्त्र का ज्ञान होता है वह कवि के अभिप्राय को भली भाँति समझ सकता है। वह साहित्य के संकेतों, रूढ़ियों और कवि समयों को भली भाँति जानता है। वह जान लेता है कि कवि कहाँ पर परम्परा का अनुकरण कर रहा है। वह यदि उसमें दोष देखता है तो कवि के व्यक्तित्व का नहीं, वरन् उस परम्परा का जिसका उसने अनुकरण किया है। वह सब शृंगारी कवियों के चरित्र पर लांछन लगाने के लिए पर्युत्सुक न होगा। वह कवि के समझने में भूल न करेगा। दूसरे के रत्नों का मूल्यांकन करने के लिए कुछ घर की भी पूँजी आवश्यक होती है। पुरातत्ववेत्ता ही खँडहरों में ऐतिहासिक महत्त्व की चीजें खोज सकते हैं। रत्न की परीक्षा राजा कर सकता है अथवा जौहरी, घसियारा नहीं। बन्दर क्या जाने अदरक का स्वाद। रचना का मूल्य पंडित ही आँक सकता है।

"विद्वानेव विजानाति विद्वज्जनपरिश्रमम्।"

बहुज्ञ समालोचक किसी कवि या लेखक की कृति पर विचार करते हुए यह भी जान लेगा कि उसने कहाँ तक परम्परा का अनुकरण किया है और कहाँ तक किसी विशेष कवि की विशेष बात की चोरी की है। जो बातें साहित्य संसार की सम्पत्ति हैं उनका लिखना चाहे चमत्कार का अभाव समझ लिया जाय किन्तु चोरी नहीं कहला सकती। वायु की कोई चोरी नहीं करता, निजी सम्पत्ति की ही चोरी होती है।

बहुज्ञ समालोचक न तो किसी कवि से सहज में प्रभावित होगा और न वह सहज में ही किसी को चोर ही कह सकेगा। बहुज्ञ समालोचक छिपे हुए रत्नों को खोज निकालेगा, उत्तम रत्नों पर मुग्ध हो जायगा, किन्तु वह साधारण रत्नों की प्रभा से प्रभावित नहीं होगा। जिसने बहुत नहीं पढ़ा है वह साधारण से साधारण बात

को अनूठी कहने को तैयार हो जायगा। समालोचक की बहुज्ञता असराहनशीलता (Nil admirari) अर्थात् किसी की प्रशंसा न करने की मनोवृत्ति में परिवर्तित न हो जाना चाहिए। आलोचक को उस सम्बन्ध में बहुत सन्तुलित रहना वांछनीय है। आलोचक जहाँ तक हो स्रष्टा न हो, नहीं तो वह अपनी कृति के आगे अन्य की कृति को महत्त्व नहीं देगा। समालोचक के लिए बहुज्ञता के अतिरिक्त विशेषता की भी आवश्यकता है। प्रत्येक समालोचक प्रत्येक कृति की समालोचना नहीं कर सकता। अर्थशास्त्र सम्बन्धी पुस्तक की समालोचना करने के लिए समालोचक को उस विषय का ज्ञाता होना चाहिए।

औचित्य : बहुज्ञता और विशेषता के साथ समालोचक के लिए *औचित्य* का ज्ञान भी वांछनीय है। औचित्य के अभाव को ही रसभंग का कारण बतलाया गया है। अनौचित्य के कारण ही रसाभास की उत्पत्ति होती है। औचित्य के दो रूप होते हैं। एक नैतिक, दूसरा कलात्मक। नैतिक औचित्य का सम्बन्ध प्रायः विषय से होता है। उसमें लोक-हित पात्रता, व्यावहारिकता आदि का ध्यान रखना पड़ता है। कला सम्बन्धी औचित्य के सम्बन्ध में शब्द-चयन आदि के अतिरिक्त समालोचक को गति (Movement), अनुपात (Proportion), और अन्विति (Unity) की जाँच करने का अभ्यास होना आवश्यक है, जिससे वह यह कह सके कि अमुक स्थान में शैथिल्य आ गया है, अथवा अमुक स्थान में आवश्यक बात के लिए कम स्थान दिया है, और अनावश्यक बात को अनावश्यक विस्तार दे दिया गया है। अन्विति संगति के निर्वाह का गुण तो सभी रचनाओं में होना चाहिए। विवेचनात्मक ग्रन्थों के लिए तो समालोचक को तर्कशास्त्र का ज्ञान होना आवश्यक है। काव्य के समालोचक को काव्य के नियम तथा गुण-दोषों और पारिभाषिक शब्दों का ज्ञान होना अनिवार्य तो नहीं, किन्तु यदि हो तो श्रेयस्कर है। किसी कृति द्वारा समाज के हिताहित के जाँचने की शक्ति भी बहुज्ञता का एक अंग है।

धैर्य और निष्पक्षता : पाँचवाँ गुण है *धैर्य और निष्पक्षता की वैज्ञानिक मनोवृत्ति*। यह समालोचक के लिए अत्यन्त आवश्यक है। उसके लिए समालोचक को वैज्ञानिक और दार्शनिक की मनोवृत्ति रखनी चाहिए। वैज्ञानिक हमेशा यह देखता है कि वह अपने उत्साह में भूल तो नहीं कर रहा है। वह अपनी निजी रुचि का बिल्कुल निराकरण कर देता है। वह अपने पक्ष के विपरीत उदाहरणों को उसी तत्परता से देखता है जिससे अनुकूल उदाहरणों को। समालोचक को न्यायाधीश की भाँति पक्षपातरहित होना चाहिए। समालोचक को वकील बनने की आवश्यकता नहीं। यदि वकालत भी करे तो अपनी वकालत न करे। लेखक की वकालत करने में इतना दोष नहीं। समालोचक के लिए दलबन्दी तथा व्यक्तिगत राग-द्वेष के भावों को अपने से दूर रखना वांछनीय है।

उसको मेंढक की भाँति न होना चाहिए जो अपनी रुचि और कीचड़ के साथ

सम्बन्ध के कारण चन्दन और कीचड़ के झगड़े में कीचड़ को चन्दन की अपेक्षा श्रेष्ठ बतला देता है—

"चन्दनकर्दमकलहे मण्डूको मध्यस्थो कृतः।
ब्रूते पंकनिमग्नः कर्दमसमतां न चन्दनो याति॥"

प्रभावोत्पादक अभिवृत्तिः समालोचक का छठा गुण है *प्रभावोत्पादक अभिव्यक्ति।* समालोचक स्वयं एक प्रकार का स्रष्टा और कलाकार होता है। वह कृति का स्वयं ही अध्ययन नहीं करता वरन् दूसरों को भी अध्ययन कराता है। कवि के हृदयगत रस को दूसरे के आस्वाद का विषय बनाना सहज कार्य नहीं। अपने हृदय के रस को दूसरे तक पहुँचाना ही तो कला है किन्तु दूसरे के हृदय के रस को तीसरे तक पहुँचाना और भी ऊँचे दर्जे की कला है।

समालोचक का उत्तरदायित्वः समालोचक का सबसे पहला उत्तरदायित्व पाठक के प्रति है। आजकल बहुत-सी रोक-थाम होने पर भी अवांछनीय साहित्य निकल जाता है। बहुत से लेखक और प्रकाशक आकर्षक नाम देकर लोगों को ठगने की कोशिश करते हैं। कभी-कभी पुस्तक का आवश्यकता से अधिक मूल्य रख दिया जाता है, और छोटी-छोटी किताबों के साथ बड़े-बड़े सूचीपत्र रखकर वी.पी. पैकिट का आकार बढ़ा दिया जाता है। ऐसे लेखकों और प्रकाशकों की जितनी जल्दी कलई खोल दी जाय, उतना अच्छा है। जिस प्रकार राजा लोग अपने चरों अर्थात् गुप्त दूतों की दृष्टि से देखते हैं उसी प्रकार पाठक पुस्तकों को समालोचकों की दृष्टि से परखते हैं। समालोचक भोले-भाले पाठकों को जिधर चाहें उधर ले जा सकते हैं। जनता की रुचि-निर्माण करना समालोचकों के हाथ में है। इस रुचि-निर्माण का कार्य समालोचकों को बड़ी सावधानी से करना चाहिए। जनता की रुचि अच्छे साहित्य की ओर आकर्षित कर समालोचक साहित्य का ही उपकार नहीं करते, वरन् देश-सुधार में भी सुधारकों का हाथ बँटाते हैं।

समालोचकगण जनता के शिक्षक हैं। वे नयी रचनाओं के समझने में सहायक होते हैं। समालोचकों के अभाव में अच्छे-से-अच्छा साहित्य जनता तक नहीं पहुँचने पाता। समालोचकगण नयी रचना के तत्त्व को अवगत करा सकते हैं। आजकल इतना साहित्य निकल रहा है कि यदि मनुष्य उसको ही पढ़ता रहे, तो प्राचीन काल के कर्मनिष्ठ ब्राह्मण की भाँति उसे संसार का कोई काम न रह जायगा। ऐसी अवस्था में समालोचकों का उत्तरदायित्व और भी बढ़ जाता है। उसका यह कर्त्तव्य हो जाता है कि वह पाठकों को पुस्तकों के चयन में सहायता दे। समय-समय पर वह पाठकों को नयी पुस्तकों में आयी हुई नवीन विचारधाराओं से भी परिचित करा दे, जिससे पाठकगण समय की गति को जानते हुए अपने ज्ञान को अद्यतन (अपटूडेट) बनाये रखे। अच्छे लेखक को समालोचना से डरना नहीं चाहिए क्योंकि आलोचना के बाद भी मूल पुस्तक में बहुत कुछ मूल्यवान वस्तु रह जाती है।

समालोचक का जितना उत्तरदायित्व पाठक के प्रति है करीब-करीब उतना ही लेखक के प्रति भी है। सत्कवि के गुणों के सम्बन्ध में मौन रहना समालोचक के लिए उतना ही पाप है जितना कि कुकवि की सराहना। वास्तव में लेखक अधिकारी आलोचक के लिए ही लिखता है और यदि आलोचक मौन रहे तो लेखक को बहुत अखरता है।

"सुकविन के हिय माहिं नित, सालत है द्वै नौन।
मूरख केरि सराहिबो, पंडित जन को मौन॥"

यद्यपि आलोचक का मौन अखरने वाली वस्तु है तथापि आलोचक को मौन भंग करने से पूर्व अपनी बात को भली प्रकार तोल लेना चाहिए।

समालोचक जो बात कहे उसे अच्छी तरह विचार ले। असावधानी से की हुई समालोचनाओं द्वारा लेखकों की बहुत हानि होती है।

समालोचकों को पाठकों के समय और धन का खयाल रखते हुए लेखक के परिश्रम का भी खयाल रखना चाहिए। इसलिए कुछ लोगों का मत है कि यदि स्वयं लेखक वृत्ति को अपनाने वाले समालोचक में यह दोष न आ जाय कि *'हम चुना दीगरे नेस्त'* अर्थात् मेरी-सी रचना कोई कर ही नहीं सकता तो समालोचक का लेखक होना परम वांछनीय है क्योंकि बाँझ प्रसव की पीड़ा को नहीं जान सकती।

"जाके पाँव न फटी बिवाई। सो का जाने पीर पराई॥"

समालोचक का कुछ उत्तरदायित्व अपने वर्ग के प्रति भी है। जो बड़े महत्त्व का है। समालोचक को यह भी ध्यान रखना चाहिए कि वह समाज में समालोचना का बुरा आदर्श तो नहीं उपस्थित कर रहा है, जिससे अन्य समालोचक अपने कर्त्तव्य से गिर जायँ। समालोचकों को अपने पेशे का गौरव रखना चाहिए। किसी को अनावश्यक ही गिरा देना अथवा किसी को आसमान पर चढ़ा देना समालोचक के गौरव के विरुद्ध है। जो समालोचक किसी की भलाई-बुराई करने में संयम नहीं रख सकते वे अपने वर्ग की बदनामी करते हैं; समालोचक पाठकों के उपनेत्र हैं और लेखकों के लिए दीपक हैं। वास्तव में समालोचकगण ही सच्चे 'प्रकाशक' हैं। लेखकों की शोभा समालोचकों से ही है। आचार्य राजशेखर ने तो कहा है कि भावक कवि का स्वामी, मित्र, मन्त्री, शिष्य और आचार्य सब कुछ हो सकता है। देखिए–

"स्वामी मित्रं च मन्त्री च शिष्यश्चाचार्य एव च;
कवेर्भवति हि चित्रं किं हि तद्यन्न भावकः।"

भारतीय आलोचना-पद्धति

प्रारम्भिक रूप : भारत में काव्य-शास्त्र की परम्परा बहुत प्राचीन है और लोक-रुचि पर आश्रित आलोचना का जन्म तो काव्य-शास्त्र से भी पूर्व हुआ होगा। हमको भरत मुनि के नाट्य-शास्त्र से पता चलता है कि नाटकों की सिद्धियों (सफलताओं) का अनुमान निर्णायक लोग दर्शकों के हर्षोल्लास, हँसने, साधुवाद आदि से लगाया करते थे। इसी आधार पर वे लोग राजा से अभिनेताओं को पताका-प्रदान की सिफारिश किया करते थे। यह एक प्रकार की प्रभाववादी (Impressionist) आलोचना होती थी; किन्तु सामूहिक होने से उसका मूल्य बढ़ जाता था। भरत मुनि का उद्धरण देखिए:

"स्मितार्धहासातिहासा साध्वहो कष्टमेव वा।
प्रवृद्धनादा च तथा ज्ञेया सिद्धिस्तु वाङ्मयी॥"

अर्थात् जहाँ मुस्कराहट, आधा हास्य या अति हास्य, साधु-साधु (अंग्रेजी के हीयर-हीयर का पर्याय तो क्या उससे कुछ अच्छा शब्द है), कष्ट या ऊँची आवाज से लोग देर तक चिल्लायें वहाँ शाब्दिक सफलता या असफलता समझनी चाहिए।

कवि और भावक : यह तो आलोचना का सबसे प्रारम्भिक रूप है। प्रायः सभी देशों में ऐसा रहा होगा। फिर लोक-रुचि को ही नियम-बद्ध करके काव्य-शास्त्र बना होगा। हमारे यहाँ आलोचक लोग भावक कहलाते थे, और इसी आधार पर प्रतिभा के दो रूप किये गये थे—कारयित्री और भावयित्री। कवि या कलाकार की प्रतिभा को कारयित्री प्रतिभा कहते हैं और भावक या आलोचक की प्रतिभा को भावयित्री कहते हैं। उसकी व्याख्या करते हुए आचार्य राजशेखर कहते हैं—

"सा च कवेः श्रमअभिप्रायं च भावयति। ततः खलु फलितः कवेर्व्यापारतरुः अन्यथा सोऽवकेशी स्यात्।"

अर्थात् "वह कवि के श्रम और अभिप्राय या उद्देश्य को प्रकाश में लाती है, उसके द्वारा कवि-व्यापार का वृक्ष फलता है, नहीं तो वह निष्फल रहता है।" इससे प्रतीत होता है कि भावक का कार्य गुण-दोष-विवेचन ही नहीं वरन् उसके व्यापार को फलवान बनाना था, अर्थात् उसकी व्याख्या करना भी था।

इसलिए भावक कवि का स्वामी, मित्र, मन्त्री, शिष्य, आचार्य सब-कुछ होता था।

"स्वामी मित्रं च मन्त्री च शिष्यश्चाचार्य एव च।
कवेर्भवति हि चित्रं किं हि तद्यन्न भावकः॥"

इससे यह प्रतीत होता है कि उस समय में भावक लोग कवि के कार्य को गति-विधि भी देते थे, तभी तो उनको आचार्य भी कहा है।

पृथक् प्रतिभाएँ: हमारे यहाँ कवि और भावक की प्रतिभा अलग-अलग मानी है। *'एक सूते कनकमुपलः स्यात्परीक्षाक्षमोऽन्यः'* एक पत्थर सोने को उत्पन्न करता है, दूसरा उसकी परीक्षा करने में समर्थ होता है। वास्तव में कवि के कार्य की पूर्णता भावक में ही मानी है। *'उपजहिं अनत, अनत छबि लहहीं'* कवि की कृति की छवि भावक के मन में ही निखार में आती है।

1. विशेषताएँ बतलाने वाली सूक्तियों के रूप में जैसे–

"उपमा कालिदासस्य भारवेरर्थगौरवम्।
दण्डिनः पदलालित्यं माघे सन्ति त्रयो गुणाः॥"
"भासो हासः कविकुल गुरु कालिदासो विलासः"
'उपमा को बलवीर'
"सतसइया के दोहरे ज्यों नाविक के तीर।
देखन को छोटे लगें घाव करें गम्भीर॥"

किन्हीं सूक्तियों में कवियों को श्रेणी-बद्ध किया जाता था, जैसे–

"सूर सूर तुलसी ससी उडुगन केसवदास।
अब के कवि खद्योत सम जहँ-तहँ करत प्रकास॥"

2. गुण-दोष-बिवेचन पद्धति: भारतीय पद्धति में गुण-दोष-विवेचन में बहुत-सी कृतियों की आलोचना हो जाती थी। उसमें पूरी कृतियों की आलोचना तो नहीं होती थी, किन्तु विशेष-विशेष स्थलों की आलोचना हो जाती थी। यह नियमों के आधार पर होने के कारण वह अंग्रेजी के Judicial criticism के निकट आ जाती थी।

(क) दोषों के निरूपण के मिष आलोचना *'अकाण्डे छेदो यथा वीर चरिते द्वितीयेऽङ्के राघवभार्गवयो धाराधिरूढ़े वीर रसे कंकण मोचनाय गच्छामि इति राघवस्योक्तौ।'* अकाण्ड छेदन अर्थात् अवसर के बीच में प्रसंग को अनुचित रूप से बदल देना, जैसे भवभूति के महावीर चरित के द्वितीय अंक में जब कि रामचन्द्र जी और परशुराम जी की बातें वीर रस-सम्बन्धी हो रही थीं, तब एक साथ बीच में राम से यह कहलाना कि मैं भीतर कंकण खुलवाने जाता हूँ, दोष माना जायगा।

(ख) *'अंगिनोऽननुसंधानम् यथा रत्नावल्यां चतुर्थेऽअंके वाभ्रव्यागमने सागरिकायाविस्मृति।'*

अर्थात् अंगी या मुख्य पात्र को भूल जाना, जैसे रत्नावली के दूसरे अंक में वाभ्रव्य नाम के दूत के आगमन पर राजा का सागरिका (रत्नावली) को भूल जाना।

(ग) विभाव की कष्ट कल्पना का उदाहरण:

''परिहरति रतिं मतिं लुनीते स्खलति भृशं परिवर्तते च भूयः
इतिवत विषमा दशाऽस्यदेहं परिभवति प्रसभं किमत्र कुर्मः॥''

अर्थात् अरे इस नायिका के शरीर की विषम दशा हो गयी है—सांसारिक पदार्थों की ओर उसकी रुचि नहीं है, उसकी बुद्धि लुप्त हो रही है, वह बार-बार भूल करती है अब हम क्या करें? यहाँ पर रुचि का छूट जाना आदि अनुभाव करुण रस के भी हो सकते हैं, इसलिए इन अनुभावों के साथ यह मुश्किल से कल्पना की जा सकती है कि यह बात किसी कामिनी के सम्बन्ध में कही गयी है, यह दोष है।

गुणों के उदाहरण—

अर्थालंकार जहाँ रस के सहायक होते हैं—

''मनोरागस्तीव्रं विषमिव विसर्पत्यविरतम्
प्रमाथी निर्धूमं ज्वलति विधुतः पावक इव।
हिनस्ति प्रत्यंगं ज्वर इव गरीयानित इतो
न मां त्रातुं तातः प्रभवति न चाम्बा न भवति॥''

'मालती माधव' के द्वितीयांक में मालविका अपनी सखी लवंगिका से कहती है—तीव्र मनोराग निरन्तर विष की भाँति शरीर में व्याप्त होता जा रहा है। यह बड़ा प्रबल है और धुएँ से हीन अग्नि के समान जलता है और कठिन सन्निपात के ज्वार की भाँति प्रत्येक अंक में पीड़ा देता है। मुझे इस पीड़ा से बचाने में न तो मेरी माता, न मेरे पिता और न तुम ही समर्थ हो सकती हो। यहाँ मालोपमा अलंकार विप्रलम्भ शृंगांर को बल दे रहा है, यह गुण।

इस प्रकार के आलोचनात्मक उदाहरणों से 'काव्य प्रकाश' के सातवें और आठवें उल्लास भरे हुए हैं। उनमें से शकुन्तला, महावीर-चरित, मालती माधव, रघुवंश, किरातार्जुनीय, हनुमन्नाटक आदि ग्रन्थों के प्रसिद्ध-प्रसिद्ध श्लोकों के गुण-दोष बतलाये गये हैं।

3. टीकाओं की काव्यात्मक आलोचनाएँ: प्राचीन काल की टीकाएँ केवल अर्थबोध ही नहीं करती थीं वरन् वे रचना का काव्य-सौष्ठव दिखाने और उनके आन्तरिक भाव को स्पष्ट करने में भी सहायक होती थीं, जैसे श्रीमद्‌भागवत की सुबोधिनी टीका। भाष्य भी यही कार्य करते थे। भाष्य अधिकतर दार्शनिक और व्याकरण-ग्रन्थों पर लिखे गये हैं। वेदान्त सूत्रों का शांकर भाष्य तो एक स्वतन्त्र ग्रन्थ-सा बन गया, उसमें सभी मतों का खंडन-मंडन है। शांकर मत की आलोचना रामानुजाचार्य के श्रीभाष्य में हुई है। साहित्यिक ग्रन्थों की प्रायः प्रसिद्ध टीकाएँ ही मिलती हैं, जैसे रघुवंश और किरातार्जुनीय पर मल्लिनाथ की टीका।

हिन्दी में भी टीकाएँ लिखी गयी हैं और कुछ टीकाओं में दोहों का भाव कुंडलियों में बढ़ाकर लिखा गया है। बिहारी की सरदार कवि की टीका इसी प्रकार की है। भारतेन्दु बाबू ने भी ऐसी टीका लिखी है। देखिए—

"तजि तीरथ हरि-राधिका-तन-दुतिवर अनुराग।
जिहि ब्रज-केलि-निकुंज-मग पग-पग होत प्रयाग॥"

यह तो है बिहारी का दोहा। अब इसकी व्याख्या देखिए–

"पग-पग होत प्रयाग सरस्वति पद की छाया।
नभ की आभा गंग छाँह सम दिनकर जाया॥
छन छबि लखि 'हरिचन्द' कलप कोटिन लव सम।
भजु मकरध्वज मनमोहन मोहत तीरथ तजि॥"

इसमें व्याख्या कर दी गयी कि किस प्रकार *'पग-पग होत प्रयाग'*।

4. कथावाचकों की आलोचनाएँ: रामायण, विनय-पत्रिका आदि की टीकाओं में और ग्रन्थों के समान भाव भी दिये गये हैं। उनमें तुलनात्मक आलोचना भी हो जाती थी और पारस्परिक संगति भी बिठा दी जाती थी। कथावाचक लोग एक-एक शब्द की व्याख्या में भिन्न-भिन्न प्रसंगों में आये हुए उस शब्द का उल्लेख कर देते हैं और बहुत-सी चौपाइयों के संस्कृत-ग्रन्थों से उनके स्रोत भी खोजकर बतलाते हैं।

5. मूल्यांकन सम्बन्धी: सम मूल्यांकन सम्बन्धी आलोचना के व्यावहारिक उदाहरण तो कम मिलते हैं किन्तु उसकी सिद्धान्त रूप से स्वीकृति अवश्य मिलती है, जैसे:

"कीरति भनित भूति भलि सोई।
सुर सम सब कहुँ हित होई॥"

शास्त्रीय आलोचना: सारांश यह है कि भारतीय समीक्षा का झुकाव शास्त्रीय आलोचना की ओर अधिक रहा है, किन्तु और प्रकार की आलोचनाओं का अभाव नहीं रहा है। शास्त्रीय आलोचना में रस, अलंकार, रीति, वृत्ति आदि का विवेचन होता है। इस प्रकार की कुछ आलोचनाएँ आजकल भी हुई हैं। श्री कृष्णबिहारी मिश्र द्वारा सम्पादित 'मतिराम-ग्रन्थावली' की भूमिका से एक छन्द की आलोचना उदाहरणार्थ यहाँ दी जाती है:

"बसत तरंगिनी में तीर ही तरल आय
ग्रस्यो ग्राह पाँव, खैंचि पानी बीच तरज्यो।
करनी कलभ करें कलपना कूल ठाड़े,
कहा भयो कहा, करुना के संग लरज्यो॥
कठिन समय बिचारि साहब सों गयो हारि,
हठि पग ध्यान रघुनाथ ज्यों ही सरज्यो।
असरन-सरन विरद को परज देख्यो,
पहले गरज भई, पीछे गज गरज्यो॥"

अलंकार: कुल छन्द में मुख्य अलंकार चंचलातिशयोक्ति है। जिस प्रकार सत्कवि के काव्य में बिना उद्योग के भी और बहुत-से अलंकार आ जाते हैं, वही बात मतिराम के इस छन्द में हुई है।

गुण : प्रसाद गुण मुख्य है। परन्तु कहीं-कहीं (जैसे द्वितीय पद में) ओज गुण के भी सूचक पद हैं।

वृत्ति : उपर्युक्त पद्य में मधुरा और परुषा वृत्ति का मिश्रण है। इस कारण यह प्रौढ़ा वृत्ति है। इसी का नाम सात्वती वृत्ति भी है।

रस : इस छन्द में पराये दुःख को दूर करने का जो उत्साह है, वह स्थायी भाव है। इसका आलम्बन विभाव दुःखार्त्त गजराज है। गजराज की दीनता-भरी पुकार उद्दीपन विभाव है...स्थायी भाव उत्साह है इसलिए यह वीर रस का दया-वीर रस नामक रूपान्तर है।

काव्य : कुछ छन्द में वाच्य की तह से जो अर्थ लिखा है वही प्रधान होने से यह लक्षणामूलक मध्यम काव्य है।

—'आलोचना' से

मनोविश्लेषण और आलोचना

स्वरूपता की झलक : आलोचना की पद्धति विकासशील है। अब कवि की कृति का ही विश्लेषण नहीं किया जाता है, वरन् उसके कर्ता के मन का भी विश्लेषण किया जाता है, सो भी केवल ऊपरी मन का नहीं वरन् उसकी भीतरी तहों तक पहुँचने का प्रयत्न किया जाता है। यह प्रयत्न किसलिए? यह इसलिए कि कवि की कृति में उसके आत्मभाव या स्वरूपता (Personality) की झलक होती है। *'आत्मा वै जायते पुत्रः'* कवि की कृति द्वारा हम कवि के मन की झाँकी पाते हैं और कवि के मन की झाँकी द्वारा उसकी कृति को भली प्रकार समझ सकते हैं। साहित्य का मनोवैज्ञानिक अध्ययन दो प्रकार से होता है। एक साहित्य-सृष्टि में बसने वाले पात्रों का मनोवैज्ञानिक अध्ययन, जैसे सूर के बालकृष्ण का अध्ययन, भरत की आत्मग्लानि का अध्ययन और प्रेमचन्दजी के ज्ञानशंकर या और किसी पात्र का अध्ययन; दूसरे स्वयं कवि का अध्ययन। स्वयं कवि के अध्ययन से आलोचना को यह लाभ होता है कि आलोचना संकुचित नहीं रहती। हम कवि को बँधे-बँधाये मानदंडों के अनुसार दोषी नहीं ठहराते। वह एक प्रकार की कविता करता है या दूसरी प्रकार की कविता करता है और इस प्रकार वह अच्छा या बुरा है, ऐसा निर्णय हम सहसा नहीं देते। हम उसके मन के अन्तस्तल में प्रवेश करके यह जान लेते हैं कि वह अपनी पारिवारिक, सामाजिक और वैयक्तिक स्थिति में ऐसी ही कविता कर सकता था। मनोविश्लेषण आलोचना को वैज्ञानिक स्थिति पर ले आता है। वह कवि, उसकी सामाजिक और पारिवारिक स्थिति में और उसकी कृति में एक कार्य-कारण शृंखला स्थापित कर देता है।

फ्रायड का मत : आलोचना को मनोविश्लेषण की देन समझने से पूर्व हमको मनोविश्लेषण का संक्षिप्त परिचय प्राप्त कर लेना आवश्यक है। मनोविश्लेषण की सबसे बड़ी देन है अवचेतन (Subconscious) मन का प्रतिपादन। वह चेतन से अवचेतनपन को विशेष महत्त्व देता है। चेतन मन की वासनाएँ सामाजिक औचित्य-निरीक्षक (Censor) की रोक-थाम के कारण दमित हो जाती हैं किन्तु वे चेतन मन को प्रभावित करती रहती हैं। वे स्वप्न, (जैसे, महत्वाकांक्षा के लिए सीढ़ी किसी के मरने की इच्छा पूरी करने के लिए तख्तों को जो कफन के बक्स के द्योतक हैं, नयी पोशाक को नये पति की कामना-पूर्ति के अर्थ देखना) भूल, हँसी-मजाक और कलाकृतियों

में वेश बदलकर प्रतीकात्मक रूपों में प्रकट हो जाती हैं। कभी-कभी ये कल्पनाओं और दिवास्वप्नों का रूप धारण कर लेती हैं और कभी ये इतनी प्रबल हो जाती हैं कि मानसिक विकृतियाँ उत्पन्न कर देती हैं और तर्क और सामाजिक नियन्त्रण का बाँध तोड़कर अनर्गल प्रलाप का रूप धारण कर लेती हैं। इन सब वासनाओं में यौन वासनाएँ बड़ी प्रबल हैं। उनका पूर्वरूप बचपन में भी थपथपाने, अँगूठा चूसने आदि में मौजूद रहता है। फ्रायड के मत से दमित यौन वासनाएँ ही हमारे चेतन जीवन को प्रभावित करती रहती हैं। यौन वासना को इनता महत्त्व देने में और सब लोग फ्रायड के साथ सहमत नहीं हैं। फ्रायड ने आत्मा की तीन श्रेणियाँ मानी हैं, वैयक्तिक आत्मा (Ego), परात्मा (Super Ego) और तदात्मा (Id)। वैयक्तिक आत्मा का सम्बन्ध हमारी चेतनात्मा से है। उसमें आकार, तर्क, संगति का प्राधान्य रहता है। परात्मा का सम्बन्ध नैतिक, मान और औचित्य से है। औचित्य-निरीक्षक भी इसी का सहारा लेता है। तदात्मा का सम्बन्ध हमारी सहज वृत्तियों, सामान्य भावनाओं और दमित वासनाओं से है जो हमारे कार्यों को प्रेरक शक्ति प्रदान करती हैं।

एडलर और जुंग: मनोविश्लेषणशास्त्र के दो और आचार्य हैं—एडलर और जुंग। एडलर ने हीनता-ग्रन्थि (Inferiority Complex) को महत्त्व दिया है। वे पारिवारिक स्थिति के कारण बनी हुई हीनता-ग्रन्थियों को मूल प्रेरक कारण मानते हैं। हीनता-ग्रन्थि क्षतिपूर्ति के नियम के अनुसार मनुष्य में उच्च भावना-ग्रन्थि (Superiority Complex) बन जाती है। जुंग ने मनुष्यों को दो वर्गों में विभाजित किया है—अन्तर्मुखी (Introvert) और बहिर्मुखी (Extrovert)। अन्तर्मुखी प्रायः भावुक लोग होते हैं जो अपने ही में लीन रहते हैं। वे बाहरी जगत की कम परवाह करते हैं और बहिर्मुखी वे होते हैं जो अपने को बाह्य संसार के अर्थ समर्पित कर देते हैं। वे स्व की अपेक्षा पर का अधिक ध्यान रखते हैं। ये दो प्रकार की मनोवृत्तियाँ अन्योन्य बहिष्कारक (Mutually Exclusive) नहीं होती हैं। वास्तविक जीवन में इन दोनों का मिश्रण रहता है। इनकी श्रेणियाँ भी बहुत-सी होती हैं। जुंग ने इन दोनों वृत्तियों का समन्वय करने वाली एक मूल वृत्ति भी मानी, इसको उसने Phantasy अर्थात् स्वच्छन्द कल्पना कहा है उसमें शाश्वत रचनात्मक क्रिया का प्रसार रहता है। उससे सब विरोधों और प्रश्नों का शमन हो जाता है। उसमें अन्तर और बाह्य एक सजीव एकता में मिल जाते हैं। वह सब सम्भावनाओं की माता है—

It is the creative activity whence issue the solutions to all unanswerable questions; it is the mother of all possibilities in which the inner and outer worlds like all Psychological antithesis are joined in living union.

—Yung-psychological Types

जुंग ने इस स्वच्छन्द कल्पना के दो रूप बताये हैं। एक, सक्रिय और दूसरा, निष्क्रिय। निष्क्रिय स्वच्छन्द कल्पना अनियन्त्रित रहती है और वह प्रायः स्नायुविक

दोष वाले लोगों में ही होती है। कवि या कलाकार अपनी स्वच्छन्द कल्पना को ऐसी मोड़ दे देता है कि उसमें निर्वैयक्तिकता आ जाती है। और वह सार्वजनिक हित की बन जाती है।

प्रतिभा की व्याख्या: मनोविश्लेषण के सभी सम्प्रदाय प्रतिभा और काव्यावेश (Inspiration) की व्याख्या करते हैं। फ्रायड का मत है कि नयी-नयी कल्पनाएँ कवि को तदात्मा (Id) के भंडार में मिलती हैं जहाँ दमित वासनाएँ अनियन्त्रित रूप में रहती हैं और जहाँ उनको सहज वृत्तियों की शक्ति का भी सम्पर्क मिलता रहता है। वैयक्तिक चेतनात्मा (Ego) उनमें नियम और व्यवस्था उत्पन्न कर देती है और परात्मा (Super Ego) उनमें नैतिकता, आदर्शवादिता और निर्वैयक्तिकता उत्पन्न कर देती है। कवि की सफलता वैयक्तिक को निर्वैयक्तिक बनाने में है तभी दूसरे लोग उसमें रुचि ले सकते हैं। यही हमारे यहाँ के साधारणीकरण का सिद्धान्त है। कभी-कभी यह निर्वैयक्तिकता इतनी बढ़ जाती है कि मनोविश्लेषणशास्त्री भी धोखा खा जाते हैं। कवि और पाठक की दमित वासनाओं की (हम भारतीय भाषा में प्राक्तन और अर्वाचीन संस्कार कहेंगे) जब मेल खा जाते हैं तभी रस की सृष्टि होती है। हमारे यहाँ स्थायी भावों के संस्कार पाठक में भी माने गये हैं और उन पर विशेष बल दिया गया है। प्राक्तन संस्कारों और भूली हुई या दबी हुई स्मृतियों का उल्लेख शकुन्तला में भी हुआ है—

"रम्याणि वीक्ष्य मधुरांश्च निशम्य शब्दान्,
पर्युत्सुकी भवति यदि सुखितोऽपि जन्तुः।
तच्चेतसा स्मरति नूनमबोधपूर्वं,
भावस्थिराणि जननान्तरसौहृदानि॥"5/2॥

अर्थात् 'सुखी मनुष्य भी (जैसा दुष्यन्त था) सुरम्य स्थलों को देखकर और मधुर शब्दों को सुनकर (इसीलिए हमारे यहाँ उद्दीपनों को महत्त्व दिया गया है) जो बेचैन हो उठता है उसका कारण यह है कि वह बिना जाने अपने अवचेतन मन में संस्कारवश स्थित जन्म-जन्मान्तर के भावों का स्मरण करता है।' यह अवचेतन मन की देन कालिदास के अबोधपूर्व शब्द में भी मिलती है। यह सिद्धान्त आजकल के मनोविज्ञान का ही एकाधिकार नहीं है।

पहले जमाने में काव्यावेश (Inspiration) की व्याख्या धार्मिक आधार पर की जाती थी, तुलसीदासजी ने भी कहा है कि 'शंकरजी ने उनके हृदय में बैठकर रामचरितमानस लिखाया था।' सूरदास को भी महाप्रभु वल्लभाचार्य की कृपा से भगवत् लीला का स्फुरण हुआ था। आजकल का कलियुगी मनोविज्ञान धार्मिक प्रभावों को तो नहीं मानता लेकिन व्यक्ति के जीवन का अध्ययन कर उसकी दमित वासनाओं और कुंठाओं का पता लगाता है और उनके आधार पर उसकी कविता में फैले हुए मानसिक चित्रों के जाल की व्याख्या करता है। फ्रायड के मत से बहुत-सी

कला और कविता कुंठित वासनाओं की मानसिक इच्छा-पूर्ति है। जैसे स्वप्न दमित इच्छाओं की पूर्ति का साधन हैं, वैसे ही कला और कविता भी। फ्रायड लिखते हैं–

The artist who is urged on by instinctive needs which are too clamorous, longs to attain honour, power, riches, fame and the love of woman; but he lacks the means of achieving these qualifications, so like any other with an unsatisfied longing, he turns away from reality, and transfers all his interest, and all his libido too, on to the creation of his wishes in the life of phantasy.

अर्थात् 'कलाकार वह है जो अपनी अति-मुखरित सहज वृत्तियों से प्रेरित होकर सम्मान, शक्ति, धर्म, यश और स्त्री का प्रेम चाहता है लेकिन वह इन इच्छाओं की पूर्ति के साधन नहीं रखता ('चहिय अमिय जग जुरइ न छाछी') इसलिए किसी साधारण मनुष्य की भाँति वह वास्तविकता से भागकर अपने सब हितों और काम-वासना को भी केन्द्रित कर कल्पना-लोक में अपनी इच्छाओं की पूर्ति में लगा देता है।' वह अपनी कला के जादू से उन्हें प्रेषणीय और सार्वजनिक बना देता है और फिर उसे वे वस्तुएँ जो वह कल्पना में चाहता था, वास्तविकता में भी मिलने लगती हैं। वह पलायनवादी कविता की तो व्याख्या कर देता है किन्तु वीर रसात्मक या प्रगतिवादी कविता की व्याख्या नहीं करता। इसके लिए हमको अडलर की हीनताग्रन्थि में या जुंग की बहिर्मुखी मनोवृत्ति में (Extrovert Tendencies) का आश्रय लेना पड़ता है। आजकल हमारे आलोचक कुंठाओं का बहुत उल्लेख करते हैं। उन पर फ्रायड का ही प्रभाव है। यह हम मानते हैं कि लेखकों में कुंठाएँ होती हैं। कालिदास में अपनी स्त्री की विद्वत्ता से हीनता-ग्रन्थि बनी होगी, तुलसीदास जी में अपनी स्त्री से तिरस्कृत होने पर, भूषण में नमक के लिए अपनी भाभी से उपालम्भ सुनने पर, जायसी को अपनी कुरूपता के वश, कबीर को अपने जुलाहेपन के कारण हीन-भावना हुई होगी और उसकी क्षति-पूर्ति में वे ऊँचे उठे होंगे (हीन-भावना भी एक प्रकार की कुंठा ही है) किन्तु यह उनकी प्रतिभा की पूरी व्याख्या नहीं है। सैकड़ों आदमियों में यह हीनता ग्रन्थियाँ उनमें उच्च होने की आकांक्षा उत्पन्न नहीं करतीं। हम यही कह सकते हैं कि मनोविश्लेषण कवि की प्रतिभा समझने में कुछ सहायक होती है। प्रतिभा में हमको कुछ पूर्व जन्म का या अलौकिक अथवा व्याख्यातीत अंश मानना पड़ेगा।

अन्तर्मुखी और बहिर्मुखी : जुंग की अन्तर्मुखी (Introvert) और बहिर्मुखी (Extrovert) प्रकृतियों का विभाजन हमको बहुत गहरा तो नहीं ले जाता फिर भी हमको क्लासिकल और रोमांटिक तथा विषयगत (Objective Epic) और विषयीगत (Subjective) कविता लिखने वाले कवियों की प्रतिभा के समझने में सहायक होता है। बहिर्मुखी लोग क्लासिकल और महाकाव्य आदि की ओर अधिक जाते हैं और अन्तर्मुखी रोमांटिक और प्रगीतात्मक कविता लिखने की ओर झुकते हैं। वास्तव में

लोगों में दोनों ही प्रवृत्तियों का मिश्रण रहता है। अन्तर्मुखी समाज की परवाह नहीं करता, उसकी वृत्ति विद्रोहात्मक होती है। वह रोमांटिक की ओर जाता है और बहिर्मुखी नियमों और आकार की पाबन्दी की ओर अधिक ध्यान देता है। वह Classical कविता की ओर प्रवृत्त होता है। सबमें ही विद्रोह और नियन्त्रण की प्रवृत्तियाँ रहती हैं। जिसमें जो प्रवृत्ति अधिक होती है वह उसी ओर झुक जाता है। अच्छा कवि वह होता है जिसमें विद्रोह और नियन्त्रण का सन्तुलन रहता है। फ्रायड के अनुसार विद्रोह तदात्मा (Id) से मिलेगा और नियन्त्रण चेतनात्मा और परात्मा से मिलेगा।

सावधानी की आवश्यकता : इन सिद्धान्तों के व्यावहारिक प्रयोग में हमको सावधानी और सन्तुलन से कार्य लेना चाहिए। सब जगह ही यौन भावना की गन्ध न पानी चाहिए। यौन भावना के अतिरिक्त और भी भावनाएँ काम कर सकती हैं। तुलसी के नीचे लिखे छन्द में हमारे उत्साही मनोवैज्ञानिक आलोचक दमित काम-वासना का उभार बता सकते हैं। देखिए—

"विन्ध्य के बासी उदासी तपोव्रत-
धारी महा, बिनु नारी दुखारे।
गौतम-तीय तरी, 'तुलसी' सो कथा
सुनि, भे मुनिवृन्द सुखारे॥
ह्वै हैं सिला सब चन्द्रमुखी
परसे पद-मंजुल-कंज तिहारे।
कीन्ही भली रघुनायक जू
जो कृपा करि कानन को पगु धारे॥"

—कवितावली

इसमें दमित यौन वासना कही जा सकती है किन्तु उन आलोचकों को यह न भूलना चाहिए कि इसमें रामपद की धूलि रूपी सजीवन मूरि की महिमा अधिक है। इसी ने केवट-प्रसंग को भी इतना सरस बना दिया है।

काव्य और प्रेम-वासना का भक्ति में उन्नयन (Sublimation) प्रायः हो जाता है। कवीन्द्र रवीन्द्र ने भी कहा है, *'मोह भोर मुक्ति रूपे उठिबे ज्वलिया प्रेम मोर भक्ति रूपे रहिबे फलिया'* किन्तु हमेशा इसका उल्टा (Observe) ठीक नहीं होता। हरेक भक्ति के मूल में लौकिक वासना की गन्ध देखना जैसा प्रायः मीरा के साथ किया जाता है, उचित नहीं है। मीरा का वैयक्तिक जीवन जाने बिना हम कुछ नहीं कह सकते हैं। बहुत-से आलोचक तो वाल्मीकि के *'मा निषाद प्रतिष्ठां'* में काम मोहितम् के आधार पर करुणा के स्थान पर काम का ही साम्राज्य देखते हैं। फिर भी हम यह मानते हैं कि काम बहुत-सी प्रवृत्तियों के मूल में है।

प्रतीक : काम-वासना को अथवा दूषित भावनाओं को छिपाने के लिए जो प्रतीक रच लिए जाते हैं उनके अर्थ लगाने में भी मनोविश्लेषण से सहायता मिल

जाती है। फूलों का हार, स्वर्ण-मन्दिर, कली आदि नारी शरीर के प्रतीक बन जाते हैं। ऐसे ही टोप, कलम, ऊँची सुर्री पुरुष का प्रतिनिधित्व करते हैं। यात्रा मृत्यु की, पानी कठिनाइयों का, और आकाश हृदय का द्योतक होता है। कुछ प्रतीक तो परम्परागत होते हैं और कुछ नये प्रतीक बन जाते हैं। मनोविश्लेषण इन नये प्रतीकों के रहस्योद्घाटन में विशेष सहायता देता है। बहुत-सी बातें चेतन के स्तर पर भी स्पष्ट रूप से कहने योग्य नहीं होती हैं, उनको भी प्रतीक में छिपाया जा सकता है। मनोविश्लेषण क्या साधारण जीवन का ज्ञान भी उन प्रतीकों की कुंजी खोज निकाल सकता है, जैसे बच्चनजी की निम्नोल्लिखित कविता में दूसरी शादी का संकेत स्पष्ट है। मनोविश्लेषण गहरी पैठ कर सकता है। बच्चन की कविता का कुछ अंश देखिए—

''जीवन में एक सितारा था,
माना वह बेहद प्यारा था,
वह डूब गया तो डूब गया।
अम्बर के आनन को देखो,
कितने इसके तारे टूटे,
कितने इसके प्यारे छूटे।
जो छूट गये फिर कहाँ मिले॥
बोलो टूटे तारों पर अम्बर कब शोक मनाता है?''

सारांश : इस प्रकार हम देखते हैं कि मनोविश्लेषण कवि के व्यक्तिव का विश्लेषण कर कवि की कृति को समझने में सहायक होता है। मनोविश्लेषण के सहारे हम कवि की कृति का कवि के जीवन और स्वभाव के साथ मेल देखकर एक गुत्थी सुलझाने का-सा आनन्द पाते हैं। किन्तु मनोविश्लेषणात्मक आलोचना की सीमाएँ हैं, उनका हमें ध्यान रखना चाहिए। मनोविश्लेषण के सिद्धान्त कवि के व्यक्तित्व के समझने की एकमात्र कुंजी नहीं हैं। इसी प्रकार उपन्यासों की रचना में मनोविश्लेषण के उदाहरण उपस्थित करने मात्र के लिए जैसा नरोत्तम नागर ने किया है, घटनाओं को उपस्थित करना ठीक नहीं है। जीवन का प्रवाह स्वाभाविक रूप से चलने देना चाहिए।

—'साहित्य सन्देश', जुलाई 1952

आलोचना सम्बन्धी मेरी मान्यताएँ

रुचि-भेद : आलोचना के विभिन्न रूप और आदर्श होते हैं। समीक्षा पुस्तकों में उनके कुछ मोटे-मोटे प्रकार बतलाये जाते हैं, लेकिन वे प्रकार कबूतरखाने की भाँति नितान्त एक-दूसरे से अलग नहीं होते। प्रत्येक आलोचक अपनी रुचि के अनुकूल उनके विभिन्न योगों में सम्मिश्रण से और कुछ अपनी सूझ-बूझ से भी एक नया रूप खड़ा कर लेता है। आलोचना के आदर्शों के निर्माण में व्यक्ति की शिक्षा-दीक्षा, जातीय और पारिवारिक संस्कार, विभिन्न साहित्यों और समीक्षाशास्त्रों का अध्ययन तथा जीवन-सम्बन्धी सिद्धान्त उपकरण रूप से काम करते हैं।

मेरे संस्कार : मेरी आलोचना सम्बन्धी मान्यताओं के निर्माण में भी मेरे संस्कार, मेरी शिक्षा-दीक्षा और अध्ययन तथा जीवन-दर्शन का प्रभाव है। मेरा जन्म एक धार्मिक परिवार में हुआ था। मेरे धार्मिक संस्कार घिसते-घिसते केवल इतने ही रह गये हैं कि मेरा सर्वात्मवाद की ओर झुकाव बन गया है और उसी के साथ एक अहिंसात्मक कोमलता आ गयी है। मुझमें शिक्षक वृत्ति अवश्य है किन्तु शिष्य-वृत्ति कुछ अधिक मात्रा में है। मैं अपने शिक्षितों के पास सहपाठी रूप में कुछ-कुछ सेवा-भाव से जाता हूँ। गोस्वामी तुलसीदास जी के मर्यादावाद से प्रभावित अवश्य हूँ किन्तु मैं यह भी मानता हूँ कि मनुष्य को नियमों के अक्षरशः पालन करने की आवश्यकता नहीं, नियमों के हार्द की रक्षा होनी चाहिए। नियम मनुष्य के लिए हैं न कि मनुष्य नियमों के लिए। मेरे जीवन में मशीन की-सी कोई बात नहीं है। सत्य को मैं बहुपक्षी मानता हूँ। कोई वाद जो अस्तित्व में आता है किसी-न-किसी मानव आवश्यकता का द्योतक होता और उसके सत्य का आधार रहता है। बहुत से मनुष्य नवीनता के उत्साह में प्रायः सत्य का अतिक्रमण कर एकांगी बन जाते हैं। भारतीय समन्वयवाद का भी मुझ पर प्रभाव है, किन्तु अतिशयताप्रधान अंशों का नहीं वरन् सारभूत सत्यांशों का। लोग मुझसे कभी-कभी पूछने लगते हैं कि क्या राम और रावण का भी समन्वय हो सकता है। मेरा उत्तर है कि रावण का हठवाद अपने अतिक्रमित रूप में दृढ़ता का ही रूप था। उसके गुण मर्यादा की सीमा पार कर दोष बन गये थे। मैं संसार को गुण-दोषमय मानता हूँ, इसलिए दूषित कृतियों में भी मुझे कुछ सार मिल जाता है। राजनीति में मैं गाँधीवादी अधिक हूँ।

शास्त्रीय और व्याख्यात्मक आलोचना : मेरा यह जीवन-दर्शन मेरी आलोचना सम्बन्धी मान्यताओं को रूप देने में सहायक हुआ है। मैं निर्णयात्मक आलोचना की अपेक्षा व्याख्यात्मक आलोचना को अधिक महत्त्व देता हूँ। शास्त्र के बतलाये हुए सिद्धान्तों को इसलिए महत्त्व देता हूँ कि प्राचीन साहित्य से संगृहीत जो सिद्धान्त और आदर्श हैं वे प्राचीन कलाकारों के अनुभव, गहरी पैठ और अन्तर्दृष्टि के परिचायक हैं किन्तु वे वेद-वाक्य नहीं हैं। उनसे हम लाभ अवश्य उठा सकते हैं। शास्त्रीय और चोटी के कलाकारों के परिनिष्ठित ग्रन्थों का अध्ययन मनुष्य की रुचि-निर्माण में सहायक होता है। सुसंस्कृत रुचि से की हुई प्रभाववादी आलोचना शास्त्रीय अलोचना के निकट आ जाती है। इसके अतिरिक्त प्रभाववादी आलोचना भी कुछ विशेष महत्त्व रखती है, वह यह कि किसी ग्रन्थ का मूल्य बँधे-बँधाये सुनिश्चित मानों से नहीं आँका जा सकता है। ग्रन्थ में बहुत-सी ऐसी बातें होती हैं जो नियमों के बन्धन से परे होती हैं। *'वह चितवन औरे कछू जिहि बस होत सुजान'* ऐसे ही ग्रन्थ और शैली का एक विशेष व्यक्तित्व होता है जिसका मूल्यांकन एक प्रकार की साहित्यिक अन्तरात्मा से किया जाता है।

अन्तरात्मा में प्रवेश : मैं इस साहित्यिक अन्तरात्मा में विश्वास करता हूँ और उसको परिष्कृत और परिमार्जित रखने का प्रयत्न करता हूँ। मैं शास्त्रीय नियमों के ज्ञान और इस अन्तरात्मा की गवाही को निर्णय देने के लिए नहीं, वरन् कवि को समझने के लिए, उसकी आत्मा से परिचित होने के लिए काम में लाता हूँ। बहुत से कवि और लेखक ज्ञात और अज्ञात रूप से शास्त्रीय नियमों से प्रभावित होते हैं और कुछ अपने व्यक्तित्व की भी देन होती है। शास्त्रीय प्रभावों को समझने के लिए शास्त्रीय ज्ञान आवश्यक होता है। गूँगे की सेन गूँगा ही जानता है। शास्त्रीय नियम भी तो कलाकारों की प्रतिभा प्रसूत विशेषताओं के सामान्यीकरण होते हैं। कोई कवि चाहे जान-बूझकर शास्त्रीय नियमों से न प्रभावित हो, किन्तु उसमें भी वैसी ही प्रतिभा की तरंगें उठ सकती हैं जैसी प्राचीनों में उठी थीं। शास्त्रीय ज्ञान उसके पहचानने में सहायक होता है। प्रत्यभिज्ञान जिसको अंग्रेजी भाषा में (Recognition) कहते हैं, पूर्व ज्ञान की अपेक्षा रखता है। वह पूर्व ज्ञान हमको शास्त्रीय ज्ञान से मिलता है। शास्त्रीय नियमों के पालन का मुझको विशेष मोह नहीं है, नायिका-भेद के आचार्यों की भाँति सभी नियमों के पालन के लिए प्रयत्नशील होना, मैं काव्य के रस के लिए घातक भी समझता हूँ किन्तु जहाँ किसी शास्त्रीय नियम का प्रयोग स्वाभाविक और मौलिक ढंग से होता है, वहाँ मैं उसका आदर करता हूँ। मैं इतना तो सर्वात्मवादी और समन्वयवादी नहीं कि सब धान बाईस पसेरी बेचूँ तथापि मैं यह अवश्य मानता हूँ कि गाजर या बथुआ के शाक में भी अपनी विशेषता है जो आलू या परवल में है और उनके लिए जो कुकरमुत्ता खाते हैं उस विशेष प्रकार के कुकरमुत्ता में भी उतना ही स्वाद और स्वास्थ्यप्रदता है जितनी गोभी में। किन्तु मैं निराला जी की

भाँति उसके द्वारा गुलाब या कमल का तिरस्कार न कराऊँगा, क्योंकि मैं उनका भी सौन्दर्य और सौरभगत मूल्य मानता हूँ। साथ ही गुलाब और कमल से भी यह न चाहूँगा कि वे कुकुरमुत्ता का तिरस्कार करें।

दो प्रमुख ग्रन्थ : शास्त्रीय ज्ञान और रुचि परिमार्जन के लिए ही मैंने सैद्धान्तिक आलोचना के ग्रन्थ लिखे। उनमें दो मुख्य हैं 'नवरस' तथा 'सिद्धान्त और अध्ययन'। 'नवरस' में मैंने शास्त्र को मनोवैज्ञानिक आधार देने का प्रयत्न किया है। मैं तो अलंकारों का भी मनोवैज्ञानिक आधार मानता हूँ (साहित्य और समीक्षा में अलंकारों का अध्याय देखिए)। वे कवि के हृदय के ओज और उत्साह के परिचायक होते हैं। 'सिद्धान्त और अध्ययन' में सिद्धान्तों का इसी दृष्टि से निरूपण किया है कि वे अध्ययन में सहायक हों। मैंने इन आलोचनात्मक निबन्धों का नाम भी 'अध्ययन और आस्वाद' रखा है।

कवि के व्यक्तित्व का अध्ययन : जैसा मैं आपसे निवेदन कर चुका हूँ कि कवि के अध्ययन और रसास्वादन के लिए काव्य-शास्त्र के सिद्धान्तों और नियमों के अध्ययन के साथ कवि के व्यक्तित्व, उसकी रचनागत विशेषताओं का अध्ययन जो बहुत-कुछ गाजर, मूली, टमाटर या कुकुरमुत्ता के खाद्यतत्त्वों के वैज्ञानिक अध्ययन की भाँति है, और स्वाद के आनन्द के लिए सुरुचि के परिमार्जन की आवश्यकता है। मैं इन विशेषताओं और कवि की निजी देन को समझने के लिए व्याख्यात्मक आलोचना के क्षेत्र में प्रवेश करता हूँ। इसके बहुत से अंग हैं। कवि की बाह्य परिस्थितियों का अध्ययन जो ऐतिहासिक आलोचना के अन्तर्गत माना जाता है और आन्तरिक परिस्थितियों का विवेचन जो मनोवैज्ञानिक आलोचना का रूप धारण कर लेता है, इनके अतिरिक्त उनका तुलनात्मक अध्ययन भी किसी अंश में आवश्यक होता है। ऐतिहासिक आलोचना को महत्त्व मैं अवश्य देता हूँ, किन्तु मैं यह नहीं मानता कि कवि या लेखक परिस्थितियों का पुतला होता है। कवि अपनी निजी सूझ-बूझ लेकर आता है; उसकी विशेष प्रतिभा होती है, जो किसी अंश में घर की परिस्थितियों, वंश-परम्पराओं और निजी अध्ययन तथा उनकी सुरुचि से प्रभावित होती है।

मनोविश्लेषण की सीमाएँ : इन सब परिस्थितियों का अध्ययन मैं आवश्यक समझता हूँ, किन्तु इन सब के अध्ययन के लिए दुर्भाग्यवश पर्याप्त सामग्री नहीं मिलती है। इन बाह्य और आन्तरिक परिस्थितियों का अध्ययन मैं अपने सीमित ज्ञान के अनुकूल ही कर सका हूँ। मनोवैज्ञानिक आलोचना को मैं मनोविश्लेषणशास्त्र में सीमित नहीं रखना चाहता हूँ, वरन् साधारण मनोविज्ञान का भी सहारा लेता हूँ। मनोविश्लेषण में फ्रायड की भाँति सब समस्याओं का हल यौन-वासना मैं नहीं मानता। लोक-एषणा और वित्त-एषणा को भी मैं महत्त्व देता हूँ। मनुष्य का अहं कभी-कभी सैक्स से भी प्रबल होता है। प्रत्येक व्यक्ति में कुछ जातीय संस्कार होते

हैं, कुछ माता-पिता के और कुछ वातावरण के। इन सबका अध्ययन मैं आवश्यक समझता हूँ, यदि न कर पाऊँ तो दूसरी बात है।

शास्त्र और परम्परा का प्रभाव: इनका अध्ययन करके मैं यह देखना चाहता हूँ कि कवि कहाँ तक शास्त्र और परम्परा से प्रभावित है और कहाँ तक वह अपनी निजी देन दे रहा है। कवि के निजी दान को मैं विशेष महत्त्व देता हूँ इसलिए कवि को शास्त्र के कठघरे में बन्द करके यह भी देखने की कोशिश करता हूँ कि आधुनिक प्रवृत्तियों के आलोक में शास्त्र में कहाँ तक परिवर्तन लाने की आवश्यकता है। सूर-तुलसी जैसे महाकवियों से शास्त्र भी बहुत कुछ सीख सकता है। आजकल के कवियों की भी अपनी-अपनी देन है। मैं अपने पूर्वग्रहों से जहाँ तक हो कम काम लेता हूँ। पहले तो मेरी बहुत उल्लेखनीय देन नहीं जिसके प्रति मुझे मोह हो और यदि हो भी तो मैं उसे अन्तिम मानने का दुस्साहस नहीं करता। अपनी विशेष सूझ-बूझ के प्रतिपादन का उत्साह और आग्रह जो मेरी दुर्बलता है उसे ही मैं अपना बल समझता हूँ। अलग-अलग विशेषताओं का महत्त्व स्वीकार करने के कारण आचार्य शुक्ल जी की भाँति मुझे प्रबन्ध काव्य के प्रति विशेष मोह या आग्रह नहीं है। मैं मुक्तक को भी उतना ही महत्त्व देता हूँ, विशेषकर सूर जैसे रससिद्ध कवि के मुक्तकों को, जितना कि प्रबन्ध काव्य को। हमारे प्राचीन आलोचकों ने भी अमरुकशतक के एक-एक श्लोक को सौ-सौ प्रबन्धों के बराबर कहा है। प्रबन्ध काव्य में जहाँ सुनार की सौ चोट से रस परिपाक होता है वहाँ कभी-कभी एक चोट से ही रस परिपाक हो जाता है। और आकार की लघुता के कारण व्यंजना की भी अच्छी छटा आ जाती है। रस, ध्वनि, रीति, अलंकार, औचित्य और छन्दों में सबको यथोचित स्थान देते हुए भी मैंने रस को ही आत्मा का शीर्ष स्थान दिया है।

कला पक्ष: मैंने कला पक्ष की अवहेलना न करते हुए भी भाव पक्ष को अधिक मुख्यता दी है। भाव पक्ष की अमर्यादित स्वतन्त्रता में मैं विश्वास नहीं करता। उसके एक ओर बुद्धितत्त्व से और दूसरी ओर नैतिक तत्त्व के कूलों में बँधा हुआ देखना चाहता हूँ। इन दोनों कूलों में बँधकर ही भाव सरिता द्रुत गति के साथ प्रवहमान हो सकती है।

सौन्दर्य-बोध: मेरा सौन्दर्य-बोध बड़ा व्यापक है। भाव-सौन्दर्य, वस्तु-सौन्दर्य, जो मानव और प्रकृति दोनों को ही घेर लेता है, और कर्म-सौन्दर्य तीनों ही उसके व्यापक क्षेत्र में आते हैं। सौन्दर्य में विषयगतता को प्रधानता देता हुआ भी व्यक्ति की रुचि की देन को भी महत्ता देता हूँ। आचार्य शुक्ल जी ने सौन्दर्य-बोध में विषय के साथ मन की तदाकार परिस्थिति को अधिक महत्ता दी है किन्तु मन में भी ग्राहकता, तदाकार में ढलने की क्षमता होना आवश्यक है। अभिनवगुप्त ने जो रस की निष्पत्ति सहृदय में मानी है उसका यही अभिप्राय है। *'अरसिकेषु कवित्त निवेदनं सिरसि मा लिख मा लिख'* की बात को न भूलना चाहिए।

नैतिक मूल्य : कर्मगत सौन्दर्य के साथ नैतिक और अन्य मूल्यों की बात आती है। *'कीरति भनित भूतिभल सोई'* जो *'सुरसरि सम सब कहँ हित होई'* हित वह है जो व्यक्ति और समाज दोनों को बनावे। सामाजिक व्यवस्था वही सर्वश्रेष्ठ है जिसमें विकासवाद का यह सिद्धान्त कि अधिक से अधिक विभाजन विशेषीकरण के साथ अधिक से अधिक साथ संगठन हो। यह श्री भगवद्गीता के *'अविभक्तं विभक्तेषु'* वाले सात्विक ज्ञान के आदर्श के अनुकूल भी पड़ता है। रामराज्य में भी अधिक से अधिक भौतिक सम्पन्नता के साथ मानसिक साम्य था। *'बैंरु न कर काहू सन कोई, राम प्रताप विषमता खोई'* जो काव्य-समाज की ऐसी सम्पन्नमयी स्थिति को लाने में सहायक होता है, वही मेरी समझ में सत्काव्य है। इस प्रकार मेरी आलोचना पर गाँधीवाद का भी प्रभाव है।

मैं साहित्य में किसी प्रकार की वीभत्सता वा कटुता को पसन्द नहीं करता हूँ। मैं चाहता हूँ कि साहित्य अपने गौरव के अनुकूल शालीनता बनाये रखे। कटु सत्य छिपाये न जायँ किन्तु उनका उद्धारन क्षुद्रता या वैयक्तिक कटुता के साथ न किया जाय। *'सत्यं ब्रूयात्'* के साथ *'प्रियं ब्रूयात्'* की बात न भूलनी चाहिए। इसलिए मैं आलोचना में वस्तु की गरिमा के साथ कथन की शालीनता पर भी ध्यान रखता हूँ। इस बात में मेरा प्रगतिवादी आलोचकों से मतभेद है। वे शालीनता की इतनी परवाह नहीं करते जितनी तथ्य कथन की। वे संघर्ष का भी पोषण करते हैं।

—आकाशवाणी केन्द्र, लखनऊ, से प्रसारित एक वार्ता के आधार पर

कवि-समय

व्याख्या : बहुत प्राचीन काल से कवि लोग अपनी बात को विशेष चुभने वाली बनाने के अर्थ कुछ ऐसे विश्वासों, प्रसिद्धियों या प्रशस्तियों से काम लेते आये हैं कि जिनके पीछे एक पुरानी परम्परा लगी हुई हो और जिनके द्वारा कविता के मर्म जानने वालों पर गहरा प्रभाव डाला जा सके। इन विश्वासों और प्रसिद्धियों का आधार चाहे प्राकृतिक सत्य न हो, परन्तु इनके सम्बन्ध में सब सहृदय समाज एकमत रहता है और एक परम्परागत किन्तु बिना लिखा-पढ़ी का समझौता-सा बन जाता है कि कम-से-कम कविता में इन बातों का इसी प्रकार से वर्णन किया जाय। ये रेखागणित की पूर्व स्वीकृतियों (Postulates) की भाँति मान-सी ली जाती हैं।

ऐसे विश्वासों को पारिभाषिक शब्दावली में 'कवि-समय' कहते हैं। समय—वायदे वा समझौते को कहते हैं। बानर-राज सुग्रीव जब राज और स्त्री पाकर सीताजी की खोज-खबर लेना भूल गये थे तब श्री रामचन्द्रजी ने रोष कर सुग्रीव से कहा था *'समये तिष्ठ सुग्रीव'*[1] अर्थात् अपने वायदे पर रहो। समय, वह बात है जो सबके लिए सम, अर्थात् एक-सी हो। कवियों के आपस के समझौते को कवि-समय कहते हैं।

साहित्यिक उपयोगिता : एक उदाहरण देकर यह बात अधिक स्पष्ट की जा सकती है। सांसारिक मिलन का सुख कमल के पत्ते के ऊपर की पानी की बूँद की भाँति क्षणिक और बह जाने वाला होता है। उसमें वियोग की बाधा लगी रहती है, किन्तु परमात्मा के साथ आध्यात्मिक मिलन में यह बात नहीं होती। कवि यदि उस दैवी मिलन की चाह को प्रकट करना चाहे तो केवल इतना कह देने से न वक्ता को सन्तोष होगा और न श्रोता को ही पूरा-पूरा आनन्द मिलेगा कि परमात्मा के साथ मिलन में वियोग का भय नहीं, किन्तु वह चकवी और चकवे के सम्बन्ध में इस विश्वास का सहारा लेकर, कि रात में इस जोड़े का वियोग हो जाता है और यदि नर-पक्षी नदी के इस पार रहता है तो मादा दूसरी पार, यह कहे—

---

1. पूरा श्लोक इस प्रकार है—
"न स संकुचितः पन्था येन बाली हतो गतः।
समय तिष्ठ सुग्रीव मा बालिपथमन्वगाः॥"

"चल चकई वा सर विषय जहँ नहिं रैन-बिछोह।"

तो बात का कुछ गहरा प्रभाव पड़ेगा और हमारे सामने चिर-मिलन की एक तसवीर-सी खिंच जायगी।

अंग्रेजी साहित्य में कवि-समय : कवियों के ऐसे विश्वास प्रत्येक भाषा के साहित्य में वर्तमान हैं। वे कविता को कुछ और गौरवपूर्ण बना देते हैं। अंग्रेजी साहित्य के विद्यार्थी परम्परागत इस विश्वास से परिचित हैं कि 'स्वान' (Swan), अर्थात् राजहंस मरते समय गीत गाया करता है। इसीलिए मरने से पहले किसी मनुष्य की लुभावनी बातों को 'स्वान सांग' (Swan song) कह देते हैं। इसी प्रकार अरब के रेगिस्तान की फिनिक्स (Phoenix) नाम की चिड़िया के बारे में ऐसी प्रसिद्धि है कि मरते समय उसके शरीर से अग्नि उत्पन्न हो जाती है और उसी चिता में उसका शरीर भस्म हो जाता है। फिर उसी भस्म से एक अंडा निकलता है और उसके द्वारा चिड़िया पुनः जन्म लेकर अपनी जीवन-यात्रा एक नये सिरे से चलाती है। यह कवि प्रसिद्धि किसी संस्था के शिथिल होकर नष्ट होने और उसके पश्चात् फिर जन्म लेकर नये उत्साह के साथ काम करने की बात को बड़ी सुविधा के साथ व्यक्त कर देती है।

झूठे दिखावटी आँसुओं को अंग्रेजी में 'क्रोकोडाइल टीअर्स' (Crocodile Tears) कहते हैं। इसके पीछे यह विश्वास है कि घड़ियाल बनावटी आँसू बहाकर अपने शिकार को आकर्षित कर लेता है और उसका भक्षण करते हुए भी रोता ही रहता है। फारसी साहित्य में 'हुमा' नाम की एक चिड़िया का जिक्र आता है। वह हड्डी खाती है, किन्तु इसकी छाया जिस आदमी पर पड़ती है वह बादशाह हो जाता है।

राजशेखर का मत : संस्कृत और हिन्दी के कवियों में कुछ ऐसी ही प्रसिद्धियाँ चिरकाल से चली आ रही हैं। राजशेखर जैसे 'काव्य-शास्त्र' के व्याख्याताओं ने इन कवि-समयों का विशद वर्णन किया है। उन्होंने पृथ्वी (भौम), पाताल और आकाश की वस्तुओं के सम्बन्ध में अलग-अलग कवि-समय माने हैं।

इन तीनों के भी तीन प्रकार के कवि-समय हैं–

1. असत् बात का कहना;
2. सत् बात का न कहना; और
3. अनियत को नियत करना।

इनमें पृथ्वी से सम्बन्ध रखने वाले कवि-समय मुख्य हैं। अस्तु, इस सम्बन्ध में असत् बात को कहने के उदाहरण हैं–कमल का नदी में वर्णन करना, पर कमल झील या तालाब के बँधे हुए पानी में ही होता है, नदी के बहते पानी में नहीं। स्त्री की कमर को 'मुष्टि-ग्राह्य', अर्थात् मुट्ठी में आ जाने वाली कहना और अन्धकार

को 'सूची-भेद्य'—सुई से छेदे जाने योग्य कहना। यह शायद उसकी प्रगाढ़ता के कारण ऐसा कहा जाता है।

सत् के न कहने के उदाहरण हैं—चन्दन के फूलों और अशोक के फलों का वर्णन न करना। वास्तव में चन्दन में फूल और अशोक में भी फल होते हैं, किन्तु चन्दन में फूल न मानकर कवियों को ब्रह्मा की अकल पर टीका-टिप्पणी करने का अवसर मिल जाता है। चन्दन के सम्बन्ध में यह सुना जाता है कि उसके तने पर साँप लिपटे रहते हैं[1] और उसकी खुशबू से नीम कटुज आदि वृक्ष भी चन्दन हो जाते हैं। चन्दन के सम्बन्ध में एक विचित्र बात है कि उसके सूखने पर ही उसमें खुशबू निकलती है। इसी प्रकार यद्यपि शुक्ल पक्ष के उत्तरार्ध में अन्धकार होता है और कृष्ण पक्ष के उत्तरार्ध में उजाला होता है, तथापि कवि लोग न शुक्ल पक्ष में अँधेरे का वर्णन करते हैं और न कृष्ण पक्ष में उजाले का। गोस्वामी तुलसीदासजी का इस ओर ध्यान गया था, देखिए—

''सम प्रकास सम पाख दुहुँ, नाम भेद बिधि कीन्ह।
ससि पोसक सोसक समझि जग जस अपजस दीन्ह॥''

—दोहावली, 372

अनियत को नियत कर देने के उदाहरण हैं—मगर का केवल 'गंगा' में और मोतियों का केवल 'ताम्रपर्णी' नदी में वर्णन करना। चन्दन वृक्ष यद्यपि बहुत-से स्थानों में होते हैं तथापि उनका वर्णन केवल 'मलयगिरि' पर ही किया जाता है। इसी प्रकार भोज-पत्र का वर्णन केवल हिमालय पर्वत पर किया जाता है और कोयल के बोलने का केवल वसन्त में उल्लेख होता है। बरसात में कोयल का मौन धारण कर लेना कहा जाता है।

पशु-पक्षियों के सम्बन्ध में : पशु-पक्षियों के सम्बन्ध में भी कवि-प्रयुक्त प्रसिद्धियाँ हैं और वृक्ष तथा पौधों के विषय में भी। हंस कवियों का बड़ा प्यारा पक्षी है। वह सरस्वती जी का, जो विद्या की देवी हैं, वाहन माना गया है। इसके बारे में कवियों का विश्वास है कि वह मोती चुगता है। तभी तो यह कहावत है—

''कै हंसा मोती चुगै कै फाके मर जाय''।

यह ऐसे आदमियों के लिए कहा जाता है जो, या तो अपने आदर्श के अनुकूल अच्छी-से-अच्छी वस्तु लेंगे, या कुछ न लेंगे। हंस के सम्बन्ध में दूसरी प्रसिद्धि यह है कि वह दूध और पानी को अलग कर देता है, इसीलिए वह आलोचक का प्रतीक माना गया है। वह पानी से अलग कर दूध को पी लेता है। तुलसीदासजी ने उसकी सज्जनों से उपमा दी है, जो दुनिया में बुराई छोड़ देते हैं और भलाई को ग्रहण कर लेते हैं—

1. चन्दन विष-व्यापै नहीं, लिपटे रहत भुजंग।

तुलसीदासजी कहते हैं—

''जड़ चेतन गुँन-दोष-मय, बिस्व कीन्ह करतार।
सन्त हंस-गुँन गहहिं पर, परिहरि बारि बिकार॥''

हंस के लिए यह भी कहा जाता है कि इसका निवास-स्थान हिमालय पर्वत पर 'मानसरोवर' है। वास्तव में उनका मोती चुगना और मानसरोवर में होना दोनों बातें एक साथ नहीं हो सकती हैं। मोती तो समुद्र में होता है और सीप के भीतर से निकलता है। पंडित महावीरप्रसाद द्विवेदी का यह विचार है कि मानसरोवर का जल मोती की तरह निर्मल होता है, इसीलिए हंस के मोती चुगने की बात चल पड़ी है। ऐसी ही बात उसके दूध पीने की है, नहीं तो मानसरोवर में उसके लिए गाय-भैंस कहाँ रक्खी है? इस सम्बन्ध में आचार्य महावीरप्रसाद द्विवेदी जी ने बहुत-कुछ छान-बीन की है। उनका कहना है कि कमल की डंडी से निकलने वाले तन्तुओं को हंस बड़े चाव से खाता है। उनके चबाने में दूध-सा रस निकलता है और उसी के आधार पर यह 'कवि-प्रसिद्धि' चल पड़ी है कि हंस दूध-दूध पी लेता है और पानी-पानी छोड़ देता है। हंस के सम्बन्ध में यह भी प्रसिद्धि है कि वह वर्षा ऋतु में साधारण तालाबों को छोड़कर मानसरोवर चला जाता है।

वर्षा में 'खंजनों' का भी अभाव हो जाता है और कमल भी विलीन हो जाते हैं, तभी तो आचार्य केशवदास जी ने श्री रामचन्द्र जी से कहलाया है कि जो वस्तुएँ श्री सीताजी की याद दिला सकती थीं वे भी वर्षा में विलीन हो गयीं, अब तो किसका सहारा लेकर जियें—

''कलहंस, कलानिधि, खंजन, कंज, कछू दिन 'केसब' देखि जिए।
गति, आँनन, लोचँन, पाँइन के, अनुरूपक से मन माँनि लिए॥
यहि काल कराल से सोधि सबै, हठि कै बरषा-मिस दूरि किए।
अब धों बिन प्रान प्रिया रहिहैं, कहि कौंन हितू अबलम्ब हिए॥''[1]

—रामचन्द्रिका, 13।22

चकवी-चकवे की बात हम पहले बता चुके हैं। इस विश्वास को लेकर भी कविता में बड़ी सुन्दर-सुन्दर उक्तियाँ आयी हैं। भरत जी के सम्बन्ध में तुलसीदास जी कहते हैं कि यदि कोई बहेलिया चकवी-चकवे को रात में एक पिंजड़े में बन्द कर दे तो भी वे एक दूसरे को नहीं देखेंगे। उसी प्रकार भरत जी ने भरद्वाज मुनि द्वारा उपस्थित की हुई राज-भोग की सामग्री की ओर नहीं देखा—

''सम्पति चकई, भरत चक, मुनि आयुस खिलवार।
तेहि निसि आस्रम-पींजरा, राखे करि भिनुसार॥''

—दोहावली 206

1. पहली दो पंक्तियों में 'क्रम' अलंकार की सुन्दर छटा है।

चकवी-चकवे के अलग रहने के सम्बन्ध में 'स्टूआर्ट बेकर' (Stuart Baker) तथा 'ह्विसलर' (Whistler) के आधार पर पं. हजारीप्रसाद द्विवेदी ने लिखा है कि चकवी-चकवे का जोड़ा दिन में एक साथ रहता दिखाई पड़ता है और रात को अक्सर वे अलग-अलग देखे जाते हैं। सम्भव है कि इस विश्वास का यही आधार हो। इसके सम्बन्ध में एक पौराणिक आख्यान भी है कि चकवी-चकवे ने सीता जी के वियोग में जाते हुए श्री रामचन्द्र जी की हँसी उड़ायी थी, तभी तो उनको यह शाप दिया गया था कि वे रात को नहीं मिल सकेंगे। सूर्योदय होते ही चकवा चकवी से मिलन की आशा में प्रसन्न हो उठता है। सूर्योदय के वर्णन के साथ प्रायः कोकी के शोक के दूर होने का वर्णन भी आता है–

''बीत गयी सिगरी रजनी, चहुँ ओर सों फैल गयी नभ-लाली।
कोक-बियोग मिट्यो परिपूर, उदै भयो सूर महा छबि-साली॥''

कविवर बिहारीलाल जी ने वर्षा-ऋतु के सम्बन्ध में कहा है कि उस ऋतु में दिन और रात का भेद केवल चकवी-चकवा के संयोग-वियोग से ही जाना जाता है–

''पावस निसि अँधियार में, रह्यौ भेद नहिं जाँन।
रात द्यौस जाँन्यों परै, लखि चकई-चकवाँन॥''

पक्षियों में *'चकोर'* के सम्बन्ध में यह भी 'कवि-प्रसिद्धि' है कि चकोर चन्द्रमा की ओर देखता है और आग को चुगता है। इस विश्वास को आधुनिक कवि प्रसादजी ने भी 'सौन्दर्य की महिमा' बतलाने के काम में लिया है–

''सौन्दर्य सुधा बलिहारी, चुगता चकोर अंगारे।''

सौन्दर्य की उपासना में जो कठिनाइयों के अंगार से चुनने पड़ते हैं उसी के आधारभूत रूपक की बात को सत्य मान लेने से यह प्रसिद्धि चल पड़ी होगी। इस सम्बन्ध में हिन्दी के एक पुराने कवि ने ऊँची उड़ान ली है। वह कहता है कि चकोर इसलिए अंगार चुगता है कि उसका शरीर जलकर भस्म हो जाय और शायद भस्म के रूप में उसको शिवजी अपने माथे से मल लें और इस प्रकार उसकी पहुँच चन्द्रमा तक हो जाय–

''चिनगी चुगत चकोर यों, भसँम होइ यह अंग।
ताहि रमावें सिव तहाँ, मिलै पाँउ ससि-संग॥''

अपनी कविता में तुलसीदास जी ने भी 'चन्द्र' और 'चकोर' के परम्परागत प्रेम का खूब लाभ उठाया है। विनय में वे कहते हैं–*'रामचन्द चन्द तू, चकोर मोहिं कीजिए।'* पुष्प-वाटिका के प्रसंग में उन्होंने सीताजी के मुख को चन्द्रमा और रामचन्द्रजी के नेत्रों को चकोर बना दिया है–

''अस कहि फिर चितए तिहिं ओरा। सिय मुख-ससि भे नयन-चकोरा।''[1]

–भगवत रसिक

---

1. *'तेरौ मुख चन्द, चकोरी मेरे नैनाँ।'*

चन्द और चकोर के प्रेम का आधार लेकर सूर ने व्यक्तित्व के महत्त्व पर बल दिया, देखिए–

''दुइ लोचन जो बिरद किये, स्तुति गावत एक समाँन।
भेद चकोर कियौ ताहू में, विधु पीतम रितु भाँन॥''

–भ्रमरगीत-सार

सेनापति जी ने तो शिशिर-ऋृतु के वर्णन में सूर्य को इतना शीतल कर दिया है कि उसमें चन्द्रमा का आभास होने लगता है और चकोरी उसकी ओर देखने लगती है। चन्द्रोदय के भय से चकवा भी शंकित हो उठता है और उसका धैर्य छूट जाता है। नीचे के छन्द में सेनापति ने कई कवि-प्रसिद्धियों से काम लिया है। इसमें चन्द्रोदय पर कुमोदिनी के प्रसन्न होने की ओर कमलिनी के संकुचित हो जाने की बात का भी उल्लेख हुआ है, यथा–

''सिसिर में ससि कौ सरूप पावै सबिताहू,
घाँमहू में चाँदनी की दुति दँमकति है।
'सेनापति' सीतलता होति है सहस गुनीं,
रजनी की झाँई दिनहुँ में झँमकति है॥
चाहत चकोर सूर-ओर दृग जोर करि,
चकवा की छाती तजि धीर धसकति है।
चन्द के भरँम होत मोद है कमोदनि कों,
ससि संक पंकजिनी फूलि ना सकति है॥''

कोयल के सम्बन्ध में भी एक कवि-प्रसिद्धि यह है कि वह अपने अंडे स्वयं नहीं सेती है, वरन् वह कौवों के घोंसलों में रख आती है। कौवों के बच्चों के साथ कोयल के बच्चे भी बड़े होने लगते हैं। वसन्त ऋतु आने पर जब कोयल के बच्चे दूसरी बोली बोलते हैं तब या तो वे खुद ही जाति-भेद समझकर भाग जाते हैं या कौवे मार-मार कर भगा देते हैं। इसीलिए कोयल को 'काक-पाली' भी कहते हैं। यह बात वैज्ञानिक सत्य है।

इस कोयल विषयक कवि-समय का सूर की गोपियों ने कृष्ण के प्रति उपालम्भ देने में बड़ा अच्छा उपयोग किया है। कृष्ण को भी तो वसुदेव जी नन्द-यशोदा के घर रख आये थे और बाद में वे भी कोयल-बच्चों की भाँति अपने कुल के लोगों के साथ जा मिले थे। देखिए गोपियाँ क्या कहती हैं–

''ज्यों कोइल-सुत काग जियावत, भाव-भगति-भोजनहिं खबाइ।
कुहकुहाइ आएँ बसन्त ऋतु, अन्त मिलें कुल अपने जाइ॥''

कौए के सम्बन्ध में यह प्रसिद्धि है कि उसके एक ही पुतली होती है और बारी-बारी से एक-एक गोलक में जाती है। इसी आधार पर जब एक वस्तु दो जगह

काम करती हो तब उसके सम्बन्ध में कागगोलक न्याय कहा जाता है। तुलसीदासजी ने भी इसी आधार पर जयन्त को कौए का रूप देकर उसे रामचन्द्रजी के वाण से एक नयन करा दिया है 'एक नयन कर तजा भवानी' कौए के सम्बन्ध में यह भी विश्वास है कि यदि कोई मेहमान आने वाला हो तो कौआ उड़ जाता है। इसीलिए विरहिणी नायिकाएँ काक उड़ाती हुई दिखाई जाती हैं। एक प्रोषित पतिका गायिका कौए से कहती है—

"पैजिनी गढ़ाइ चोंच सोने में मढ़ाइ देहों।
कर पर लाइ पर रुचि सो सुधारि हों॥"

× × ×

"ऐरे कारे काग तेरे सगुन संजोग आज,
मेरे पति आवैं तो वचन ते न टरिहौं॥"

पपीहे के सम्बन्ध में कवियों का विश्वास है कि वह बारहों मास *'पिउ-पिउ'* पुकारा करता है, किन्तु उसकी यह आन है कि वह स्वाँति के नक्षत्र में जो वर्षा की दो-चार बूँदें मिल जाती हैं उसी से अपनी प्यास बुझाता है। स्वाँति की बूँद के आगे वह गंगाजल के पानी को भी तुच्छ समझता है। गोस्वामी तुलसीदास जी ने भी *"चातक-चौंतीसी"* लिखकर उसको भक्ति की अनन्यता का आदर्श बनाया है—

"रटत-रटत रसनाँ लटी, तृषा सूखि गे अंग।
'तुलसी' चातक-प्रेम कौ, नित नूतन रुचि रंग॥
चढ़त न चातक-चित कबहुँ प्रिय पयोद के दोष।
'तुलसी' प्रेम-पयोधि की, तातें नाँप न जोख॥
उबल बरषि गरजत तरजि, डारत कुलिस कठोर।
चितव की चातक मेघ-तजि, कबहुँ दूसरी ओर?"

—दोहावली, 280, 281, 283

सूर जी की गोपियों ने भी 'चातक-रट' का सहारा लिया है—

"बरखा दरखत निसि-दिन ऊधौ, पुहमि पूरि अघात।
स्वाँति-बूँद के काज पपीहा, छिन-छिन रहत रटात॥"

स्वाँति बूँद के विषय में यह भी प्रसिद्धि है कि जब स्वाँति नक्षत्र का वर्षा हुआ जल केले पर पड़ता है तो उससे कपूर उत्पन्न होता है। इसी प्रकार बाँस से बंसलोचन, सीप से मोती और साँप में मणि या विष (स्वाँति बूँद से) उत्पन्न होते हैं। संगति के प्रभाव के सम्बन्ध में 'रहीम' ने स्वाँति-बूँद का उदाहरण दिया है—

"कदली, सीप, भुजंग-मुख, स्वाँति एक, गुँन तीन।
जैसी संगति बैठिए, वैसोई गुन दीन॥"

पेड़-पौधों के सम्बन्ध में : चिड़ियों की भाँति पौधों के सम्बन्ध में भी 'कवि-समय'

है। 'पीली चम्पा' से सुन्दरियों के वर्ण की उपमा दी जाती है। इस सम्बन्ध में एक दोहा प्रचलित है–

"चम्पा तो में तीन गुँन, रूप, रंग अरु बास।
औगुँन तो में एक है, भँवर न आवत पास॥"

महाकवि भूषण ने इसी प्रसिद्धि के आधार पर और राजाओं को दूसरे-दूसरे फूल बताया है, जिनसे औरंगजेब रूपी भौंरा मधु-संचय करता है और शिवाजी महाराज को चम्पा बनाया, जिसके पास भौंरा नहीं फटकता है। कवि ने एक अवगुण को गुण बना दिया है, देखिए–

"कूरम कँमल, मधुज हैं कदँम फूल,
गौरहे गुलाब, रानाँ केतकी बिराज है।
पाँडरि पँवार, जूही सोहत है चन्द्रावत,
सरस बुँदेला सो चमेली साज-बाज है॥
'भूषण' भँनत मुचकुँद बड़गूजर हैं,
बघले बसन्त सब कुसुम समाज है।
लेइ रस एतेन कौ, बैठि न सकत अहै,
अलि नवरंगजेब चम्पा सिवराज है॥"

–शिवा-बावनी, 19

इस छन्द में राना (उदयपुर: महाराणा) को केतकी कहा गया है, क्योंकि केतकी का फूल काँटेदार होता है। राना ने बादशाह को काफी कष्ट दिये थे।

साकेत की उर्मिला ने भी इस 'कवि-प्रसिद्धि' से लाभ उठाया है, देखिए–

"भ्रमर इधर मत भटकना, यह खट्टे अंगूर।
लेना चम्पक गन्ध तुम, रहो दूर ही दूर॥"

भ्रमर, रूप के लोभी प्रेमी का प्रतीक माना जाता है।

वृक्षों के फूलों का सम्बन्ध स्त्रियों से बताया जाता है। यह शायद नारी-सौन्दर्य को महत्ता देने के लिए ही है। प्रियंगु स्त्रियों को छूने से, बकुल (मौलश्री) स्त्रियों के मुख से दिये हुए मधु के छींटों से, अशोक उनके पैरों के आघात से, तिलक उनके देखने से, कुर्बक उनके आलिंगन से, मन्दार उनके मधुर वचन से, चम्पक उनकी कोमल हँसी से, आप उनके मुख की वायु से, उनके गीत से नमेरु, और कर्णिकार उनके नाचने से फूलता है। इस सम्बन्ध में नीचे का श्लोक प्रसिद्ध है–

"स्त्रीणां स्पर्शात् प्रियगुर्विकसति बकुलः सीधुगंडूषसेकात्,
पादाघातादशोकस्तिलककुरवकौ वीक्षणालिंगनाभ्याम्।
मन्दारो नर्मवाक्यात्पटुमधुहसनाच्चंपको वक्त्रवातात्,
चूतो गीतान्नमेरुर्विकसति हि पुरोनर्तनात् कर्णिकारः॥"

–कवि-रहस्य, पृ. 85

साकेत में *अशोक* के स्त्रियों के पदाघात द्वारा फूलने का उल्लेख उर्मिला के विरह-वर्णन में भी हुआ है–

"आयी हूँ सशोक मैं अशोक, तेरे तले,
आती है तुझे क्या हाय! सुध उस बात की।
प्रिये ने कहा था प्रिये, पहले ही फूला यह,
भीति जो थी इसको तुम्हारे पदाघात की॥"

कर्णिकार को कोई कनेर कहते हैं, किन्तु पंडित हजारीप्रसाद द्विवेदी ने उसको अमलताश की जाति का एक वृक्ष माना है। इसके फूलों में खुशबू नहीं मानी जाती है। इसी विश्वास के आधार पर साकेत की उर्मिला कहती है कि गन्ध पृथ्वी का सहज गुण है, जैसे–आकाश का शब्द, किन्तु ऐसा प्रतीत होता है कि माता (पृथ्वी) के विपरीत गुण होने का दृष्टान्त देने के लिए ही शायद कर्णिकार ने गन्ध के गुण को जो उसे माता की सम्पत्ति होने के कारण सहज प्राप्त था, त्याग दिया है। दूसरा कुछ इशारा भरत जी की ओर भी है। जैसे–

"सहज मातृ-गुण गन्ध था, कर्णिकार का भाग।
विगुण रूप दृष्टान्त के, अर्थ न हो यह त्याग॥"

भारतीय साहित्य में *'कमल'* और *'आम'* को विशेष महत्ता दी गयी है। प्रायः सभी अंगों की कमल से उपमा दी जाती है। गोस्वामी जी ने श्रीरामचन्द्र के नेत्र, हाथ और चरणों की कमल से उपमा दी है, देखिए–

"नव कंज लोचन, कंज-मुख, कर-कंज पद-कंजारुणम्॥"

इसीलिए गुप्त जी ने कहा है–

"एकमात्र उपमान तू, हैं अनेक उपमेय।
रूप, रँग, गुण, गन्ध में, तू ही गुरुतम गेय॥"

कमल सूर्योदय के साथ विकसित होता है और सूर्यास्त के साथ मुँद जाता है। यदि भौंरा उस पर बैठा हो तो वह भी उसमें कैद हो जाता है। कमल का पत्ता जल में रहता है उससे भीगता नहीं है, इसीलिए *'कमल-पत्रमिवांभसि'*–रूप वेदान्ती लोग संसार में रहकर भी उससे लिप्त नहीं होते। *आम* के लिए कहा जाता है कि कोयल उस पर बैठती है। *माधवी लता* उसके ही सहारे बढ़ती है। शकुन्तला में नव मल्लिका (एक प्रकार की चमेली) के आम को वरण करने की बात आयी है। शकुन्तला ने उसका नाम वन-ज्योत्स्ना रखा था। साहित्य में आम के वृक्ष ही नहीं आम की लता भी मानी गयी है और वास्तव में कहीं-कहीं होती भी है।

कुन्द की कलियों से कवि लोग दाँतों की उपमा दिया करते हैं– *"कुन्द-कली दाड़िम दसन"*–इसलिए वे उनको हमेशा सफेद ही मानते हैं यद्यपि वास्तव में उसमें कुछ लालिमा भी होती है।

गुड़हल (जवाकुसुम) इसके सम्बन्ध में यह कवि-प्रसिद्धि है कि जहाँ पर यह होता है वहाँ पर लड़ाई होती है। इसी से एक नवयुवक मेहमान के सम्बन्ध में नायिका के पति द्वारा कहलाया है।

"भले पधारे पाहुने ह्वै गुड़हल के फूल।"

अकौआ और जवासे के सम्बन्ध में यह प्रसिद्धि है कि वर्षा होने पर और वृक्ष तो फूलते-फलते हैं, पर इनके पत्ते भी झड़ जाते हैं।

"आक-जवास पात बिनु भयऊ।"

—तुलसी

रंगों के सम्बन्ध में भी कवियों का कुछ समझौता-सा बना हुआ है। 'यश' का वर्णन करते हुए वे उसे 'चाँदनी' की तरह 'सफेद' ही कहेंगे। अंग्रेजी में भी ऐसी रूढ़ियाँ हैं। शेक्सपियर ने ईर्ष्या को 'हरी आँख' वाला भयंकर जन्तु (green eyed monster) बतलाया है। पाप को उनके यहाँ भी काला ही माना गया है। हमारे यहाँ एक रंग की चीजों की एक लम्बी फेहरिस्त गिनाई गयी है। उदाहरणतः क्षत्रियों के धर्म, रौद्र रस, कोकिल और कबूतर के नेत्र, तेज, मंगल, तक्षक-जीभ, जुगनू, बिजली आदि वस्तुओं का रंग लाल माना गया है। इसी प्रकार श्रीकृष्ण, चन्द्र-चिह्न, व्यास, राम, अर्जुन, अगरु, पाप, मद और मोर का कंठ नीला माना गया है। ये बातें बिल्कुल निराधार नहीं। कविता में श्याम, नील, कृष्ण एक-दूसरे के पर्याय मान लिए जाते हैं। केशवदास जी ने 'नीले वर्ण' की चीजों की सूची दी है। वह इस प्रकार है—

"दूब, बाँस, कुबलय, नलिन, अनिल, ब्योम, तृँन, बाल।
मरकत मनि, हय सूर के, नील बरन सैबाल॥"

सूरदासजी ने तो भगवान कृष्ण के मस्तक पर के लटकन में जड़े हुए रत्नों के रंग के आधार पर शनि, शुक्र, बृहस्पति और मंगल आदि नक्षत्रों के रंग का भी वर्णन कर दिया है। उसमें क्रमालंकार की छटा भी आ जाती है—

"नील सेत पर पीत लाल मनि, लटकँन भाल लुनाई।
सनि गुरु असुर; देव-गुरु मिलि मनों, भौम-सहित सँमुदाई॥"

शनि का रंग नीला, असुर गुरु (शुक्र) का रंग सफेद, और देवगुरु (बृहस्पति) का रंग पीला माना गया है और भौम (मंगल) का लाल। इन ग्रहों की शान्ति के लिए इन्हीं रंगों के वस्त्र-रत्न आदि दान में दिये जाते हैं।

इस प्रकार पुरानी कविता में बँधी-बँधाई रूढ़ियों से अधिक काम लिया जाता था। इसके द्वारा यद्यपि कविता में नवीनता और निजी निरीक्षण के लिए कम गुंजाइश छोड़ी जाती है, तथापि साथ में इस बात का भी आनन्द रहता है कि बहुत से लोग एक-सी शब्दावली का प्रयोग करते हैं और वह शब्दावली परम्परा से मँजकर साफ हो गयी है।

नोट: कवि-समयों के सम्बन्ध में वस्तुगत सत्य का होना आवश्यक न था किन्तु कहीं-कहीं वे प्राकृतिक सत्य पर आधारित थे। शुक्र अपने उज्ज्वल प्रकाश के लिए ही सफेद माना गया है। युद्ध का द्योतक होने के कारण मंगल का रंग लाल माना गया है। बृहस्पति और मंगल की वास्तविक झलक भी इन्हीं रंगों की-सी होती है।

—कन्हैयालाल पोद्दार अभिनन्दन ग्रन्थ से

'काव्येषु नाटकं रम्यम्'

काव्य: मनुष्य के हृदयगत रसस्वरूप आनन्द की अभिव्यक्ति को काव्य कहते हैं। ब्रह्मानन्द और काव्यानन्द में केवल यही अन्तर होता है कि वह संसार-निरपेक्ष और पूर्णतया आत्मगत होता है। काव्य का आनन्द संसार-निरपेक्ष तो नहीं होता किन्तु लौकिक से इस बात में भिन्न होता है कि उसमें व्यक्तित्व रहते हुए भी वह क्षुद्र स्वार्थों से ऊँचा उठा हुआ होता है। कवि का हृदय जन-साधारण के हृदय के साथ स्पन्दित हो मुखरित होता है। विज्ञान की अपेक्षा कवि का दृष्टिकोण अधिक मानवीय होता है। वैज्ञानिक मनुष्य को भी पत्थर, मेंढक और बन्दर की तुलना में रख उसे प्रकृति के धरातल पर ले आता है और कवि प्रकृति का भी मानवीकरण कर उसे भाव-समन्वित बना देता है। काव्य में विज्ञान का-सा सामान्यीकरण रहते हुए भी वैयक्तिकता और आनन्द की मात्रा अधिक रहती है। विज्ञान के सामान्यीकरण में मानसिक तत्त्व रहता हुआ भी वह बाह्य सापेक्ष अधिक होता है।

विभाग: वैयक्तिकता के प्राधान्य के आधार पर पाश्चात्य देशों में काव्य के विषयगत या अनुकृत (Epic) और आत्मगत या प्रगीत (Lyric) रूप से दो विभाग किये गये हैं। अनुकृत में जगबीती अधिक रहती है और प्रगीत में आपबीती। भारतीय साहित्यशास्त्र में काव्य के दृश्य और श्रव्य दो रूप बताये हैं। यह आधार काव्य की ग्राहकता के ऐन्द्रिक माध्यम पर निर्भर है। इस ग्राहकता के साथ ग्रहण करने वाले बौद्धिक स्तर के साथ काव्य के प्रभाव क्षेत्र का भी प्रश्न रहता है। दृश्य-काव्य में नेत्र और श्रवण दोनों के ही द्वारा काव्य का आस्वादन किया जाता है। ब्रह्माजी से ऐसे ही खेल की याचना की गयी थी जो दृश्य और श्रव्य दोनों ही *'क्रीड़नीयकमिच्छाम दृश्यं श्रव्यं च यद्भवेत्'* (ना. शा. 1-11) और श्रव्य-काव्य में श्रवण इन्द्रिय का ही काम रहता है। जहाँ दृश्य-काव्य में दो माध्यम होने के कारण दर्शक की कल्पना पर कम बल पड़ता है और प्रभाव अधिक सजीव रहता है वहाँ श्रव्य-काव्य और विशेषकर पाठ्य काव्य का प्रभाव-क्षेत्र सीमित रहता है। बालकों और अशिक्षितों को सूक्ष्म की अपेक्षा मूर्त्त और प्रत्यक्ष अधिक प्रभावोत्पादक होता है। शाब्दिक वर्णन चाहे जितना सजीव हो किन्तु चित्र के सामने उसे हार माननी पड़ती है। जब चित्र चलते-फिरते हाड़-मांस-चाम के भाव-भंगिमा सहित हों तब नील और असल में विशेष अन्तर नहीं रहता है।

नाटक : दृश्य-काव्य में रूपक, नाटक आदि आते हैं। जैसा कि ऊपर कहा गया है कि दृश्य-काव्य की ग्राहकता के दो ऐन्द्रिक माध्यम हैं—नेत्र और श्रवण। जो नाटक में दिखाया जाता है वह वास्तव में दृश्य-श्रव्य ही होता है किन्तु वह नितान्त बाह्य जगत् से सम्बन्ध नहीं रखता है। उसका मूल स्रोत होता है—भाव-जगत्, जो कि काव्य की आत्मा, रस का आधार है। नाट्यशास्त्र में आचार्य भरतमुनि ने ब्रह्माजी के मुख से, जिनके पास देवतागण पीड़ा और क्लेश से ग्रस्त संसार के लिए आनन्द-प्राप्ति के सुलभ साधन की याचना करने गये थे, कहलाया है। *'त्रैलोकस्य सर्वस्व नाट्यं भावानुकीर्तनम्'* (नाट्यशास्त्र 1/104) नाटक तीनों लोकों के भावों का अनुकरण है। प्रगीत काव्य में भी भाव रहते हैं किन्तु वे वैयक्तिक कुछ अधिक होते हैं। इसमें व्यापक मानवता के भाव रहते हैं। इसमें विषयगतता के साथ भाव-प्रधानता भी रहती है। नाटक का भावानुकीर्त्तन लोक वृत्तानुकरण पर आश्रित होता है।

''नानाभावोपसम्पन्नं नानावस्थान्तरात्मकम्।
लोकवृत्तानुकरणं नाट्यमेतन्मया कृतम्॥''

—नाट्यशास्त्र 1-108/109

दशरूपककार ने नाटक को अवस्थाओं की (जो मानसिक अधिक होती है) अनुकृति कहा है। साहित्य दर्पणकार ने अभिनय तत्त्व को प्रधानता देते हुए रूप के आरोप के कारण रूपक कहा है—*'रूपारोपात्तु रूपकम्'*। रूपक अलंकार में उपमेय पर उपमान का (मुख पर चन्द्र का) आरोप रहता है। रूपक में नट पर अनुकार्य दुष्यन्त आदि का आरोप रहता है। नट से सम्बन्ध रखने के कारण नाटक नाटक कहलाता है। नाटक यद्यपि रूपक का एक भेद है। (नाटक दशरूपकों में एक है) किन्तु यह अब व्यापक बन गया है।

अरस्तू की परिभाषा : अरस्तू ने गम्भीर नाटक (Tragedy) को उत्तम नाटक का प्रतिनिधि मानकर उसकी परिभाषा इस प्रकार की है—

"A tragedy, then is the imitation of an action that is serious and also as having magnitude complete in itself, in language, with pleasurable accessories, each kind, brought in separately in the parts of the work, in a dramatic not in a narrative form, with incidents arousing pity and fear wherewith to accomplish its catharsis of such emotions."

अर्थात् 'ट्रेजेडी उस कार्य विशेष का अनुकरण है जिसमें गम्भीरता के साथ आकार की स्वतः पूर्णता हो और जो सब प्रकार के प्रसन्नतोत्पादक उपकरणों से अलंकृत भाषा में व्यक्त हो और जिसकी रचना नाटकीय ढंग से की गयी हो, न कि प्रकथन या विवरण के रूप में की गयी हो (यही गुण उसको महाकाव्य से पृथक् कर देता है)। इसमें ऐसी घटनाएँ रहती हैं जो करुणा और भय को जाग्रत कर उन भावों का रेचन या निकास कर देती हैं। भावों के रेचन (निकास) द्वारा

उनका परिष्कार हो जाना नाटक का मुख्य उद्देश्य है। इस परिभाषा में ट्रेजेडी के निम्नलिखित तत्त्व मिलते हैं—

विश्लेषण : (1) गाम्भीर्य, (2) स्वतःपूर्णता, (3) अलंकरणपूर्ण भाषा, (4) विवरण के स्थान में अभिनयात्मकता, (5) करुणा और भय जाग्रत करने वाली घटनाएँ, एवं (6) उद्देश्य रूप से भावों का परिष्कार।

महत्त्व : हमारे यहाँ भावों को प्राधान्य तो दिया गया है किन्तु उनकी परिधि सीमित नहीं बनायी गयी है। उसकी कलात्मकता पर काफी बल दिया गया है और उसके साथ उसके ज्ञानात्मक तत्त्व की भी उपेक्षा नहीं की गयी है। साथ ही इसके उद्देश्यों में नैतिकता को प्रधानता दी गयी है।

''लोकोपदेशजननं नाट्यमेतद्भविष्यति।
न तज्ज्ञानं न तल्छिल्पं न सा विद्या न सा कला॥
न स योगो न तत्कर्म नाट्येऽस्मिन् यन्नदृश्यते।''

—प्रथम अध्याय

नाटक के आनन्द और विश्रामदायी तत्त्व को भी भरतमुनि ने पर्याप्त महत्त्व दिया है।

''दुखार्तानांश्रमार्तानां शोकार्तानां तपस्विनां।
विश्रामजननं लोके नाट्यमेतद्भविष्यति॥''

—नाट्यशास्त्र 1-111/112

उसको धर्म, अर्थ और काम का भी साधक और दुर्विनीत लोगों की बुद्धि को ठिकाने लगाने वाला, नपुंसक, भीरु और कायरों को बल प्रदान करने वाला तथा शूरों का उत्साहवर्द्धक बताया है। साथ ही अज्ञानियों को ज्ञान देने वाला और पंडितों को पांडित्य देने वाला, विलासियों के लिए विलास का देने वाला, दुखार्त लोगों के चित्त को स्थिरता और शान्ति का देने वाला कहा है।

''धर्मो धर्म प्रवृत्तानां कामः कामोपसेविनाम्।
निग्रहो दुर्विनीतानां मत्तानां दमन क्रिया॥
क्लीवानां धाष्टर्य करणमुत्साहः शूरमानिनाम्।
प्रबोधानां विवोधश्च वैदुष्यं विदुषमपि॥
ईश्वराणां विलासश्च स्थैर्यं दुखार्दितस्य च।
अर्थोपजीविनामथर्थो वृत्तिरुद्विग्न चेतसाम्॥''

—नाट्यशास्त्र 1-105/108

यह महत्त्व भक्तों का-सा श्रुतिपाठ नहीं वरन् वास्तविक है, क्योंकि इसकी ग्राहकता और इसका प्रभाव व्यापक है। इसलिए इसको पंचम वेद कहा है और इसका अधिकार शूद्र या कम ज्ञान वाले लोगों को भी बतलाया है— *'तस्मात् सृजापरं वेदं पंचमं सार्ववर्णिकम्'*। नाटक, महाकाव्य और उपन्यास तीनों ही काव्य रस के

साथ जनता में उपदेश की कटु औषधि को ग्राह्य बनाने के साधन रहे हैं, किन्तु तीनों में भेद है।

महाकाव्य, उपन्यास और नाटक : जगबीती का वर्णन गद्य और पद्य दोनों में हो सकता है। पद्य में जो वर्णन होता है, वह प्रायः महाकाव्य के रूप में होता है। रामायण हमारे यहाँ का आदि महाकाव्य है। महाकाव्य में पद्य के आकार के अतिरिक्त जातीय अथवा युग की भावना का प्राधान्य रहता है। तुलसी के समय की हिन्दू जनता की भावनाओं का जैसा जीता-जागता चित्र रामचरितमानस में मिलता है वैसा अन्यत्र नहीं मिलता। उसका नायक जाति का नायक और प्रतिनिधि होता है। महाकाव्य एक प्रकार में संस्कृति-प्रधान होता है। वाल्मीकि रामायण के आरम्भ में जैसे पुरुषोत्तम की महर्षि वाल्मीकि को चाह थीं, वे सभी गुण भारतीय संस्कृति के मान्य गुण थे। रघुवंश में भी *'शैशवेऽभ्यस्त विद्यानां यौवने विषयैषिणां'* आदि श्लोकों में भारतीय संस्कृति की रूप-रेखा प्रस्तुत की गयी है। साकेत में भी *'मैं आर्यों का आदर्श बनाने आया'* सांस्कृतिक पक्ष का ही उद्धार किया गया है।

गद्य के अनुकरणात्मक रूपों में उपन्यास की मुख्यता रहती है। नाटक गद्य और पद्य के बीच की चीज है और अब उनमें गद्य की प्राधान्यता होती है। नाटक शुद्ध गद्य तो नहीं होता तो भी उसकी गणना प्रायः गद्य में ही की जाती है। (गीत-नाट्यों की दूसरी बात है)। उसमें कथोपकथन की प्रधानता रहने के कारण वह गद्य के ('गद्' धातु बोलने के अर्थ में आता है) शब्दार्थ का अधिक अनुकरण करता है। महाकाव्य की अपेक्षा इन दोनों में व्यक्ति के चरित्र-चित्रण की प्रधानता रहती है। रामायण और उत्तररामचरित के राम में थोड़ा अन्तर है। रामायण के राम जातीय नेता, उद्धारक, जाति-रक्षक और आदर्श पुरुष हैं। उनमें आर्य सभ्यता मूर्तिमान होकर आती है। उत्तररामचरित के राम व्यक्ति के रूप में आते हैं। वे राजा हैं किन्तु राजा के साथ वे अपना निजी सुख-दुःख रखते हैं। सब चीजों में उनका निजी सम्बन्ध दिखाई पड़ता है। उत्तररामचरित में हमको उनके हृदय का अधिक परिचय मिलता है। जब वे कहते हैं कि दुःख के लिए ही राम का जीवन है, तब उनका व्यक्तित्व निखर आता है।

उपन्यास और नाटक में व्यक्ति का प्राधान्य रहता है, किन्तु इनके दृष्टिकोण में अन्तर है। उपन्यास चाहे जिस रूप में हो, भूत से ही सम्बन्ध रखता है। वह आख्यान का ही रूप है। आजकल अंग्रेजी में भविष्य से सम्बन्ध रखने वाले भी उपन्यास लिखे गये हैं, किन्तु उनमें भी लेखक भविष्य को कल्पना में देखकर यानी उसे भूत बनाकर उसका पीछे से वर्णन करता है। नाटक का भी विषय भूत का ही होता है, किन्तु नाटककार उसे प्रत्यक्ष घटना के रूप में दिखाना चाहता है। वह भूत को आँखों के सामने घटाने का प्रयत्न करता है। उपन्यास घटी हुई घटना को कहता है। नाटककार कहता नहीं है, वरन् वह घटना की प्रत्यक्ष में आवृत्ति कर द्रष्टाओं को

उनकी ही आँख से दिखाना चाहता है। वह सिनेमा के आपरेटर की भाँति अपना व्यक्तित्व छिपाये रखता है। यदि उसका व्यक्तित्व कहीं दिखाई पड़ता है तो वह किसी पात्र के रूप में पाठकों के सामने आता है। उसको अगर पाठक लोग आवरण के भीतर से पहिचान लें तो दूसरी बात है लेकिन वह स्वयं आवरण उतारता नहीं है। इसी आधार पर काव्य के दृश्य और श्रव्य दो भेद किये गये।

महाकाव्य में विषय का विस्तार तो उपन्यास का-सा रहता है किन्तु महाकाव्य आदर्शोन्मुख अधिक होता है। उपन्यास और नाटक में यथार्थ की मात्रा अधिक रहती है। उपन्यास जीवन का पूरा चित्र देने का प्रयास करता है। यद्यपि उपन्यास में भी चुनाव रहता है, तथापि नाटक में चुनाव की कला अधिक परिलक्षित होती है। वह ऐसे दृश्य चुनता है जिनसे कथा का तारतम्य टूटे बिना संक्षेप में पात्रों का चरित व्यंजित हो जाय और रस की अभिव्यक्ति भी हो जाय। इसलिए नाटक में तीन मुख्य तत्त्व माने गये हैं—वस्तु, नायक और रस। इन्हीं के आधार पर रूपकों का विभाजन होता है। उपन्यास की अपेक्षा नाटक में रस की अभिव्यक्ति कुछ अधिक होती है। कम-से-कम भारतीय नाटकों में; पाश्चात्य नाटकों में उद्‌देश्य को अधिक महत्त्व दिया जाता है। यह प्रभाव आधुनिक भारतीय नाटकों में भी दिखाई देता है। नाटक में महाकाव्य और उपन्यास जैसी बाह्यार्थता रहती है किन्तु पात्रों की प्रगीत काव्य जैसी भाव-परायणता भी रहती है। नेत्रों के अनुरंजन के साथ शिक्षा और उपदेश *'कान्ता सम्मिततयोपदेशयूजे'* की उक्ति को सार्थक करता है। नाटक में उपन्यास की-सी वास्तविकता के साथ महाकाव्य के से आदर्श की व्यंजना रहती है। नाटक एक साथ मनोरंजन और शिक्षा का कारण बन जाता है।

'साहित्य-सन्देश', जुलाई-अगस्त, 1955

संचारी भावों की संगति

व्याख्या : रस सामग्री में संचारी भाव यद्यपि स्थायी भाव की-सी प्रमुखता नहीं रखते हैं तथापि किसी प्रकार उपेक्षणीय क्या गौण भी नहीं कहे जा सकते। स्थायी भाव समुद्र की भाँति स्थिर और व्यापक रहता है। वह रस या आस्वाद का अंकुर या मूल है। उसमें विरुद्ध और अविरुद्ध भाव उठते और गिरते हैं, किन्तु उसको नष्ट नहीं करते वरन् उसको पुष्ट ही करते हैं। संचारी भाव बुद्‌बुद् या तरंग की भाँति ऊपर आते हैं और विलीन हो जाते हैं। वे विशेष रूप से संचरणशील होते हैं किन्तु वे राजा के उस परिकर की भाँति होते हैं जिनके कारण राजा पहचाना जाता है। परिकर के लोग अपना-अपना काम करके चले जाते हैं। राजा आदि से अन्त तक बैठा रहता है। शास्त्रकारों ने स्थायी भाव को समुद्र कहा है और संचारी भावों को बुद्‌बुद् या तरंग कहा है, किन्तु बुद्‌बुद् और तरंग भी समुद्र के अंग होते हैं और उसकी अभिव्यक्ति में सहायक होते हैं। स्थायी और संचारी भाव के लक्षण दश-रूपक से नीचे दिये जाते हैं–

''विरुद्धैरविरुद्धैर्वा भावैर्विच्छिद्यते न यः।
आत्मभावं नयत्यन्यान्स स्थायी लवणाकरः॥''4।34॥

अर्थात् विरुद्ध वा अनुकूल भावों से जिसका तारतम्य नहीं टूटता है और जो दूसरों को अपने में मिला लेता है वह स्थायी समुद्र की भाँति है। संचारी या व्यभिचारी की व्याख्या इस प्रकार की गयी है–

''विशेषादभिमुख्येन चरन्तो व्यभिचारिणः।
स्थायिन्युन्मग्न निर्मग्नाः कल्लोला इव वारिधौ॥''4।7॥

अर्थात् संचारी भाव विशेष रूप से और अभिमुखता (अर्थात् अनुकूलता) के साथ, पुष्टि करने के भाव से स्थायी में समुद्र की तरंगों की भाँति आविर्भूत और तिरोभूत होते हैं। व्यभिचारी भावों में शास्त्र की दृष्टि से व्यभिचार दोष नहीं है। व्यभिचार में 'वि' उपसर्ग का अर्थ होता है विविध और यहाँ अर्थ है विशेष रूप से। विविध अर्थ में 'वि' का अर्थ भावों के सम्बन्ध में भी हो सकता है। एक रस के साथ कई व्यभिचारी भाव रहते हैं और एक व्यभिचारी भाव कई रसों में संचरण करता है।

व्यभिचारी भावों की संख्या तैंतीस मानी गयी है–

संख्या : (1) निर्वेद (यह तत्त्व ज्ञान, प्रपत्ति और ईर्ष्या से उत्पन्न होता है। जब तत्त्व ज्ञान से उत्पन्न होता है तब स्थायी होता है शेष अवस्थाओं में संचारी), (2) आवेग (सम्भ्रम या घबराहट से उत्पन्न शीघ्रता का भाव, हड़बड़ाहट), (3) दैन्य (दीनता-चित्त का ओज जाते रहने के साथ एक विनम्रता भी रहती है), (4) श्रम (रति अथवा रास्ता चलने से जो थकावट का खेद या मानसिक गिरावट होती है। *'पुर ते निकली रघुवीर-वधू'* रास्ते के थकावटजन्य खेद का अच्छा उदाहरण है), (5) मद (इसमें सम्मोहन और आनन्द रहते हैं। इसमें नशे का-सा आनन्द रहता है), (6) जड़ता (कर्त्तव्य-विमूढ़ता), (7) उग्रता (प्रचंडता), (8) मोह (चक्कर आने की मानसिक दशा), (9) विबोध (जागरण की मानसिक दशा), (10) स्वप्न (निद्रा और जागरण के बीच की-सी मानसिक स्थिति), (11) अपस्मार (मूर्च्छा या मृगी की-सी मानसिक अवस्था। इनमें अवचेतन या अचेतन दशा का अधिक प्रभाव रहता है। मनोवैज्ञानिक इसको मस्तिष्क की भौतिक खराबी का कारण मानते हैं किन्तु उसके फलस्वरूप भी मानसिक दौर्बल्य आ जाता है), (12) गर्व (यह प्रभाव, धन, आदि के कारण होता है और इसमें थोड़ा अविनय भी आ जाता है), (13) मरण (वास्तविक मरण नहीं, उसमें तो रस-विच्छेद होता है मरण की-सी मानसिक शैथिल्य की दशा), (14) आलस्य (एक प्रकार का शैथिल्य। यह शारीरिक अधिक होता है किन्तु इसकी भी मानसिक दशा होती है), (15) अमर्ष (अपमानादि से जो चिढ़ होती है), (16) निद्रा (चित्त का सम्मीलन मन की शून्यता की अवस्था), (17) अवहित्था (हर्ष को विशेषकर प्रेम-जाल को छिपाने का भाव) महर्षि कण्व के लौटने पर शकुन्तला ने दुष्यन्त के साथ समागम के हर्ष को छिपाने की कोशिश की थी, (18) औत्सुक्य (इष्ट के न मिलने पर मिलन की उत्कंठा, (19) उन्माद (मन की अस्थिरता, इसमें अकारण रोना और हँसना रहता है), (20) शंका (भावी अनिष्ट की सम्भावना), (21) स्मृति (पूर्वानुभवों के स्मरण से जो विकलता उत्पन्न होती है), (22) मति (नीति आदि के आधार पर जो आत्म-निश्चय होता है जैसा रामचन्द्रजी को हुआ था कि रघुवंशी लोगों का मन कुमार्ग में नहीं जाता। सीता जी की ओर मन गया तो निश्चय ही वे मिलेंगी), (23) व्याधि (ज्वरादि से उत्पन्न मन की गिरी हुई अवस्था), (24) त्रास (बिजली आदि भौतिक कारणों से उत्पन्न मन को क्षोम), (25) व्रीड़ा (लज्जा जिसमें मनुष्य आँखें सामने करने से झिझकता है, धृष्टता या बात नहीं कर सकता), (26) हर्ष (इष्ट की प्रप्ति पर मन का प्रसाद, जैसा रामचरितमानस में रामजन्म पर दिखाया गया है), (27) असूया (पत्नियों अथवा प्रतिद्वन्द्वियों के औद्धत्य या ऐश्वर्य से उत्पन्न ईर्ष्या वा असहिष्णुता), (28) विषाद (उपायों की विफलता पर मन की अप्रसन्नता), (29) धृति (धैर्य), (30) चपलता, (31) ग्लानि (रत्यादि के तथा मन के सन्ताप द्वारा प्राप्त हुई निष्प्राणता की अवस्था), (32) चिन्ता (हित की अप्राप्ति पर उसकी ओर जो ध्यान रहता है) और (33) वितर्क (सन्देह से उत्पन्न विचार का ऊहापोह)।

स्थायी और संचारी में अन्तर : यह तैंतीस की जो संख्या दी गयी है वह न्यूनतम संख्या है। इनसे ज्यादा भी हो सकती है। देव ने छल संचारी माना है। शुक्ल जी ने चकपकाहट नाम के संचारी का उल्लेख किया है। पश्चात्ताप, उदासीनता, दम्भ आदि और भी संचारी हो सकते हैं। एक प्रश्न यह है कि स्थायी भावों और संचारी भावों में किस बात का अन्तर है। दोनों ही भाव हैं, दोनों हमारे मानसिक जीवन में उल्लेखनीय स्थान रखते हैं। हमारे साहित्यशास्त्रियों ने जो अन्तर किया है वह निराधार नहीं है। स्थायी भावों का हमारे जीवन और आत्मरक्षा से सीधा और घनिष्ठ सम्बन्ध है। रति, हास, शोक, क्रोध, उत्साह, घृणा, मद, विस्मय और निर्वेद, ये व्यापक मनोविकार हैं। इनमें संचारियों को अपने साथ में लेने की क्षमता है। ऊपर बताये हुए संचारी भाव स्थायी भावों के द्वारा ही हमारी आत्मरक्षा से सम्बन्धित होते हैं। उनका स्वतन्त्र की अपेक्षा सहकारी महत्त्व अधिक है। उनका और स्थायी भावों का समुद्र और तरंग का-सा सम्बन्ध है, समुद्र तरंगों से अधिक व्यापक होता है। स्थायी भाव व्यापकता और गहराई में भी संचारी भावों से बढ़े-चढ़े होते हैं। रति, क्रोध, भय, पुत्र-स्नेह, शोक आदि भाव जानवरों में भी होते हैं। ऐसा उनके अनुभावों से अनुमान होता है। हास, वीर, विस्मय, घृणा और शम जानवरों में होते हैं या नहीं यह निश्चयपूर्वक नहीं कहा जा सकता किन्तु असूया, मति, वितर्क, अवहित्था, गर्व, निर्वेद आदि संचारी भाव जानवरों में नहीं मिलेंगे। शायद स्वप्न, निद्रा, विबोध व्याधि के भौतिक पक्ष मिल जायँ, पर उनका मानसिक पक्ष जानवरों में मुश्किल से मिलेगा। जो बात जानवरों के सम्बन्ध में कही गयी है वह शिशुओं के सम्बन्ध में भी कही जा सकती है। औग्र (उग्रता), औत्सुक्य, दैन्य, आलस्य, त्रास, ये भाव जानवरों में मिल जायँ किन्तु इन भावों का भी भौतिक पक्ष ही उनमें प्रबल होगा। यह बात व्यावर्तक गुण के रूप में तो नहीं कही जा सकती है कि स्थायी भाव से सम्बन्धित मनोदशाओं का जानवरों तक में प्रसार है और संचारी भावों का नहीं किन्तु यह अवश्य है कि स्थायी भाव की मनोदशाओं का, संचारी भावों की मनोदशाओं की अपेक्षा जानवरों में अधिक प्रसार है और स्थायी भाव एक व्यापक भाव (Master Sentiment) की भाँति छोटे-छोटे भावों को अपने साथ लेकर उनसे पुष्ट होता रहता है। आजकल के मनोविज्ञान के हिसाब से शृंगार, रौद्र, भयानक और करुण ही मौलिक मनोविकार कहे जा सकते हैं। मनोविज्ञान और साहित्यशास्त्र को चारों खूँट मिलाना कठिन है।

संचारी भाव स्थायी भाव को किस प्रकार पुष्ट करते हैं और निखार में लाते हैं, इसका उत्तर हमको दो-चार स्थायी भावों के संचारी भावों के अध्ययन से मिल जायगा। रौद्र और वीर का उदाहरण लीजिए—वीर में हर्ष, गर्व, धृति, मति, अमर्ष तक रहते हैं—'*गर्वधृति हर्षामर्षस्मृतिवितर्क प्रभृतिमिर्भावित उत्साहः स्थायी स्वदते*' (दशरूपक 4।72) पर धनिक की टीका; सच्चा उत्साही वीर प्रसन्न रहता है और वह अधीर नहीं होता है। धैर्य वीर का गुण है, उसे गर्व भी होता है। इन संचारियों

के साथ जब वीर का वर्णन आता है तब वह आस्वाद का कारण बनता है। इसके विपरीत रौद्र में चंचलता रहती है। क्रोधी की बुद्धि स्थिर नहीं रहती, उसमें ईर्ष्या और आवेग भी रहता है। अमर्ष, स्मृति आदि दोनों में होती हैं किन्तु संचारियों का जो योग वीर में है वह रौद्र में नहीं। वीर का योग अधिक प्रसादपूर्ण है। रौद्र के संचारी इस प्रकार गिनाये गये हैं–*'अमर्षमदौ स्मृतिश्चपलतासूयौ ग्रयावेगादयः'*। भयानक में मनुष्य को अपनी हीनता स्वीकार करनी पड़ती है, इसी से उसमें दैन्य का भाव रहता है। अद्भुत में मति चकरा [illegible] जाती है किन्तु उसमें प्रसन्नता का भाव रहता है, इसीलिए इसमें हर्ष संचारी [illegible]

रस विमर्श का मत : पंडित रामदहिन मिश्र ने इन संचारी भावों के सम्बन्ध में 'मराठी रस विमर्श' का उद्धरण दिया है, जिसमें इन संचारी भावों के सम्बन्ध में इस प्रकार शंका उठायी गयी है। "तैंतीसों संचारियों की जाँच-पड़ताल से ज्ञात होता है कि वे सदोष हैं। उनमें सभी भाव भावना-स्वरूप नहीं हैं, उनमें (1) कुछ शारीरिक अवस्थाएँ हैं, (2) कुछ भावनाओं के भीतर तीव्रता प्रदर्शन के प्रकार हैं, (3) कुछ प्राथमिक भावनाएँ हैं, (4) कुछ सभिन्न (यह शब्द शायद अभिन्न हो, अभिप्राय यह है कि कुछ संचारी एक-दूसरे के पर्याय हैं) भावनाएँ हैं, और कुछ (5) ज्ञानात्मक अवस्थाएँ हैं।

इस विश्लेषण के अनुकूल मिश्रजी ने 'मराठी रस-बोध' से नीचे का उद्धरण दिया है–

1. शारीरिक अवस्था के निदर्शक तेरह व्यभिचारी भाव हैं–ग्लानि, मद, श्रम, आलस्य, जड़ता, मोह, अपस्मार, निद्रा, स्वप्न, प्रबोध (विबोध), उन्माद, व्याधि और मरण।
2. यथार्थ भावना प्रधान सात संचारी हैं–औत्सुक्य, दैन्य, विषाद, हर्ष, धृति, चिन्ता और निर्वेद।
3. शंका, त्रास, अमर्ष और गर्व ये चार स्थायी भाव के मूल स्वरूप हैं।
4. ज्ञानमूलक मनोऽवस्था के चार व्यभिचारी हैं–मति, स्मृति, वितर्क और अवहित्था।
5. मिश्रित भावना के दो संचारी हैं–ब्रीड़ा और असूया।
6. भावनाओं को तीव्र करने वाले तीन व्यभिचारी हैं 'चपलता, आवेग और उग्रता' (रामदहिन मिश्र : 'काव्य-दर्पण', पृष्ठ 110)।

मक्की आलोचना : यह विश्लेषण अच्छा है किन्तु इससे जो व्यभिचारी भावों के सदोष ठहराने की व्यंजना है, वह ठीक नहीं है। आइए इस पर विचार करें।

1. ग्लानि, मद, श्रम, आलस्य आदि जो तेरह व्यभिचारी भाव शरीर सम्बन्धी बतलाये हैं, उनका शरीर से सम्बन्ध तो है किन्तु कुछ का मन से अधिक है और मानसिक भाव की अभिव्यंजना शरीर में हुई है और कुछ का सम्बन्ध शरीर से अधिक

है किन्तु उनका मानसिक प्रतिरूप अवश्य होता है। उनमें भावात्मक रंग (Feeling tone) अवश्य रहता है।

ग्लानि, जड़ता, मोह अधिक मानसिक हैं। साधारण भाषा में तो ग्लानि मानसिक भाव है किन्तु साहित्यशास्त्रियों ने जो लक्षण दिया है उसमें भौतिकता अधिक है। उन्होंने इन तथाकथित भौतिक के भी जो अनुभाव दिये हैं, वे इस बात के प्रमाण हैं कि उनका मानसिक पक्ष अवश्य है। ग्लानि के कारण कुछ भौतिक भी हैं, कुछ मानसिक। मानसिक कारणों में मन-स्ताप है। साहित्यदर्पण में जो उदाहरण है वह सीताजी की मानसिक सन्ताप-जन्य ग्लानि का ही है– *'हृदय-कमल शोषी दारुणो दीर्घशोकः'* से वह दशा प्राप्त हुई। हृदय कमल सूखे और वह दशा मानसिक न हो? दशरूपक में जो माघ का उदाहरण है वह रति-जन्य ग्लानि का है किन्तु उसमें भी एक मानसिक दशा रहती है। ग्लानि का लक्षण 'निष्प्राणता' दिया गया है, निष्प्राणता भी एक मानसिक दशा होती है। जड़ता निश्चय रूप से मानसिक है। उसमें अप्रतिपत्ति अर्थात् किंकर्तव्यविमूढ़ता आती है। दशरूपक में जो कुमारसम्भव का उद्धरण दिया है उसका अर्थ इस प्रकार है–

पार्वतीजी की सखियों ने शिवजी के साथ एकान्त व्यवहार की शिक्षा उन्हें दी, उसे वे शिवजी के मुख के सामने आते ही (प्रेमाधिक्य के कारण) भूल जाती हैं। यह तो मानसिक दशा ही है। (कुमारसम्भव 8।5)

मोह भी इसी प्रकार से मानसिक अधिक है। मोह को विचित्तता अर्थात् चित्तशून्यता कहा है। *'मोहो विचित्तताभीतिदुखावेगानुचिन्तनैः'* इसके कारण भी तीव्र दुखात्मक और मानसिक हैं। चित्तशून्यता दुखावेग में ही आती है। यदि चित्तता मानसिक है तो चित्तशून्यता भी मानसिक है।

श्रम का भाव कुछ भौतिक है किन्तु इसका मानसिक प्रतिरूप अवश्य होता है; इसका प्रत्येक सहृदय को आत्मानुभव होगा। साहित्य-दर्पण में जो लक्षण दिया है उसमें खेद शब्द आया है *'खेदो रत्यध्वगगत्यादेः श्वासनिद्रादिकृच्छ्मः'।*

साहित्य-दर्पण और तुलसी : साहित्य-दर्पण में जो उदाहरण दिया है वह तुलसीदास जी की कवितावली के *'पुर ते निकसी रघुवीर बधू'* वाले छन्द का मूल रूप है। यहाँ पर हम पाठकों की जानकारी के लिए दोनों ही छन्द दिये देते हैं। साहित्य-दर्पण में श्रम का उदाहरण–

"सद्यः पुरीपरिसरे च शिरीषमृद्वी
गत्वा जवात्रिचतुराणि पदानि सीता।
गन्तव्यमस्ति कियदित्यसकृद्ब्रुवाणा
रामाश्रुणः कृतवती प्रथमावतारम्॥"

उस शिरीष कुसुम (सिरसा के फूल) सी मृद्वंगी सीता ने पुरी से बढ़कर जल्दी से तीन-चार पग रखे। 'कहाँ तुम्हारा गन्तव्य स्थान है' ऐसा कई बार पूछा। इससे

श्रीरामचन्द्र के अश्रुओं के प्रथम अवतरण का कारण बनी।

गोस्वामीजी का छन्द इस प्रकार है–

"पुर ते निकसी रघुवीर बधू,
धरि धीर दये मग में डग द्वै।
झलकीं भरि भाल कनी जल की,
पुट सूखि गये मधुराधर वै॥
फिर बूझति है 'चलनो अब केतिक,
पर्णकुटी करिहौ कित ह्वै'।
तिय की लखि आतुरता पिय की,
अँखियाँ अति चारु चलीं जल च्वै॥"

तुलसी के इस अनुवाद में भाषा का अनुप्रासमय और माधुर्यप्रधान चमत्कार तो है ही किन्तु उसमें भाव का भी चमत्कार है। *'धरि धीर दये मग में डग द्वै'* के 'धीर धीर' में यह व्यंजना है कि उनको दो डग रखने में भी धीरज धरना और साहस बटोरना पड़ा। फिर इसमें उनके अनुभावों का भी उल्लेख हो गया *'पुट सूख गये मधुराधर वै'*। (संस्कृत के श्लोक में अनुभाव नहीं है) *'चलनो केतिक'* और *'पर्णकुटी करिहौ कित'* में ये एक ही बात के दो बार भिन्न शब्दों में दुहरायी जाने के कारण उनकी आतुरता का द्योतक हो जाता है। पर्णकुटी में विश्राम की इच्छा का संकेत मिल जाता है। गोस्वामी जी अपने इष्टदेव की आँखों की ओर संकेत करना नहीं भूले हैं। तुलसीदासजी ने आकुलता शब्द लिखकर श्रम की मानसिकता को स्पष्ट कर दिया है।

स्वप्नादि का मानसिकत पक्ष : स्वप्न, विबोध, मरण आदि संचारी भावों में शारीरिक पक्ष की प्रधानता प्रकट है किन्तु उनका मानसिक पक्ष भी है। निद्रा का लक्षण भी 'मनः सम्मीलन' दिया है; उसमें निद्रा से पूर्व की-सी मानसिक अवस्था लक्षित है जिसमें चेतना विषयों से हटती दिखाई देती है। उन्माद भौतिक है किन्तु उसमें चित्त की अव्यवस्था द्योतित होती है। उन्माद के लक्षण में चित्त का सम्मोहन दिया गया है *'चेतस्सम्मोह उन्मादः'* कहने का तात्पर्य यह है कि ये अवस्थाएँ भौतिक होते हुए भी मानसिक हैं। इससे इनको संचारियों में स्थान मिलता है।

2. भावनाप्रधान सात के बारे में तो कुछ कहना ही नहीं है।

3. शंकादि : शंका, त्रास, अमर्ष और गर्व, स्थायीभाव के मूल स्वरूप चाहे हों किन्तु वे स्थायी भाव से भिन्न हैं। शंका भय नहीं है। भय के कारण उपस्थित होने की सम्भावना से उत्पन्न दुख है। त्रास और भय में अवश्य कम अन्तर है किन्तु त्रास में भौतिक कारण अधिक है। भय से यह हलकी दशा है। अमर्ष में हानि की अपेक्षा अपमानजन्य दुख अधिक होता है । क्रोध में सक्रियता भी अधिक रहती है। अमर्ष में मानसिक चिढ़ अधिक होती है। गर्व शायद वीर का स्वरूप माना गया

हो किन्तु गर्व और उत्साह में स्पष्ट भेद है। गर्व वीर का संचारी है, स्थायी नहीं। उत्साह में अभीष्ट सिद्धि के लिए प्रसन्नता पूर्ण निश्चय रहता है। जो संचारी भाव स्थायी भावों के मूल स्वरूप माने गये हैं वे अपने मूल स्वरूप में दूसरे रस के साथ अधिक मेल खा सकते हैं। विषाद भी शोक का पूर्व रूप है किन्तु विषाद सफलता के कारणों के अभाव की चिन्ता से होता है। शोक दुखद घटना के घटने पर होता है।

4. **ज्ञानमूलकता के साथ भावुकता :** जिन संचारी भावों को (मति, स्मृति, वितर्क और अवहित्था) ज्ञानमूलक कहा है उनमें ज्ञान की प्रधानता अवश्य है किन्तु उनमें भी भावना का रंग रहता है। मति में एक निश्चय सन्तोष और प्रसन्नता की भावना रहती है। स्मृतियों में पूर्वानुभव की कुछ व्याकुलता और खेद रहता है जो करुणा और वीर आदि से तीव्रता दे देती हैं। वितर्क अद्भुत का संचारी है। विस्मय में तर्क स्वाभाविक है और वह तर्क कारण की व्याख्या न हो सकने की असमर्थता का द्योतक है। अवहित्था में लज्जा का भाव लगा रहता है। ऐसे संचारियों में ज्ञान दशा के साथ भाव दशा भी मिश्रित रहती है। संचारी रूप में इसी भाव दशा की ओर संकेत रहता है।

5. **मिश्रित भाव :** मिश्रित भाव के दो संचारी हैं—व्रीड़ा और असूया। मिश्रित होने से उनके भाव प्रधान होने में बाधा नहीं पड़ती है।

6. **चपलतादि :** भावनाओं को तीव्र करने वाले तीन संचारी माने हैं—चपलता, आवेग और उग्रता। किन्तु ये भावनाओं को ही तीव्र नहीं करते वरन् स्वयं भी भावना रूप हैं। चपलता चित्त की अस्थिरता की द्योतक है। वह इधर से उधर दौड़ती है। आवेग में भौतिक उत्पातों के कारण जो सम्भ्रमजन्य त्वरा आ जाती है, उसका द्योतक होता है। इसको हड़बड़ी कह सकते हैं। जल्दी के कारण आपत्ति से बचने के लिए ठीक कदम नहीं उठाये जाते। उस अवस्था में जो चित्त की विकलता होती है उसे आवेग कहते हैं। वर्षा, हाथी, अग्नि आदि इसके कारण होते हैं। महावीर हनुमान द्वारा लंका-दहन का जो दृश्य दिखाया है उसमें आवेग स्पष्ट दिखाई पड़ता है।

'लागि-लागि आगि, भागि-भागि चले जहाँ तहाँ,
धीय को न माय, बाप पूत न सँभारहीं।
छटे बार, बसन उघारे, धूम-धुन्ध-अन्ध;
कहैं बारे बूढ़े 'बारि-बारि' बार-बारही॥
हय हिहिनात भागे जात, घहरात गज,
भारी भीर ठेलि पेलि रौंदि खौंदि डारहीं॥

—कवितावली 'सुन्दरकाण्ड', छन्द 15

उग्रता में शक्ति-प्रदर्शन अधिक रहता है। उसके लक्षण में प्रचंडता शब्द आया है। आवेग में मनुष्य अपने को एक हीन दशा में पाता है। भयानक के संचारियों में आवेग है, उग्रता नहीं। आवेग के साथ दीनता भी है। उग्रता में क्रोध के आलम्बन

पर लक्ष्य अधिक रहता है। उग्रता सक्रिय अधिक है, रौद्र में आवेग और उग्रता दोनों ही हैं। गुस्से में जो बेबसी और हानि की चेतना होती है, वह आवेग है, और दूसरे को नुकसान पहुँचाने और बदला लेने की जो तेजी है, वह उग्रता है। वीर में आवेग नहीं होता, उग्रता चाहे आ जावे। इस प्रकार हम यह तो नहीं कह सकते कि जो आपत्तियाँ उठायी गयी हैं, वे नितान्त निर्मूल हैं, किन्तु विचार करने पर संचारी भावों की मानसिकता में बाधा नहीं पड़ती।

संचारी भावों का विस्तृत और वैज्ञानिक प्राध्ययन अपेक्षित हैं।

कहानी का मनोवैज्ञानिक सत्य

मुंशी प्रेमचन्दजी ने अच्छी कहानी की कसौटी बतलाते हुए लिखा है—

आदर्श : 'सबसे उत्तम कहानी वह होती है जिसका आधार किसी मनोवैज्ञानिक सत्य पर हो और उन्होंने अपने कथन के स्पष्टीकरण में बतलाया है 'साधुपिता का अपने कुव्यसनी पुत्र की दशा से दुखी होना मनोवैज्ञानिक सत्य है। इस आवेग में पिता के मनोवेगों को चित्रित करना और तदनुकूल उसके व्यवहारों को प्रदर्शित करना, कहानी को आकर्षक बना सकता है। इस सम्बन्ध में पिता के व्यवहार के कई रूप हो सकते हैं, वह पुत्र को डाँटे-फटकारे, उसको धन की सहायता से वंचित कर दे अथवा स्वयं घर से चला जाय, या घर में रहकर अपने को कष्ट दे, मौन रहे, स्वयं खाना-पीना छोड़ दे या कम कर दे इत्यादि। इन बातों के अतिरिक्त लड़के की प्रतिक्रिया का भी चित्रण हो सकता है।'

दूसरा उदाहरण और देखिए—'बुरा आदमी भी बिल्कुल बुरा नहीं होता है, उसमें कहीं-न-कहीं देवता अवश्य छिपा रहता है। यह मनोवैज्ञानिक सत्य है। उस देवता को खोजकर दिखा देना समर्थ आख्यायिका का काम है।' मुंशी प्रेमचन्द नीच-से-नीच के हृदय-तल में छिपी हुई सज्जनता की चिनगारी को प्रकाश में लाने में बड़े कुशलहस्त हैं।

फिर आगे वे लिखते हैं—'विपत्ति पड़ने पर मनुष्य दिलेर हो जाता है। यहाँ तक कि बड़े-से-बड़े संकट का सामना करने के लिए ताल ठोक कर तैयार हो जाता है। उसकी सारी दुर्वासना भाग जाती है। उसके हृदय में छिपे जौहर निकल आते हैं और हमें चकित कर देते हैं।'

एक चौथा उदाहरण और लीजिए—'किसी समस्या का समावेश कहानी को आकर्षक बनाने का सबसे उत्तम साधन है। जीवन में ऐसी समस्याएँ नित्य ही उपस्थित होती रहती हैं और उनसे पैदा होने वाला द्वन्द्व आख्यायिका को चमका देता है। सत्यवादी पिता को मालूम होता है कि पुत्र ने हत्या की है। वह उसका न्याय-वेदी पर बलिदान कर दे या अपने जीवन-सिद्धान्तों की हत्या कर डाले, कितना भीषण द्वन्द्व है! पश्चात्ताप ऐसे द्वन्द्वों का अखंड स्रोत है' (प्रसादजी ऐसे द्वन्द्वों को प्रकाशित करने में बड़े कुशलहस्त थे) 'आकाशदीप', 'पुरस्कार' आदि कहानियों में बड़े अन्तर्द्वन्द्व हैं। 'न्याय' भी एक ऐसी ही कहानी है।

अन्य उद्देश्य : यद्यपि सभी कहानियों में ऐसे मनोवैज्ञानिक का नैतिक सत्य का होना अनिवार्य नहीं है। क्योंकि बहुत-सी कहानियों के अस्तित्व की सार्थकता उनके कहानी-कौशल में, जैसे मुंशी प्रेमचन्दजी के शतरंज के खिलाड़ी में, या भाषा की अलंकारिकता में, जैसे चंडीप्रसादजी की कहानियों में ही प्रमाणित होती है (ऐसी कहानियों में तन्मयता आदि के मनोवैज्ञानिक सत्य रहते हैं) तथापि ऐसे सत्य कहानी में जान डाल देते हैं। आजकल के कहानीकार सब स्थानों में नीति का समावेश नहीं करते हैं। नैराश्य की मनोदशा भाव के वर्णन मात्र से, जैसे अश्क की 'डाली' नाम की कहानी में, अथवा सियारामशरण गुप्त की 'काकी' नाम की कहानी में बालक के भोलेपन का चित्रण, उनकी जान है। किन्हीं-किन्हीं कहानियों में किसी ऐतिहासिक घटना का वर्णन होता है या सभ्यता के विकास का काल्पनिक चित्रण किया जाता है। कहानी की रोचकता उसके कौतूहल के अतिरिक्त मानव-समाज के प्रति सहानुभूति में है। हम मनुष्य हैं और मनुष्य के विचारों, आशाओं और अभिलाषाओं, उसकी सफलता और विफलताओं के प्रति एक सहानुभूतिपूर्ण रुचि रखते हैं। यह सहानुभूति जो सारे साहित्य का मूल है, कहानी का भी आधार है। मनोवैज्ञानिक सत्य इस सहानुभूति के लिए सामग्री उपस्थित कर उसका पोषण करता है। प्रेमचन्दजी जैसे कलाकार के लिए जो कला को कला के लिए नहीं वरन् जीवन के लिए मानते थे, ऐसे सत्य का और भी विशेष मूल्य था, तभी तो इन्होंने इसको विशेष महत्त्व दिया और यह महत्त्व देने योग्य बात भी है। आजकल भी मनोवैज्ञानिक सत्यों को महत्त्व दिया जाता है किन्तु आजकल का मनोविज्ञान भीतरी सतहों तक जाने की कोशिश करता है, उसका सम्बन्ध मनुष्य के अवचेतन से रहता है। प्रेमचन्दजी में ऐसे विश्लेषणात्मक मनोवैज्ञानिक सत्य के भी उदाहरण मिलते हैं।

अमूर्त्त सत्य का अमूर्त्त रूप : वैसे तो मनोवैज्ञानिकता कहानी में आदि से अन्त तक रहती है और कहानी या उपन्यास मनोविज्ञान के अध्ययन का साधन भी है, क्योंकि कहानीकार जो जीवन की झाँकी देता है उसके पीछे पात्रों की मानसिक स्थिति ही तो मूल प्रेरणा शक्ति के रूप में रहती है, और कुशल कलाकार उस मानसिक स्थिति का बाह्य और आन्तरिक परिस्थितियों के अनुकूल मनोविज्ञान के नियम के आधार पर ही करता है। फिर भी मुंशी प्रेमचन्दजी ने जिस मनोवैज्ञानिक सत्य का उल्लेख किया है वह कहानी का उद्देश्य ही है। यह उद्देश्य शुद्ध मनोवैज्ञानिक सत्य का भी उद्घाटन हो सकता है अथवा किसी नैतिक सत्य का। कहानी अमूर्त्त सत्य को एक सहजग्राह्य मूर्त्तरूप दे देती है। वह सत्य शरीर में आत्मा की भाँति स्थित रहता है। आत्मा का परिचय शरीर द्वारा ही मिलता है।

पो का मत : इस उद्देश्य या मनोवैज्ञानिक सत्य के सम्बन्ध में अमरीका में कहानी के जन्मदाता एडगर एलन पो (Edgar Allan poe) सन् 1809-1849 (पश्चिम में भी यह विधा बहुत पुरानी नहीं है) ने इसको महत्त्व देते हुए लिखा है कि

आख्यायिका-लेखक यदि चतुर और कला-कुशल है तो वह अपनी आख्यायिका में पहले कोई घटना-चक्र बनाकर पीछे उसमें विचारों की श्रृंखला जोड़ देने की गलती कभी न करेगा। वह सावधान होकर पहले एक लक्ष्य या प्रभाव की कल्पना करेगा—तदनन्तर वह ऐसी घटनाओं की सृष्टि करेगा—वस्तु को इस रूप में नियोजित करेगा कि वह उक्त लक्ष्य या प्रभाव को अधिक-से-अधिक सफलतापूर्वक व्यंजित कर सके। यदि प्रथम वाक्य से ही वह उस प्रभाव के द्योतन करने में समर्थ नहीं होता तो 'प्रथम ग्रासे मक्षिकापातः' की उक्ति चरितार्थ होती है। (यह अनुवाद डाक्टर श्यामसुन्दरदास के साहित्यालोचन से दिया गया है) अन्तिम वाक्य का मूल इस प्रकार है—If his very initial sentence tend not to the bringing of this effect he has failed in his first step। यह इस उद्देश्य या मूल प्रभाव को बल देने को ही लिखा गया है। जहाँ तक कहानीकार के मत का सम्बन्ध है (मैंने कोई कहानी लिखी नहीं है, अन्दाज से कहता हूँ) प्रायः ऐसा होता है कि कोई घटना किसी मनोवैज्ञानिक सत्य का सुझाव उत्पन्न कर देती है और फिर कलाकार उस घटना या उन घटनावलियों को कुछ वास्तविकता और कुछ कल्पना के आधार पर साज-सम्हाल कर ऐसा रूप दे देता है कि वह मनोवैज्ञानिक सत्य अपने आप व्यक्त हो जाये या झलकने लगे। कुछ लोगों के मन में उस सत्य का ही पहले आविर्भाव हो जाता हो और घटनाओं को कल्पना के आकार पर रचते हों। जो कुछ भी होता हो, घटना और सत्य का शरीर और आत्मा का-सा सम्बन्ध हो जाना चाहिए। वह सत्य ऊपर से थोपा हुआ न दिखाई देना चाहिए। यद्यपि किसी कहानी में उस सत्य को स्पष्ट शब्दों में लिख दिया जाता है, जैसे अज्ञेय की एक कहानी (शत्रु) में अन्तिम वाक्य यह है—"और उसने जान लिया कि जीवन की सबसे बड़ी कठिनाई यही है कि हम निरन्तर आसानी की ओर आकृष्ट होते हैं।" इसी प्रकार सुदर्शन की 'संन्यासी' नाम की कहानी में उसका सत्य स्पष्ट रूप से अन्त में लिख दिया गया है—'मन की शान्ति कर्त्तव्य के पालन से मिलती है।' यह सत्य मनोवैज्ञानिक भी है और नैतिक भी। किन्तु उसका व्यक्तीकरण पाठक के मन में होना अधिक श्रेयस्कर होता है। कहानी-लेखक उपदेशक का रूप धारण करने के आक्षेप से बच जाता है। मनोवैज्ञानिक सत्य को सत्यनारायणजी की प्रेम-कली की भाँति (याही सों अधखिली रही यह प्रेम कली है) अधखिला ही रहना अच्छा रहता है। उसका वर्णन-कौशल ऐसा होना चाहिए कि वह सत्य उभार में आ जाय। इस सम्बन्ध में श्री गिरधारी लाल शर्मा 'गर्ग' ने अपनी 'कहानी—एक कला' के पृष्ठ 123 पर एक लेखक के अंग्रेजी उद्धरण का हिन्दी अनुवाद दिया है। वह द्रष्टव्य है—

'मनुष्य को मनुष्य रूप में अंकित करो, शिक्षा आप निकल आयेगी। सूर्यास्त का स्वाभाविक वर्णन करो, यह तुम्हारे अन्दर किस भावना का उद्रेक करता है, यह बताना उचित नहीं। पाठक के मन में चाहे जिस भाव का उदय हो, होने दो। जहाँ सच्ची कला है, वहाँ कुछ सीखने का है ही पर प्रकृति पर अपना कानून न

लगाओ।' इसके अन्तिम वाक्य का मूल इस प्रकार है—"Every work of art has a profound moral significance, but you must not to impose your own laws on nature."। वास्तव में वह किस अंश में उद्‌देश्य को व्यक्त रखें और किस में अव्यक्त। कलाकार को अपने पाठकों को उस राह तक तो ले जाना ही पड़ता है जिस राह पर चलकर उनको मनोवैज्ञानिक सत्य या नैतिक सत्य के दर्शन हो सकें। अब हम कुछ प्रमुख कहानियों के मनोवैज्ञानिक सत्यों को व्यक्त करके इस लेख को समाप्त करेंगे।

मनोवैज्ञानिक सत्य के उदाहरण : उसने कहा था—गुलेरीजी की इस कहानी ने बड़ी प्रसिद्धि पायी है। इसके कई कारण हैं। उनमें से एक उसका मनोवैज्ञानिक सत्य भी है—बात का निबाहना और ऐसे व्यक्ति की बात का जिसने मन पर बाल्यकाल में ही प्रभाव डाला हो। लहनासिंह अपने अन्तिम क्षणों में बार-बार भजन की टेक की भाँति यही दुहराता है 'वजीरासिंह पानी पिला—उसने कहा था' यही टेक कहानी का शीर्षक और उसकी जान है। अन्तिम क्षणों में स्मृति भी कुछ तीव्र हो जाती है। लहनासिंह पिछली सारी घटनाओं को दुहरा देता है और उसके बलिदान का रहस्य खुल जाता है।

मधुआ : प्रसादजी की इस कहानी में यह मनोवैज्ञानिक सत्य उभार में आता है कि मनुष्य चाहे जितना बिगड़ा हुआ हो, जब किसी चिन्ता का भार उस पर पड़ता है तब उस उत्तरदायित्व को पूरा करने के लिए उसका सुधार आरम्भ हो जाता है। शराबी के जीवन में मधुआ के आ जाने से उसके खिलाने-पिलाने की उसे चिन्ता हो गयी और शराब न पी सका। उसने शान रखने के लिए छोड़े हुए काम को फिर से सम्हाल लिया और उसका जीवन-क्रम व्यवस्थित हो गया।

प्रेमचन्दजी की बहुत-सी कहानियों में मनोवैज्ञानिक सत्य है और नैतिक सत्य भी है। दो-एक का यहाँ उल्लेख किया जाता है।

बड़े भाई साहब : यह एक मनोवैज्ञानिक कहानी है। इसमें वर्णित बड़े भाई साहब जो पढ़ने में कुछ मन्द-बुद्धि हैं, बार-बार फेल होते हैं और उनका छोटा भाई जो पढ़ने में अपेक्षाकृत कम ध्यान देता है, लगातार अच्छी तरह से पास होता हुआ अपने और उनके बीच के अन्तर को कम करते-करते उनसे केवल एक दर्जा नीचा रह जाता है। बड़े भाई साहब अपनी झेंप मिटाने के लिए अपनी कक्षा के पाठ्‌य-क्रम की कठिनाइयों का बखान करते हैं और बड़े होने के अधिकार से डाँट-फटकार बतलाते रहते हैं। वे अपनी बुद्धि की कमी की क्षति-पूर्ति अपनी आयु की बढ़ोतरी से करना चाहते हैं। वे यह नहीं भूलते हैं कि वे बड़े हैं।

'मैं तुमसे पाँच साल बड़ा हूँ और चाहे आज तुम मेरी ही जमाअत में आ जाओ, लेकिन मुझमें और तुममें पाँच साल का अन्तर है, उसे तुम क्या खुदा भी नहीं मिटा सकता। मैं तुमसे पाँच साल बड़ा हूँ। मुझे जो दुनिया और जिन्दगी का तजुर्बा है तुम उसकी बराबरी नहीं कर सकते, चाहे तुम एम.ए. और डी.लिट. और डी. फिल. क्यों

न हो जाओ। समझ किताबें पढ़ने से नहीं, दुनिया देखने से आती है।' इसमें यहाँ मनोवैज्ञानिक सत्य है कि बड़ा भाई अपने बड़ेपन के अधिकार में रहकर अध्ययन की परवाह और प्रयत्न करके भी पिछड़ जाता है और छोटा भाई अपने को जीवन की दौड़ में पिछड़ा पाकर अपनी क्षति-पूर्ति के लिए एक अव्यक्त मानसिक उन्नति कर लेता है। (प्रसिद्ध मनोवैज्ञानिक एडलर ने बतलाया है कि घर का दूसरा लड़का प्रायः पहले की अपेक्षा अधिक मेधावी पाया जाता है।) यह सब मन की अज्ञात क्रियाओं द्वारा होता रहता है। अन्त में एक आकस्मिक और अप्रत्याशित मोड़ मुंशी प्रेमचन्दजी ने इस कहानी को दिया है। कनकउए उड़ाने के विरुद्ध उपदेश देते-देते कनकउए की डोर भाई साहब के ऊपर से गुजरती है। तब उनके हाथ बरबस उठ जाते हैं और वह उसे लूटकर भागते हैं। यह घटना इसी मनोवैज्ञानिक सत्य को प्रमाणित करती है कि मनुष्य उपदेश चाहे जितने दे किन्तु मानवी कमजोरियाँ और पूर्व के पड़े हुए संस्कार उन उपदेशों से कहीं प्रबलतर होते हैं।

शान्ति : इस कहानी में एक नैतिक सत्य है और एक मनोवैज्ञानिक। दाम्पत्य-जीवन में यदि दोनों ओर से स्वाभिमान प्रबल हो और एक का चरित्र बिगड़ा हो तो बिगड़े हुए पक्ष के सुधार की आशा नहीं रहती। अभिमान का बदला उपेक्षा से मिलता है। सुधार के लिए समझौते की वृत्ति आवश्यक है। अत्याचारी के अत्याचार के दमन की कुछ आशा हो सकती है तो प्रेम और सहानुभूति में। इसमें यह मनोवैज्ञानिक सत्य है कि दुख की पराकाष्ठा शान्ति का रूप धारण कर लेती है। प्रेमचन्दजी ने जिस पात्र के मुँह से कहानी कहलायी है, वह कहता है 'किन्तु रह-रह कर यह सन्देह हो जाता था कि गोपा की यह शान्ति उसकी अपार व्यथा की ही तो रूप नहीं है।' यह सन्देह वास्तविक था और उद्‌धृत वाक्य द्वारा कहानी के मनोवैज्ञानिक सत्य का ही उद्‌घाटन नहीं हुआ वरन् उसका शीर्षक सार्थक हो गया।

पूस की रात : पूस की रात में नैराश्यपूर्ण परिस्थिति में मनुष्य अपनी खीझ छिपा लेने के लिए क्षति में भी लाभ का स्वर्ण-कण खोज निकालता है। हलकू के निद्रा-मोह के कारण उसके खेत के जल जाने पर हलकू और मुन्नी का वार्तालाप इसी सत्य का परिचायक है। मुन्नी ने चिन्तित होकर कहा—"अब मजूरी करके मालगुजारी भरनी पड़ेगी।"

हलकू ने प्रसन्न मुख से कहा—"रात की ठंडी में यहाँ सोना तो न पड़ेगा।" इसमें किसानों की कठिनाइयों की भी एक करुण व्यंजना है। इसमें आँख फूटी पीर गयी की लोकोक्ति भी चरितार्थ होती है।

मुक्ति मार्ग : इसमें एक नैतिक और कुछ-कुछ मनोवैज्ञानिक सत्य है कि मनुष्य में जब तक धन का मद रहता है तब तक वह अनर्थ करने और एक दूसरे को नीचा दिखाने को उतारू रहता है। धन ही सब आपत्तियों और पापों का मूल है। किन्तु जब धन का मद जाता रहता है तब मनुष्य की अकल ठिकाने आ जाती है। उसके हृदय से ईर्ष्या-द्वेष मिट जाता है और हृदय की सफाई हो जाती है। वह

अपराध स्वीकार करने को तैयार हो जाता है। झींगुर और बुद्धू गरीब होकर मजदूरी करने लगते हैं तब उनके हृदय की कालिमा मिट जाती है और वे एक दूसरे से अपना-अपना अपराध स्वीकार कर लेते हैं।

बुद्धू ने कहा–"तुम्हारी ऊख में आग मैंने लगायी थी।"

झींगुर ने विनोद के भाव से कहा–"जानता हूँ।" थोड़ी देर के बाद, झींगुर बोला–"बधिया मैंने ही बाँधी थी और हरिहर ने उसे कुछ खिला दिया था।"

गरीबी और अपराध-स्वीकृति ही मुक्ति का मार्ग है।

बड़े घर की बेटी : मुंशी प्रेमचन्द की यह प्रसिद्ध कहानियों में से एक है। आनन्दी में पितृ-गृह के प्रति गर्व की भावना थी और उसके कारण वह अपने देवर के प्रति कटु व्यंग्य भी कर सकी, किन्तु जैसा प्रेमचन्दजी ने कहा है–'बुरे से बुरे आदमी के अन्दर भी कहीं-न-कहीं देवता अवश्य छिपा रहता है।' प्रेममचन्द ने आनन्दी में उसी देवता की ज्योति दिखाई है। वह अपने पीछे भाई को भाई से अलग कर पारिवारिक संगठन को विच्छिन्न नहीं करना चाहती थी। इसी विच्छेद को बचाने के लिए उसने घर छोड़कर जाते हुए लालबिहारी को रोक लिया। फिर उसके सम्बन्ध में यही बरबस कहना पड़ा–"बड़े घर की बेटियाँ बिगड़ी को बनाने वाली होती हैं।" आनन्दी ने 'बड़े घर की बेटी' नाम को बुरे अर्थ में भी और अच्छे अर्थ में भी सार्थक कर दिया।

अलबम : यह श्री सुदर्शन जी की अच्छी कहानियों में से एक है। इसमें जिस नैतिक सत्य का प्रकाश हुआ है वह यह है कि सच्ची मानवता उपकृत में हीनता-भाव नहीं उत्पन्न होने देती। पं. शादीराम को आर्थिक सहायता देने के लिए लाला सदानन्द ने पंडितजी की अलबम यह कहकर खरीद ली थी कि वे उसको अपने एक सेठ मित्र के लिए खरीद रहे हैं। लाला सदानन्द के मरने पर ही पंडित जी पर यह भेद खुला।

इसी प्रकार अन्य कहानियों के भी मनोवैज्ञानिक और नैतिक सत्य बताये जा सकते हैं। कहानी का अध्ययन मनोरंजन के लिए ही नहीं वरन् सामाजिक और मनोवैज्ञानिक तथ्यों को ग्रहण करने और उनसे व्यावहारिक कुशलता प्राप्त करने के लिए भी होना चाहिए।

–साहित्य-सन्देश, कहानी अंक, जनवरी-फरवरी 1963

कहानी की प्रणालियाँ और शैलियाँ

विविध पद्धतियाँ : वैविध्य विकास और उन्नति का प्रमुख चिह्न है। कहानी-साहित्य में जैसा-जैसा विकास होता गया वैसे ही विविध प्रणालियों का जन्म होता गया। कहानी की ऐतिहासिक और आत्मकथात्मक प्रणालियाँ प्राचीन काल में भी थीं। आजकल भी दोनों प्रकार की कहानियाँ लिखी जाती हैं और दोनों की विशेषताएँ हैं। इन दोनों पद्धतियों के अतिरिक्त पत्रात्मक और कथोपकथन पद्धतियाँ भी प्रचलित हैं। वैसे तो कुछ कहानियाँ डायरी के रूप में भी लिखी गयी हैं।

ऐतिहासिक पद्धति : यह सबसे अधिक प्रचलित पद्धति है। इसमें लेखक बीती हुई बात को कहता चलता है। वह तटस्थ सर्वज्ञता के साथ सब पात्रों का समान रूप से वर्णन करता हुआ उनके चरित्रों पर भी प्रकाश डाल सकता है। ऐसी कहानियों के अनेक उदाहरण हैं। जैसे प्रेमचन्दजी की 'पंच परमेश्वर' नाम की कहानी। 'जुम्मन शेख और अलगू चौधरी में गाढ़ी मित्रता थी। साझे में खेती होती थी। कुछ लेन-देन का साझा था, एक-दूसरे पर अटल विश्वास भी था...।' विश्वम्भरनाथ शर्मा कौशिक की 'काकी' शीर्षक कहानी भी इसी प्रकार की है।

आत्म-कथात्मक पद्धति : इसमें कहानी एक पात्र के मुख से कहलायी जाती है। इसमें कहने वाले पात्र को अपने सम्बन्ध में निकटतम जानकारी होती है और अपने सम्बन्ध की हृदयस्थ बातों को भी साधिकार कह सकता है। किन्तु उसे दूसरे पात्रों का भी ध्यान रखना पड़ता है। उनके चरित्र को भी विकसित होने का अवसर देना पड़ता है। दूसरे के चरित्र का उद्घाटन उन पात्रों के कार्यों या वचनों द्वारा ही करा ही सकता है। दूसरों के बाहरी व्यापारों को तो वह अपनी जानकारी से कह सकता है किन्तु उनके मानसिक व्यापारों के सम्बन्ध में वह अनुमान से ही कह सकता है। वह उस सर्वज्ञता के साथ नहीं कहता जिससे कि ऐतिहासिक ढंग का कहानीकार कहता है। इस प्रकार की कहानियों के भी बहुत उदाहरण मिल सकते हैं पर इतने नहीं, जितने कि ऐतिहासिक पद्धति के प्रेमचन्दजी की 'बड़े भाई साहब' नाम की कहानी इसका अच्छा उदाहरण है। ''मेरे भाई साहब मुझसे पाँच साल बड़े थे, लेकिन केवल तीन दरजे आगे। उन्होंने भी उसी उम्र में पढ़ना शुरू किया था जब मैंने शुरू किया था...।'' जैनेन्द्र जी की 'कः पन्थाः' शीर्षक कहानी, तथा उग्र की 'माँ' शीर्षक

कहानियाँ इसी प्रकार की हैं। मुंशी प्रेमचन्द की कहानी में 'मैं' (छोटे भाई) को दूसरे पात्र के बराबर ही महत्त्व मिला है। अन्य दो कहानियों में 'मैं' वक्ता मात्र है।

पत्र प्रणाली : इस प्रणाली में पत्रों द्वारा ही सारी कथा विकसित होती है। इस घटना-क्रम का बड़े कौशल से उल्लेख करना पड़ता है। चरित्र-चित्रण के लिए भी इसमें कम गुंजाइश रहती है। इसमें तारतम्य टूटा-सा रहता है, किन्तु घटनाओं का उतना उल्लेख हो जाता है जिससे कि थोड़ी कल्पना के सहारे टूटे तार जुड़ जायें। चन्द्रगुप्त विद्यालंकार की 'एक सप्ताह' शीर्षक कहानी इसका अच्छा उदाहरण है।

कथोपकथन पद्धति : इस पद्धति में कथोपकथन की प्रधानता रहती है। घटना-क्रम का भी उल्लेख कथोपकथन द्वारा होता है। इसमें कथा के तन्तुओं को जोड़ने और उसको आगे बढ़ाने का श्रेय कथोपकथन में भाग लेने वाले सभी पात्रों को रहता है। कहानीकार उसको इकट्ठा मात्र कर देता है और वार्तालाप की परिस्थिति से परिचित कराता चलता है। कौशिकजी की 'सनक' नाम की कहानी इसका एक उदाहरण है। जैनेन्द्रजी ने भी कुछ संवादात्मक कहानियाँ लिखी हैं।

तत्त्वों के आधार पर : कहानियों के तत्त्वों में किसी एक तत्त्व की प्रधानता के आधार पर कहानियों का विभाजन किया जा सकता है और उनकी शैलियों में भी थोड़ा अन्तर हो जाता है। जैसे घटनात्मक कहानियों में विवरण (Narration) की प्रधानता रहती है और वातावरण प्रधान कहानियों में वर्णन (Description) की प्रधानता रहती है। विवरणप्रधान कहानियों में गति कुछ अधिक होती है। एक घटना के बाद दूसरी आती है। उसमें औत्सुक्य को जाग्रत रखकर आगे बढ़ते रहने की कला रहती है और वर्णन में एक परिस्थिति या दृश्य को कुछ देर के लिए स्थायी बनाकर उसका ब्यौरेवार चित्रण किया जाता है। वर्णन में कल्पना का खेल अधिक रहता है। जासूसी-तिलस्मी कहानियों में बुद्धि-तत्त्व की कुछ प्रधानता रहती है। प्रेमचन्दजी की कहानियों में भी चरित्र के साथ वर्णन रहता है। ऐतिहासिक कहानियों में जैसे 'रानी सारन्धा' विवरण की मात्रा कुछ अधिक रहती है।

वातावरणप्रधान : वातावरण की प्रधानता उन कहानियों में विशेष महत्त्व प्राप्त कर लेती है जिनमें वातावरण चरित्र पर प्रभाव डालता है। ऐतिहासिक कहानियों में भी जैसे वृन्दावनलाल वर्मा की कहानियों में वातावरण और स्थानीय रंग (Local colour) का कहीं-कहीं प्राधान्य हो जाता है। प्रसादजी भी वातावरण के उपस्थित करने में बड़े सिद्धहस्त थे : उनकी 'पुरस्कार' कहानी से निम्न उद्धरण दिया जाता है–

''आर्द्रा नक्षत्र, आकाश में काले-काले बादलों की घुमड़, जिसमें देव दुन्दुभी का गम्भीर घोष। प्राची के एक निरभ्र कोने से स्वर्ण-पुरुष झाँकने लगा–देखने लगा महाराज की सवारी। शैल-माला के अंचल में समतल उर्वरा भूमि से सौंधी बास उठ रही थी। नगर-तोरण से जयघोष हुआ, भीड़ में गजराज का चामरधारी शुंड उन्नत दिखाई पड़ा, वह हर्ष और उत्साह का समुद्र हिलोरें लेने लगा।''

मन पर प्रभाव डालने वाले वातावरण का उदाहरण हमको श्री चन्द्रगुप्त विद्यालंकार की 'डाकू' शीर्षक कहानी में उस स्थल पर मिलता है, जहाँ कि डाकू दरबार साहब में जाता है और वहाँ के धार्मिक वातावरण से प्रभावित हो उसके मन में पश्चात्ताप आ जमता है।

''मन्दिर के भीतर सुगन्ध की लपटें-सी उठ रही थीं। ग्रन्थी महोदय बहुत ही श्रद्धा-भाव से गुरु-ग्रन्थ पर चँवर डुला रहे थे। एक ओर रागियों की टोली बैठी थी और सितार, तबला तथा हारमोनियम के साथ वह आलाप ले रही थी–

'हम निरगुन तुम तत्ता ग्यानी।'

''भक्त लोग चुपचाप सुन रहे थे। पन्द्रह-बीस मिनट बीत गये और यह आलाप समाप्त नहीं हुआ–

'हम निरगुन तुम तत्ता ग्यानी।'

''मालूम नहीं यह आलाप कब से शुरू हुआ था और कब तक जारी रहेगा। गाने वाले गाये जा रहे हैं और सुनने वाले सुने जा रहे हैं– *'हम निरगुन तुम तत्ता ग्यानी'।*

''इन सरल से शब्दों में कुछ ऐसी गहराई थी, इस स्वर में कुछ ऐसा माधुर्य था, चारों ओर से वातावरण में कुछ ऐसा जादू था कि जन्म भर के डकैत और हत्यारे सिकन्दरसिंह के अन्तःकरण में भी क्षण भर के लिए मानो आत्मप्रकाश का उजियाला-सा छा गया।''

चरित्र-चित्रण प्रधान : चरित्र-प्रधान कहानियों में जहाँ बाहरी व्यक्तित्व का वर्णन होता है, वहाँ वर्णन का ही प्राधान्य रहता है, जैसे प्रसादजी की 'गुंडा' नाम की कहानी में ''वह पचास वर्ष से ऊपर था। तब भी युवकों से अधिक बलिष्ठ और दृढ़ था। चमड़े पर झुरियाँ नहीं पड़ी थीं। वर्षा की झड़ी में, पूस की रातों की छाया में, कड़कती हुई जेठ की धूप में, नंगे शरीर घूमने में वह सुख पाता था। उसकी चढ़ी मूँछें बिच्छू के डंक की तरह देखने वालों की आँखों में चुभती थीं। उसका साँवला रंग साँप की तरह चिकना और चमकीला था। उसकी नागपुरी धोती का लाल रेशमी किनारा दूर से ही ध्यान आकर्षित करता। कमर में बनारसी सेल्हे का फेंटा, जिसमें सीप की मूँठ का बिछुआ खुँसा रहता था। उसके घुँघराले बालों पर सुनहले पल्ले के साफे का छोर उसकी चौड़ी पीठ पर फैला रहता। ऊँचे कन्धे पर टिका हुआ चौड़ी धार का गँडासा। यह थी उसकी धज। पंजों के बल जब वह चलता उसकी नसें चराचर बोलती थीं। वह गुंडा था।''

चरित्र जहाँ पर मानसिक गुणों और आन्तरिक व्यक्तित्व की दृढ़ता में दिखाया जाता है वहाँ वर्णन तो नहीं रहता किन्तु शब्दों में कुछ अधिक बल दिखाया जाता है–इसका उदाहरण प्रसादजी के 'व्रतभंग' से नीचे दिया जाता है। देखिए–

''तुम बहुत कटु हो इस समय। अच्छा फिर कभी...''

''न अभी, न फिर कभी। मैं दरिद्रता को भी दिखलाऊँगा कि मैं क्या हूँ। इस

पाखंड-संसार में भूखा रहूँगा, परन्तु किसी के सामने सिर न झुकाऊँगा। हो सकेगा तो संसार को बाध्य करूँगा। झुकने के लिए।''

चरित्र-चित्रण की भी कई शैलियाँ हैं—प्रत्यक्ष या विश्लेषणात्मक जिसमें लेखक स्वयं पात्र का विश्लेषण कर देता है और परोक्ष या नाटकीय जिसमें पात्रों के कार्य, कथोपकथन अथवा किसी एक पात्र द्वारा दूसरे पात्र का चित्रण, जैसे प्रेमचन्द की 'गिला' नाम की कहानी में पत्नी ने अपने पति का चित्रण किया है। 'गिला' चरित्र-प्रधान कहानी का अच्छा उदाहरण है। उसमें सभी प्रकार के चित्रण हैं। कहानी के एक-एक तत्त्व के समावेश की कई शैलियाँ होती हैं, जैसे प्लॉट या कथानक का प्रारम्भ कहीं कथोपकथन से तो कहीं वातावरण के चित्रण से, जैसे 'पुरस्कार' कहानी में जिसका उद्धरण हम ऊपर दे चुके हैं। कुछ कहानियों का प्रारम्भ घटनाओं से होता है। अन्त करने के कई ढंग हैं। किन्तु ये व्युरे की बातें हैं।

भाव-प्रधान कहानियाँ : घटना-प्रधान कहानियों का उल्लेख ऊपर हो चुका है। कुछ कहानियाँ भाव-प्रधान भी होती हैं। प्रसादजी की कहानियों में प्रायः भाव की प्रधानता रहती है। 'विसाती' उनकी भावप्रधान कहानियों का अच्छा उदाहरण है—उसमें थोड़ी प्रतीकात्मकता भी है। गुल और बुलबुल प्रेमिका और प्रेमी के प्रतीक हैं। कहानी के अन्त में शीरी कहती है—

''एक मेरा पालतू बुलबुल शीत में हिन्दुस्तान की ओर चला गया था, वह लौटकर आज सवेरे दिखलाई पड़ा पर जब वह पास आ गया और मैंने उसे पकड़ना चाहा तो वह उधर कोहकाफ की ओर भाग गया।''

शीरी के स्वर में कम्पन था फिर भी वे शब्द बहुत सँभलकर निकले थे। सरदार ने हँसकर कहा—''फूल को बुलबुल की खोज? आश्चर्य है।''

प्रसादजी ने कहानी की सारी भावुकता इस वाक्य में उड़ेल दी है—''बिसाँती अपना सामान छोड़ गया, फिर लौटकर नहीं आया। शीरी ने बोझ तो उतार लिया पर दाम नहीं दिया।''

भगवतीप्रसाद वाजपेयी की 'सूखी लकड़ी' नाम की कहानी में भी प्रतीकात्मकता है। सूखी लकड़ी वास्तव में सूखा ईंधन तो था ही किन्तु बेचने वाली की भी दीन-हीन दशा की प्रतीक भी।

भाषा-शैली के आधार पर : भाषा की दृष्टि से भी कई कोटियाँ हो सकती हैं। किन्हीं कहानियों की भाषा (जैसे मुंशी प्रेमचन्द की कहानियों की) चलती हुई मुहावरेदार होती है जिससे हिन्दी-उर्दू के शब्द निर्विरोध रूप से आते हैं। इसका एक उदाहरण प्रेमचन्दजी की 'बड़े भाई साहब' शीर्षक कहानी से दिया जाता है—''मेरे फेल होने पर मत जाओ, मेरे दर्जे में आओगे तो दाँतों पसीना आ जायेगा, जब अलजबरा और जामेट्री के लोहे के चने चबाने पड़ेंगे और इंग्लिस्तान का इतिहास

पढ़ना पड़ेगा। ...मेरे दर्जे में आओगे लाला, तो ये सारे पापड़ बेलने पड़ेंगे और तब आटे-दाल का भाव मालूम होगा।''

कुछ कहानियाँ संस्कृत-गर्भित शैली की होती हैं, जैसी प्रसादजी की हैं। उनमें संस्कृत तत्सम शब्दों का प्राधान्य रहता है और कहीं-कहीं उपमा-रूपकों की झड़ी लग जाती है। इसका एक उदाहरण हम वातावरण के चित्रण में 'पुरस्कार' कहानी से दे चुके हैं। चंडीप्रसाद 'हृदयेश' की कहानियों में काव्यमयता और भावावेश और भी बढ़ा हुआ दिखाई देता है।

रमानाथ ने आवेश में कहा—'पूज्यवर' देखना चाहता हूँ, माता की उस मधुर मुस्कान को, जिसे देखकर विश्वेश्वर भी विमोहित हो गये थे। देखना चाहता हूँ, हिमाचल के तुषार-मंडित सुवर्ण-शृंग पर माता की फहराती हुई विजय-वैजयन्ती को। सुनना चाहता हूँ सौरम्य का वह श्रुति-मधुर कल-कल-नाद और भेंट में देना चाहता हूँ यह 'पंजर-बद्ध' हृदय।

आवेशपूर्ण शैली में छोटे-छोटे वाक्य होते हैं और समीकृत होते हैं, क्योंकि भावावेश में एक ही बात मन में घूमती रहती है।

भक्ति-काल की सांस्कृतिक पृष्ठभूमि

स्वर्ण-युग : भक्ति-काल हिन्दी साहित्य का स्वर्ण-युग माना जाता है। इसी ने राम-रहीम की एकता स्थापित करने वाले कबीर और प्रेम की पीर के प्रचारक जायसी तथा साहित्य-क्षेत्र को रामकृष्ण-भक्ति की पावनी गंगा-जमुनी धाराओं से आप्लावित करने वाले तुलसी-सूर दिये जो हिन्दी काव्य-गगन के प्रकाश-पुंजमय ज्योतिर्पिंडों में गिने गये। इस साहित्यिक शशि और सूर्य ने भावी साहित्य को ही नहीं वरन् ह्रासोन्मुख हिन्दू जाति को एक नया जीवन-रस प्रदान किया।

साहित्य की ये दैदीप्यमान विभूतियाँ साहित्य-क्षेत्र की कोई आकस्मिक घटनाएँ नहीं हैं। वे तत्कालीन राजनीतिक, सामाजिक और धार्मिक परिस्थितियों की प्रतिफल थीं और उस समय की आवश्यकताओं की पूर्ति के लिए वरदान-स्वरूप आयी थीं।

राजनीतिक परिस्थितियाँ : ग्यारहवीं-बारहवीं शताब्दी में राजनीतिक क्षेत्र में केन्द्रीय शक्ति का अभाव-सा रहा। राजाओं की पारस्परिक प्रतिद्वन्द्विताएँ उनके बल को क्षीण कर रही थीं। उनमें राष्ट्रीयता के एक सूत्र में बँधकर शत्रु से संगठित मोर्चा लेने की शक्ति न रह गयी थी। फलतः गोरी-गजनी के आक्रमणों का आतंक फैला। वे आये और विजय-गर्व और धन-सम्पत्ति से सम्पन्न हो चले गये। किन्तु अपने पीछे गुलाम, खिलजी तथा तुगलक वंशों को अपने उत्तराधिकारियों के रूप में छोड़ गये। ये लोग यहाँ के होकर अवश्य रहे किन्तु शासन में कोई स्थायी सुव्यवस्था न ला सके और न शक्तिशाली केन्द्रीय शासन स्थापन कर सके। फिर भी उन्होंने स्थापत्य के कुछ अच्छे नमूने दिये। इस सम्बन्ध में कुतुबुद्दीन ऐबक की बनवायी हुई कुतुब मीनार और कुतुब मस्जिद और अलाउद्दीन खिलजी की बनवायी हुई कई इमारतें 'हजार सितून महल' आदि विशेष रूप से उल्लेखनीय हैं। हिन्दुओं ने इस शासन को विधि के विधान के रूप में स्वीकार तो किया था किन्तु उससे सन्तुष्ट न थे। मुगलों का शासन आया। वह एक शक्तिशाली केन्द्रीय सत्ता स्थापित करने में कुछ सफलता प्राप्त कर सका। मुगल शासन में कला-कौशल की भी उन्नति हुई। हिन्दू-मुस्लिम कलाओं का सम्मिश्रण, जो फतहपुर सीकरी में देखने को मिलता है, हुआ।

पहले तुर्क अफगानों का अधिकार रहा और पीछे मुगलों का शासन आया किन्तु धार्मिक क्षेत्र में हिन्दुओं को हीनता का भाव अनुभव करते रहना पड़ा।

उनकी सामाजिक स्थिति अच्छी न थी। मुगल काल में सुधरी अवश्य थी। विदेशी विजेतागण उच्च पदों का काम तो सँभाल ले जाते थे किन्तु छोटे पदों का काम स्थानीय लोगों से ही लेना पड़ता था। मुगल-राज्य में हिन्दुओं को उच्च पद भी मिला और हिन्दू-मुसलमानों का वैचारिक आदान-प्रदान भी बढ़ने लगा।

सामाजिक स्थिति : इन राजनीतिक जय-पराजयों के साथ और भी शक्तियाँ काम कर रही थीं। मुसलमान विजेता केवल साम्राज्य बनाने ही नहीं आये थे, वे धर्म-प्रचारक भी थे। विजित और विजेताओं की सामाजिक स्थिति में तो फर्क रहता ही था। हिन्दू लोग धर्म परिवर्तन मात्र से विजेताओं के अधिकार और सुविधाएँ सहज में प्राप्त कर लेते थे। हिन्दुओं में वर्ण-विषमता के कारण साधारण हिन्दुओं और विशेषकर शूद्रों की दशा स्पृहणीय न थी। हिन्दुओं में वे इसलिए अनादृत होते थे कि वे शूद्र थे और मुसलमानों में इसलिए आदर न पाते थे कि वे हिन्दू थे। वे घर के रहे न घाट के। उनके लिए विजेताओं का धर्म स्वीकार कर लेना ही अधिक श्रेयस्कर था। ऐसी घटनाओं ने हिन्दुओं का नेत्रोन्मीलन किया। इस्लाम धर्म सप्राण धर्म था। उसमें जाति की अपेक्षा धर्म पर अधिक बल था। हिन्दुओं को भी अपना हृदय-मन्थन करना पड़ा। सूफी लोग कुछ मुलायम तबियत के मुसलमान थे। उनके संगीत, प्रेम और एकात्मवाद की ओर झुकाव ने मुसलमानों के प्रति विद्वेष-भाव को कम करने में सहायता की। राजनीतिक कारणों से तथा कला के क्षेत्र में पारस्परिक सहयोग की आवश्यकता प्रतीत हुई। खिंचाव और तनातनी का वातावरण कुछ घटने लगा। हिन्दू लोग भी मुसलमानी समता-भाव से कुछ प्रभावित हुए।

वज्रयान और नाथपन्थ : इधर हिन्दुओं और बौद्धों में भी स्वतन्त्रता के आन्दोलन चल रहे थे। बौद्धों में वज्रयान शाखा में स्वतन्त्रता ने स्वेच्छाचार का रूप धारण कर लिया था। बौद्ध धर्म की चारित्रिक शुद्धता का दूसरा ध्रुवान्त दृष्टिगोचर होने लगा। वज्रयान के चौरासी सिद्ध हुए। उनमें से मत्स्येन्द्रनाथ भी एक थे। वज्रयानी सिद्धों की भाषा में हिन्दी का पूर्व रूप दिखाई देता है। हिन्दुओं में भी वज्रयान का प्रतिरूप वाम मार्ग के रूप में आया। उसमें पंच मकारों—मदिरा, मांस, मैथुन आदि को मुख्यता मिली। यद्यपि वे इनका आध्यात्मिक अर्थ भी लगाते हैं तथापि भौतिक का ही व्यवहार में प्राधान्य रहा। शैव सम्प्रदाय के हठयोग को अपनाकर वज्रयान का शुद्ध रूप नाथपन्थ में दिखाई दिया। गुरु गोरखनाथ नाथपन्थ के प्रवर्तक हुए। वे मत्स्येन्द्रनाथ के शिष्य थे। चेले ने अपने गुरुदेव को वज्रयान की स्वतन्त्रता के अतिवाद से बचाया। नाथपन्थ में चारित्रिक शुद्धता के साथ जाति-पाँति-सम्बन्धी स्वतन्त्रता आयी और उसमें हठयोग का भी समावेश हुआ। इस सम्प्रदाय का सन्त कबीर पर बहुत प्रभाव पड़ा।

भक्ति-मार्ग : धार्मिक उत्थान के दो प्रकार के प्रयास चल रहे थे। एक लोक-भाषा द्वारा सन्तों के और दूसरे संस्कृत भाषा द्वारा आचार्यों के। ईश्वर-प्राप्ति के तीन मुख्य

साधन हैं—ज्ञान, कर्म और भक्ति। ज्ञान और कर्म जनसाधारण की पहुँच के बाहर की वस्तुएँ थीं। यद्यपि यह कहा गया है कि *'ऋते ज्ञानान्न मुक्तिः'* अर्थात् ज्ञान के बिना मुक्ति नहीं तथापि उसके लिए शास्त्रीय ज्ञान और आध्यात्मिक साधना नितान्त आवश्यक हो जाती है। उसके लिए जन-साधारण के पास न मस्तिष्क था और न साधना के लिए अवकाश। फिर भी ज्ञानधारा किसी न किसी रूप में प्रवाहित होती रही। कर्म से यहाँ अभिप्राय है कर्मकाण्ड का। बौद्ध और जैन धर्म ने हिंसात्मक कर्मकाण्ड के विरुद्ध जोरदार आवाज उठायी थी और उनके प्रभाव से उसका ह्रास हो रहा था। कुमारिल भट्ट, गुरु प्रभाकर और मण्डन मिश्र के नेतृत्व में कर्मकाण्ड के पुनरुत्थान के प्रयत्न हो रहे थे। शंकराचार्य ज्ञानमार्ग के अनुयायी थे। शंकराचार्य ने भी कर्मकाण्ड के विरुद्ध आवाज उठायी। उनको दो शक्तियों से लोहा लेना पड़ा। एक ओर बौद्धों से, दूसरी ओर मीमांसक कर्मकाण्डियों से। कर्मकाण्डियों में कुमारिल भट्ट अग्रगण्य थे किन्तु जब शंकराचार्य पहुँचे वे भूसी की अग्नि में जलकर इस बात का प्रायश्चित्त कर रहे थे कि उन्होंने बौद्ध गुरुओं से अपने को बौद्ध बतलाकर विद्या सीखी और फिर उन्हीं की पुस्तकों का खंडन किया। उन्होंने स्वामी शंकराचार्य को मंडन मिश्र के पास भेज दिया। कर्मकाण्ड का मार्ग लोक-प्रिय न हो सका। हत्या से लोगों को स्वाभाविक घृणा थी और वह व्ययसाध्य भी थी। जनता के लिए भक्ति ही एक सुलभ उपाय था। उन दिनों सुलभ उपायों की ही आवश्यकता थी, क्योंकि मुसलमान हो जाने मात्र से ऐहिक और पारलौकिक सुख मिल जाने की आशा हो जाती थी। ऐहिक समुत्थान तो प्रत्यक्ष ही था।

लोक-भाषा के कवियों और संस्कृत के आचार्यों—दोनों ही प्रकार के चिन्तकों ने ज्ञान की अपेक्षा भक्ति को अधिक प्रधानता दी। दक्षिण में आलवार सन्तों ने विष्णु की भक्ति का प्रचार किया। इन सन्तों के भगवद्-भक्ति सम्बन्धी गीतों के संग्रह 'प्रबन्धम्' के नाम से प्रख्यात हैं। इन भक्तों में अन्दाल नाम की एक भक्तिन का नाम बड़े आदर से लिया जाता है। उसका जन्म संवत् 773 में हुआ था। उत्तर भारत की मीरा से कई सौ वर्ष पूर्व उसने भी मीरा की भाँति दाम्पत्य-भाव से भक्ति की थी और उसी से सम्बन्धित गीत गाये थे। उसके भजनों का संग्रह 'तिरुप्पाबद्ध' नाम की पुस्तक में मिलता है।

महाराष्ट्र में नामदेव (कोई इनको तेरहवीं शताब्दी का और कोई चौदहवीं शताब्दी का मानते हैं) और ज्ञानदेव ने भक्ति का प्रचार किया। नामदेव का झुकाव सगुण की ओर अधिक था और ज्ञानदेव नामपन्थ से प्रभावित थे। पीछे से नामदेव पर भी नाथपन्थ का प्रभाव पड़ा। नाथपन्थ की हठयोगी साधना में कहीं बाहर जाने की जरूरत नहीं पड़ती थी। सारा ब्रह्माण्ड सूर्य और चन्द्र, गंगा और जमुना, चक्रों और इडा-पिंगला आदि नाड़ियों में मिल जाता था। न मन्दिर की जरूरत थी और न मस्जिद की। इसलिए मुसलमान सूफी भी नाथपन्थ से कुछ-कुछ प्रभावित हुए।

नामदेव ने मराठी में अभंग तो लिखे ही, हिन्दी में भी उनके कुछ पद मिलते हैं। उन्होंने कबीर से पहले ही हिन्दू और मुसलमान दोनों को फटकारा था।

हिन्दू अन्धा, तुरकों काना।
दुवो ते ज्ञानी समाना।
हिन्दू पूजे देहरा मुसलमान मसीद।
नामा सोई सेविया जहँ देहरा न मसीद।

बंगाल और बिहार में भक्ति का प्रचार था। चैतन्य महाप्रभु (जन्म संवत् 1547) के प्रभाव से गीतकाव्य की परम्परा, जिसका आरम्भ जयदेव की संस्कृत की कोमल-कान्त पदावली से हुआ था और जिसका रूप विद्यापति और चण्डीदास की कविता से निखरा था, ब्रज में भी पहुँची। वहाँ भी गायकों की स्थानीय गीत-परम्पराएँ थीं। वह समय प्रचार का था। भक्ति-तन्मयता भी गीत में प्रकट होती है। गीत जनता के हृदय के अधिक निकट थे। सूफी प्रभाव से मुसलमानों में भी संगीत की प्रतिष्ठा हो गयी थी। मुगल सम्राटों के यहाँ भी इसका आदर था। इसलिए भक्ति-काल में गीत की शैली को अधिक मुख्यता मिली।

आचार्यों के मतः लोक-भाषा के सन्तों और भक्तों के कार्य को आचार्यों के कार्य से पुष्टि मिली। शंकराचार्य का हम उल्लेख कर चुके। उन्होंने अद्वैतवाद का प्रचार किया। उनका सिद्धान्त था कि *'ब्रह्म सत्यं जगन्मिथ्या जीवो ब्रह्मैव नापरः'* अर्थात् ब्रह्म सत्य है, जगत् मिथ्या (माया) है और जीव ही ब्रह्म है। उनका प्रभाव ज्ञानमार्गी सन्तों पर पड़ा। किन्तु ज्ञान-मार्ग जनता को हृदय से तुष्ट न कर सका। भय-ग्रस्त व्यक्ति को ऐसा महान् व्यक्ति चाहिए था जो उनके सुख-दुख की सुनता और उनकी रागात्मिका वृत्ति को तोष देता। ज्ञान में नेत्र है किन्तु उसे संचालन-शक्ति रागात्मिका वृत्ति से ही मिलती है। शंकराचार्य के अद्वैत सिद्धान्त की प्रतिक्रिया हुई। शंकराचार्य का वेदान्त दर्शन (ब्रह्म सूत्रों) का भाष्य शारीरिक भाष्य कहलाता है। रामानुजाचार्य (जन्म संवत् 1073) ने उन्हीं ब्रह्म सूत्रों पर श्रीभाष्य लिखकर विशिष्टाद्वैत का प्रतिपादन किया। उन्होंने ब्रह्म (हरि या विष्णु) को अद्वैत अवश्य माना किन्तु उसको जीव और जगत से विशिष्ट माना अर्थात् वे ब्रह्म के विशेषण हैं और वे दोनों सत्य हैं; इसीलिए उनका मत विशिष्टाद्वैत कहलाया। निम्बार्काचार्य (जन्म संवत् 1219) ने अपना द्वैताद्वैत सिद्धान्त चलाया। उन्होंने जीव और ब्रह्म में कुछ व्यापक गुणों को बतलाते हुए भी उनकी अनेकता भी मानी। माध्वाचार्य (जन्म संवत् 1535) ने शुद्ध अनेकता का (जीव-जड़ का भेद, जीव-ब्रह्म का भेद, जीव-जीव का भेद) प्रतिपादन किया। वल्लभाचार्य ने (जन्म संवत् 1535) अणु भाष्य लिखकर शुद्धाद्वैत का प्रचार किया। उपासना पक्ष में यह मार्ग पुष्टि मार्ग कहलाता है। पुष्टि का अर्थ भगवदनुग्रह है। भगवान की कृपा से ही सद्गति मिलती है। शुद्धाद्वैत में ब्रह्म को पूर्ण सच्चिदानन्द स्वरूप माना है। जीव में आनन्द का तिरोभाव रहता है।

सत् और चित् का आविर्भाव रहता है। जड़ में चित् का भी तिरोभाव होता है केवल सत् रहता है। ये सब संसार को सत्य मानते थे। इन आचार्यों का सम्बन्ध दक्षिण से है किन्तु इन्होंने उत्तर भारत में रहकर वहाँ की विचार-धारा को प्रभावित किया है।

वैष्णव सम्प्रदाय और हिन्दी कवि : इन सभी सम्प्रदायों ने भक्ति को प्रधानता दी है। रामानुजाचार्य ने हरि या विष्णु की उपासना बतलायी। उनके प्रायः सौ वर्ष पीछे रामानन्द जी ने रामोपासना पर बल दिया और जाति-पाँति से सम्बन्धित दीक्षा के नियमों को भी कुछ ढीला किया। कबीरदास जी इन्हीं के शिष्य थे। रैदास और सेन नाई भी इनके शिष्य माने जाते हैं। तुलसीदास भी रामानन्द सम्प्रदाय में दीक्षित थे। वे दिन दैवी चमत्कारों के थे। नाथपन्थी अपने योग के चमत्कारों द्वारा जनता को मोहित कर कर्त्तव्य मार्ग से विचलित कर रहे थे। सूफी फकीर भी अपनी झाड़-फूँक और चमत्कार से वह काम कर रहे थे जो तलवार नहीं कर सकी थी। वैष्णव सम्प्रदायों में हठयोगी साधुओं के योगमार्ग का डटकर विरोध हुआ।

शेष वैष्णव सम्प्रदायों का सम्बन्ध कृष्ण-भक्ति से रहा है। विद्यापति निम्बार्क सम्प्रदाय में दीक्षित रहे हैं। अष्टछाप के कवि सब वल्लभाचार्य के पुष्टिमार्गी सम्प्रदाय के थे। रसखान भी इसी सम्प्रदाय के थे। मध्व सम्प्रदाय से प्रभावित चैतन्य महाप्रभु के सम्प्रदाय का भी बड़ा प्रभाव रहा है। गदाधर भट्ट चैतन्य सम्प्रदाय के ही थे।

ऐक्य के प्रयत्न : जैसा ऊपर कहा जा चुका है, विजित और विजेताओं में धर्म-भेद के रहते हुए भी वे एक-दूसरे के निकट आने की कोशिश करते थे। सूफी विचारक और गायक वेदान्त के सर्वेश्वरवाद और नाथ-पन्थियों के हठयोग से प्रभावित थे। हिन्दू जनता सूफी फकीरों के दैवी चमत्कार और झाड़-फूँक से अधिक प्रभावित थी। मुगल काल में बादशाह लोग भी धर्म की ओर कुछ झुके। रामायण, महाभारत, गीता आदि का फारसी में अनुवाद हुआ। हिन्दू संस्कृति के प्रति तत्कालीन शासन वर्ग की आस्था बढ़ी। मन्दिर-मस्जिद दोनों से दूर रहने वाले सन्तों के साधारण धर्म के प्रचार ने भी दोनों वर्गों की जनता को प्रभावित किया था। हिन्दू लोग भी मुसलमानी धर्म की सुख-सुविधाओं की प्रतिद्वन्द्विता में जाति के बन्धनों को शिथिल करते जाते थे। वैष्णव आचार्य भी कुछ मुलायम हो गये। यज्ञोपवीत का महत्त्व कंठी ने ले लिया था। अन्त्यज तो नहीं किन्तु शूद्र भी कंठी पहनकर मन्दिरों से अधिकारी पद प्राप्त कर लेते थे।

दो मनोवैज्ञानिक वृत्तियाँ : इस प्रकार भक्ति-काल में नाथपन्थ की समता-भावना कुछ मर्यादा के साथ धार्मिक सिद्धान्तों में अवतरित हुई? हिन्दू लोग अपनी भौतिक शक्ति से तो अपनी प्रतिष्ठा नहीं स्थापित कर सकते थे किन्तु उन्होंने सांस्कृतिक पक्ष में अपना सिक्का जमाने का प्रयत्न किया। हार की मनोवृत्ति में दो ही बातें सम्भव होती हैं। या तो विजित जाति अपनी सांस्कृतिक श्रेष्ठता दिखाकर अपने हीनता भाव को दूर करे या फिर विजेताओं की मुसाहिबी करते हुए उनके हास-विलास में

शामिल होकर अपने दुख को भूल जाय। पहला कार्य भक्ति-काल में हुआ और दूसरा कार्य रीति काल में। भक्तिकाल में राजशक्ति से स्वतन्त्र रहकर अपनी आध्यात्मिक शक्ति पर भरोसा करने की प्रवृत्ति आयी।

चार शाखाएँ : भक्ति-काल में मेल के दोनों ओर से प्रयत्न हुए। हिन्दुओं की ओर से जो प्रयत्न हुए उसका नेतृत्व कबीर, धर्मदास, दादू आदि सन्त कवियों ने किया। मुसलमानों की ओर से जो समझौते का प्रयत्न हुआ उसका सूत्रपात्र जायसी, कुतबन, मंझन आदि सूफी कवियों से हुआ। सन्तों पर ज्ञान मार्ग का अधिक प्रभाव रहा तो सूफियों पर प्रेम मार्ग का। कुछ भक्त लोग ऐसे भी थे जो समझौते में न पड़कर (क्योंकि समझौते में कुछ खोना ही पड़ता है) निर्वैर-भाव से (सियाराममय सब जग जानी) अपनी स्वतन्त्र सत्ता बनाये रखना चाहते थे। ये थे भक्त कवि। इनकी दो शाखाएँ थीं। एक रामोपासक कवियों की, जिनका प्रतिनिधित्व गोस्वामी तुलसीदासजी ने किया और दूसरी शाखा कृष्ण-भक्त कवियों की थी, जिनका नेतृत्व सूर ने किया। इन रामोपासक कवियों का भगवान के ऐश्वर्य की ओर अधिक झुकाव रहा और कृष्णोपासक कवियों का मन भगवान के माधुर्य पक्ष में अधिक रमा। रामोपासक कवियों ने, विशेषकर तुलसी ने मर्यादा का पक्ष लिया और कृष्णोपासकों ने प्रेम का पन्थ अपनाया। इनमें पहली दो निराकार की उपासक थीं और दूसरी सगुण और साकार की।

यद्यपि ये चार शाखाएँ थीं तथापि इनमें कुछ बातों में भाव की अन्विति थी जिसके कारण ये सब भक्ति के एक सूत्र में बाँधी जा सकीं। चारों शाखाओं में ईश्वर के प्रति आत्म-समर्पण की भावना के साथ नाम-स्मरण को प्राधान्य मिला। चारों में हृदय की एक विशेष कोमलता दिखाई देती है। चारों ने गुरु को पूरी-पूरी महत्ता दी है। चारों ही राज्याश्रय से स्वतन्त्र रहे और चारों ने जनता के लिए लिखा। भक्ति-काल का साहित्य जनता का साहित्य रहा और उसने जनता के साथ शासकों का भी उपकार किया।

अन्विति और एकता : कबीर की हिन्दू-मुस्लिम ऐक्य की नीति सम्राट् अकबर के समय और आजकल महात्मा गाँधी के नेतृत्व में सफल हुई। कबीर ने जनता को धर्म के वृथाडम्बर से बहुत अंशों में मुक्त कर साधारण धर्म की ओर प्रवृत्त किया। जायसी आदि सूफी कवियों ने अवधी को अपनाकर तथा हिन्दू कथाओं को लिखकर हिन्दुओं के हृदयों में स्थान पाया। तुलसी ने एक अनुपम जीवन आदर्श देकर जाति का नैतिक उत्थान किया और सूर ने जीवन के माधुर्य पक्ष का उद्घाटन कर जीवन के प्रति आस्था उत्पन्न की। सूर ने जिस जीवन के प्रति आस्था उत्पन्न की, तुलसी ने उसका नैतिक स्तर ऊँचा किया। तुलसी का साहित्य लोक-धर्म की प्रतिष्ठा कर आज भी हमारा पथ-प्रदर्शक बना हुआ है।

"जयन्ति ते सुकृतिनः रससिद्धाः कवीश्वराः
येषां यशः शरीरे नास्ति जरामरणजं भयम्।"

भक्ति-काल की भाव-समन्विति

स्वर्ण-युग : भक्ति-काल हिन्दी-साहित्य का स्वर्ण-युग माना गया है। इसी में साहित्य-गगन के सूर, शशि और उड्गन उदय हुए और इसी ने कबीर और जायसी जैसे उदार-हृदय तत्त्व-दर्शी मर्मी कवि दिये। यद्यपि यह काल एक ही नाम से पुकारा जाता है तथापि इनमें निर्गुण और सगुण भक्ति के आश्रित चार धाराएँ थीं जिनकी विचारधारा एक-दूसरे से बहुत कुछ भिन्न थी।

हिन्दू-मुस्लिम ऐक्य की भावना से प्रेरित निर्गुण की दो शाखाएँ थीं—एक, कबीर द्वारा प्रवर्तित ज्ञानाश्रयी शाखा, दूसरी, जायसी प्रभृति सूफी कवियों की प्रेममार्गी शाखा। शुद्ध हिन्दुत्व की सांस्कृतिक चेतना और अविरोध भावना से अनुप्राणित सगुण भक्ति के अन्तर्गत दो शाखाएँ थीं—एक, सूर प्रभृति कृष्णोपासक कवियों की कृष्णभक्ति-शाखा और दूसरी, तुलसी प्रभृति कवियों की रामभक्ति शाखा। निर्गुण भक्त सन्त कहलाये और सगुण भक्त साहित्य में भक्त कवियों के नाम से अविहित होते हैं।

भावनाओं में अन्तर : इन चारों सम्प्रदायों के उपास्य के बोध और उपासना की भावना में अन्तर था। कबीर और जायसी दोनों ही भारतीय ब्रह्मवाद से प्रभावित थे किन्तु जहाँ कबीर में मुसलमानी प्रभाव से उसकी अतीतता और परात्परता (Transcendence) पर बल है वहाँ जायसी ने उसकी विश्व-व्यापकता (Emanance) का पक्ष उभार में लाया गया है। कबीर ने अपने ब्रह्म के हृदय में दर्शन किये हैं— *'मोकों कहाँ ढूँढ़ो बन्दे मैं तो तेरे पास में', 'दिल ही को खोज दीदार पावे'* तो जायसी ने उसे प्रकृति में व्याप्त देखा है—

''नयन जो देखा कमल भा, निरमल नीर सरीर।
हँसत जो देखा हंस भा, दसन जोति नग हीर॥''
''जेहि दिन दशन जोति निर्मई।
बहुतै जोति जोति ओह भई॥''

कबीर ने निर्गुण के प्रेम को लौकिक प्रेम के धरातल पर लाने का प्रयत्न किया है तो जायसी ने लौकिक प्रेम को ऊँचा उठाकर उसे आध्यात्मिकता प्रदान की है। कबीर ने आकाश को जमीन पर घसीटा है तो जायसी ने जमीन को आकाश तक

ऊँचा उठाया है। कबीर ने हिन्दू-परम्परा के अनुसार स्वयं राम की बहुरिया बनकर परमात्मा पुरुष के प्रति अपना विरह निवेदन किया है तो जायसी ने मुसलमानी परम्परा के अनुसार पद्मावत को ईश्वर का स्थान देकर रत्नसेन को साधक बनाया।

सगुण के भेद : सगुण भक्ति की दोनों शाखाओं की विचारधारा में भी पारस्परिक भेद थे। सूर और तुलसी दोनों ही अपने उपास्य को ब्रह्म मानते थे। तुलसी में यह ब्रह्म-भावना कुछ अधिक थी। भक्त-कवि सगुण को ही निर्गुण का निजी रूप मानते थे और वे उसकी सगुणता के साथ उसकी साकारता से और उसके पार्थिव लीला अवतारों में भी विश्वास रखते थे। वास्तव में वे निर्गुण और सगुण दोनों को मानते थे किन्तु सगुण को अधिक महत्ता देते थे। सगुण को ही वे निर्गुण की व्यापकता का केन्द्र मानते थे।

जहाँ सूर में इस सगुण ब्रह्म के माधुर्य पक्ष की प्रधानता थी वहाँ तुलसी में ऐश्वर्य पक्ष की। सूर के उपास्य गोपीवल्लभ गोपाल थे और तुलसी के उपास्य धनुषधारी दनुज-दलनकर्ता राजा राम थे। सूर में यद्यपि कृष्ण के शील, शक्ति और सौन्दर्य तीनों ही दैवी गुणों की अभिव्यक्ति है तथापि उसमें सौन्दर्य-पक्ष प्रबल है। तुलसी में शील और शक्ति की अपेक्षा सौन्दर्य का पक्ष कुछ गौण है। (उसकी अवहेलना नहीं है)। तुलसी में जहाँ शास्त्रीय मर्यादा का प्राधान्य है, वहाँ सूर में प्रेम की मुख्यता है। तुलसी के नियम सब कुछ हैं, सूर के लिए प्रेम के आगे नेम का कोई अस्तित्व नहीं।

भक्ति-भावना : इन अवान्तर भेदों के होते हुए भी इन चारों सम्प्रदायों में एक विशेष रूप से भावों की समन्विति है जिसके कारण ये चारों सम्प्रदाय भक्ति के एक सूत्र में बँध सके हैं। इन सब सम्प्रदायों में नाम के अनुकूल भक्ति की तो मुख्यता थी ही। यह तो सबसे व्यापक गुण था। कबीर ने ज्ञानोपासक होते हुए भी भक्ति को पर्याप्त महत्त्व दिया है। 'और कर्म हैं भक्ति-कर्म निष्कर्म' तथा 'भुक्ति मुक्ति माँगूँ नहीं, भक्ति ज्ञान दे मोहि' आदि वाक्य इसके प्रमाण हैं। कबीर पर वैष्णव धर्म का पर्याप्त प्रभाव था। उसी के कारण उन्होंने अहिंसावाद और भक्ति-भावना का प्रचार किया।

गुरु को महत्त्व : सूफियों का प्रेम तो भक्ति का एक व्यापक रूप ही था और भक्त कवि तो भक्ति को ही सर्वत्र मानते थे। इसके अतिरिक्त गुरु-भक्ति का सूत्र चारों सम्प्रदायों में व्यापक था। कबीर ने गुरु को गोविन्द से भी बड़ा कहा है—

"कबिरा हरि के रूठते गुरु के सरने जाय।
कहि कबीर गुरु रूठते हरि नहीं होत सहाय॥"

गुरु की महिमा को उन्होंने वर्णनातीत कहा है। देखिए—

"सब धरती कागद करूँ, लेखनि सब बनराय।
सात समुद्र की मसि करूँ, गुरु-गुन लिखा न जाय॥"

जायसी ने भी अपने पद्‌मावत के आरम्भ में गुरु की वन्दना की है।

''सैयद असरफ पीर प्यारा।
जेहिं मोहिं पन्थ दीन्ह उजियारा॥''

जायसी ने पद्‌मावत-आख्यान में तोते को गुरु का स्थान देकर पन्थ दिखाने वाला कहा है–

''गुरु सुआ जेहि पन्थ दिखावा।''

तुलसी ने रामचरित्र के आरम्भ में गुरु को नर रूप हरि कहा है। (उसमें चाहे नरहरिदास की ओर भी संकेत हों) और *''वन्दऊँ गुरु पद-पदम परागा; सुरुचि सुवास सरस अनुरागा॥''* लिखकर उन्होंने गुरु के प्रति अचल भक्ति का परिचय दिया है।

सूरदासजी ने तो सारी कृष्ण-लीला के गान को गुरु के यशोगान के रूप में ही दिया है–*''मैं तो सबरौ जस श्री आचार्य जी को ही वर्णन कियौ है; जो मैं कछू न्यारो देखतो तो नयारो करतो।''* फिर भी उन्होंने अन्त समय गुरु-भक्ति का एक विशिष्ट पद गाया–

''भरोसौ दृढ़ इन चरनन केरौ
श्री बल्लभ नखचन्द्र छटा बिन सब जग माँझ अँधेरो।''

नाम-महिमा : तीसरी बात जो इन सम्प्रदायों में व्यापक रूप से वर्तमान थी वह नाम-महिमा थी। नाम को सभी ने महत्ता दी है क्योंकि वह स्मरण रूपी साधन का प्रधान अंग है। कबीरदास जी कहते हैं–*''जैसी माया मन रम्यौ तैसौ नाम रपायु, तारामण्डलं बेधि कै तब अमरापुर जाय।''* सूफियों में भी नाम की महिमा स्वीकार की गयी है। जायसी से रत्नसेन द्वारा पद्‌मावती का नाम-स्मरण कराकर नाम-स्मरण की महत्ता प्रकाशित की है। देखिए–

''औ संवरों पदमावति रामा।
यह जिउ नेवचावर जेहि नामा॥

× × ×

आसन लेइ रहा होई तपा।
पदमावति पदमावति जपा॥''

तुलसीदास ने नाम निर्गुण और सगुण का मेल कराने वाला कहा है। वास्तव में सगुण और निर्गुण का समन्वय नाम में ही है। नाम शाब्दिक मूर्ति है, इसीलिए तुलसीदास जी ने उसको सबसे बड़ा कहा है। देखिए–

''अगुन सगुन दुइ ब्रह्म सरूपा।
अकथ अगाधि अनादि सरूपा॥
मेरे मत बड़ नाम दुऊते।
किए जेहि जुग निज बल निज बूते॥''

तुलसी ने राम-नाम को राम से बढ़कर ही माना है। जैसे–

"राम एक तापस तिय तारी।
नाम कोटि खल कुमति सुधारी॥"

इस प्रकार हम देखते हैं कि तुलसी जैसे राम के अनन्य भक्त में भी नाम के द्वारा सगुण-निर्गुण की समन्वय-प्रवृत्ति परिलक्षित होती है। सूर ने भी नाम-स्मरण का सहारा लिया है।

'जौ पै राम नाम धरतौ', 'कृस्न नाम बिनु जनम बाद ही वृथा जिवन कहा कीजै', 'है हरि नाम को अधार॥' आदि वाक्य सूर की नाम-स्मरण में आस्था के द्योतक हैं।

आडम्बर का तिरस्कार : भक्ति-काल में चौथी प्रवृत्ति आडम्बर का तिरस्कार, साम्य-भाव तथा दलित और पीड़ित की ओर दया-भाव की है। कबीर का साम्य-भाव तो प्रसिद्ध ही है। देखिए—

"गुप्त प्रगटे है एकै मुद्रा; काकों कहिए ब्राह्मन शुद्रा
एक ब्रह्म ते सृष्टि रची है को ब्राह्मन को शुद्रा?"

किन्तु वैष्णव कवियों में भी शूद्र के प्रति अपेक्षाकृत कोमलता का भाव है। मर्यादावादी गोस्वामी तुलसीदासजी ने वर्णभेद का तो आग्रह किया है किन्तु फिर भी उन्होंने राम-भक्ति के नाते निषाद और शबरी को अपनाया है। सूर इस मामले में कुछ अधिक उदार हैं, देखिए—

"कौन जाति, को पाँति विदुर की जिनके प्रभु ब्यौहारत।
भोजन करत तुष्टि घर उनके राज मान मद टारत॥
ओछे जनम, करम के ओछे ओछे ही अनुसारत॥

× × ×

"स्वपच गरिष्ट होत (पद) रज सेवत
बिनु गोपाल-द्विज जनम नसावत।"

वर्ण व्यवस्था में यद्यपि तुलसीदासजी ने विषमता को आश्रय दिया है तथापि उन्होंने पर-हित को सबसे बड़ा धर्म माना है—

"पर-हित सरसि धर्म नहिं भाई।
पर पीड़न सम नहि अधमाई॥"

इस प्रकार हम देखते हैं कि भक्ति-काल के सभी कवियों में हृदय की ईमानदारी, पाखंड और आडम्बर का विरोध, समझौते और समन्वय की प्रवृत्ति तथा दीन और पापी के प्रति सहानुभूति का भाव था। जीवन के सम्पर्क भी उस काल की विशेषता थी। कबीर आदि सन्त कवियों ने जीवन की विषमताओं को दूर करके सदाचार पर जोर दिया है। जायसी ने लौकिक कथाओं द्वारा अध्यात्म की अभिव्यंजना की। सूर ने जीवन के माधुर्यपक्ष का उद्‌घाटन कर उसके प्रति आस्था उत्पन्न की और तुलसी ने उस जीवन के लिए उच्च आदर्श दिये। उन आदर्शों को राम के जीवन में चरितार्थ कर मनुष्य के लिए शक्य और सम्भव बनाया। इसलिए उस काल का विशेष मान और महत्त्व है।

ब्रजभाषा साहित्य का प्रवृत्तिगत विकास

ब्रजभाषा की महत्ता : खड़ी बोली के साहित्य-क्षेत्र में प्रवेश करने से पूर्व ब्रजभाषा का सबसे अधिक साहित्यिक मान रहा है। वह हिन्दी साहित्य-जगत की राष्ट्रभाषा के स्पृहणीय पद पर आसीन थी। वह अपनी वास्तविक एवं प्रभावगत व्यापकता के कारण अपने इस पद को सवा सोलह आने सार्थक कर रही थी। जहाँ-जहाँ कृष्णोपासना का प्रभाव रहा है, वहाँ-वहाँ ब्रजभाषा का साम्राज्य रहा है—कुछ-कुछ वैसा ही जैसा कि भूषण ने शिवराज के अधिकार के सम्बन्ध में कहा है— *'पूरब पछाँह देस दच्छिन से उत्तर लौं, जहाँ पातसाही तहाँ दावा सिवराज कौ'।* ब्रजभाषा का क्षेत्र शौरसेन प्रदेश में ही सीमित नहीं रहा, वरन् मीरा और नरसी महता के कारण राजस्थान और गुजरात तक फैला हुआ था। वैष्णवों का कृष्ण-भक्ति सम्बन्धी साहित्य चाहे वह बंग भाषा में ही क्यों न हो, ब्रजबोली के नाम से प्रख्यात है। सुदूर दक्षिण में भूषण ने छत्रपति शिवाजी का यश-गान कर ब्रजभाषा की विजय वैजयन्ती स्थापित की थी।

भारत में सदा से मध्यदेश की भाषा का बोलबाला रहा है। शौरसेनी प्राकृत सब प्राकृतों में मुख्य गिनी जाती रही है। कुछ आचार्य तो उसका महाराष्ट्री से तादात्म्य करते हैं और शेष प्राकृतों का उसके माप-दण्ड से मापा जाना बतलाते हैं। शौरसेनी प्राकृत और अपभ्रंश दोनों से ही उनकी उत्तराधिकारिणी ब्रजभाषा का अधिक मान रहा है।

ब्रजभाषा की कुछ विशेषताएँ : ब्रजभाषा का मान बे-मुल्क के नवाबों का-सा केवल शाही आभिजात्य पर ही निर्भर न था। वह अपने अपूर्व नाद-सौन्दर्य में पूर्ववर्तिनी भाषाओं से भी चार कदम आगे बढ़ी हुई थी और अर्थ-गाम्भीर्य में भी किसी से पीछे न थी। उसके व्याकरण की विशेषताएँ बतलाना या तो डॉ. धीरेन्द्र वर्मा या किशोरीदास वाजपेयी का काम है। मेरे लिए अष्टाध्यायी तो व्याकरण के मूल-स्रोत माहेश्वर सूत्रों में अभिव्यक्त होने वाले डमरूनाद से अधिक सार्थक नहीं हो पाया है। *'प्राप्ते सन्निहाते मरणे'* की बात को तो मैं छोड़ दूँगा, क्योंकि मृत्यु का नाम ही बुरा है, फिर बच्चनजी के शब्दों में *'उस पार न जाने क्या होगा'* किन्तु उसके आगे की बात अवश्य कहूँगा *'नहि नहि रक्षित डुकृञ्‌ करणे'* कहकर

अपने व्याकरण सम्बन्धी अज्ञान पर सुन्दर दार्शनिक आवरण डाल लेना चाहता हूँ। फिर भी यह कहा जा सकता है कि मुख-सुख और श्रुति-मधुरता के जितने भाषा-शास्त्र सम्बन्धी साधन हैं वे सब ब्रजभाषा की उच्चारणगत विशेषताओं में उदारतापूर्वक अपनाये गये हैं। ब्रजभाषा न पश्चिम की खड़ीबोली की भाँति खड़ी और न पूरब की भाँति पड़ी है। उसके सर्वनाम, विशेषण और भूतकालिक कृदन्त न खड़ी बोली के हमारा छोटा, बड़ा, गया आदि की भाँति आकारान्त हैं जिनमें पूरा मुँह खोलकर दीनता से मुँह बा देने का प्रयोग सार्थक होता है और जिनमें सारी संचित प्राण-शक्ति का दिवाला निकल जाता है और न अवधी की-सी हमार, छोट, बड़ आदि लघ्वन्त शब्द सम्बन्धी उच्चारण की कृपणता है जिनमें कंजूसों की मुट्‌ठी की तरह ओष्ठपुट बन्द हो जाते हैं। उसके शब्द ओकारान्त होते हैं, जिसके उच्चारण में न ओष्ठ बिल्कुल चौपट खुल जाते हैं और न बन्द ही रहते हैं। ब्रजभाषा में सन्धियों से भी पूरा-पूरा लाभ उठाकर मुख-सुख की पूर्व साधना की गयी है। अवधी इकार बहुला है और ब्रजभाषा यकार बहुला। अवधी का उ ब्रजभाषा में व हो जाता है। अवधी में उ के पश्चात् आ का उच्चारण भी ब्रजभाषा के अनुकूल नहीं हैं। उसके दुआर और कुआर ब्रजभाषा में द्वार, क्वार हो जाते हैं। ब्रजभाषा में श का स, ण का न, व का ब हो जाना उसकी कोमल प्रकृति का द्योतक है। खैर, हमारा विषय ब्रजभाषा का व्याकरण नहीं है, उसका साहित्य है। मैं इस प्रसंगान्तर में इसलिए पड़ गया कि बता सकूँ कि ब्रजभाषा साहित्य की व्यापकता के क्या कारण हैं। मेरी समझ में संक्षेप में इसके तीन कारण हैं—

1. कृष्णोपासना का आश्रय।
2. श्रुति माधुर्य।
3. मानवी भावों के कोमल और सरस पक्ष से सम्बन्ध।

ब्रजभाषा-साहित्य का प्रारम्भिक काल : ब्रजभाषा काव्य के बाल्य-काल का सीधा परिचय हम लोगों को बहुत कम है। हिन्दी साहित्य-गगन के सूर्य सूर में हमको प्रथम दर्शन उसके पूर्व यौवन-काल में होते हैं। बाल्य-काल उसका अनुमेय मात्र है। यत्र-तत्र उसकी झाँकी हमको अवश्य मिली है। किन्तु उस बाल्य-काल और यौवन-काल में किसी विकास-सूत्र का पाना बहुत कठिन है। गुरु गोरखनाथ में हमें उसके गद्य की झलक मिलती है। उस समय यदि गद्य लिखा जा सका तो पद्य शायद उससे भी पूर्व अस्तित्व में आ चुका होगा। आचार्य शुक्ल जी ने संवत् 1400 के करीब के गद्य का जो नमूना दिया है, वह इस प्रकार है—

"श्री गुरु परमानन्द तिनको दण्डवत है। हैं कैसे परमानन्द, आनन्दस्वरूप हैं शरीर जिन्हि को, जिन्हि के नित्य गाए तें शरीर चेतन्नि और आन्दमय होतु है।"

शुक्ल जी ने ब्रजभाषा के दो प्राचीन पदों की ओर भी ध्यान आकर्षित किया

है। एक के सम्बन्ध में तो यह कहा है कि वह समान रूप से कबीर और सूर में मिलता है। वह इस प्रकार है–

"हे हरि भजन को परवान।
नीच पावे ऊँच पदवी, बाजते निसान॥
भजन को परताप ऐसो तिरे जल पाषान।
अधम भींल, अजाति गनिका चढ़े जाति विमान॥"

दूसरा पद उन्होंने बैजू बावरे का, जो तानसेन के गुरु थे, बतलाया है। वह इस प्रकार है–

"मुरली बजाय रिझाय लइ मुख मोहन तें
गोपी रीझ रहीं रस तानन सो
सुध बुध सब बिसराई"

बैजू बनवारी बंसी अधर धरी, वृन्दावन चन्द बस किए सुनत ही कानन–

सेन कवि के एक कवित्त को प्रकाश में लाने के लिए हम पं. अयोध्यासिंह उपाध्याय के ऋणी हैं। श्रद्धेय मिश्रबन्धुओं ने शिवसिंह-सरोज के आधार पर सेन कवि का काल 1503 बतलाया है। सेन का कवित्त इस प्रकार है–

"जब ते गोपाल मधुवन को सिधारे आली
मधुवन भयो मधुदानव विषम सों।
सेन कहें सारिका सिखंडी खंजरीट सुक
मिल कै कलेस कीनों कालिन्दी कदम सों॥"

यों तो पृथ्वीराज रासो की भाषा को डॉ. श्यामसुन्दरदास जी ने पिंगल कहा है–पिंगल-डिंगल के विरोध में ब्रजभाषा का परिचायक है। वह पिंगल केवल सुव्यवस्थित छन्दबद्धता और भाषा की प्रांजलता के कारण ही नहीं है, वरन् उसमें ब्रजभाषा का प्रभाव भी है। उसमें ओकारान्त क्रियाओं का बाहुल्य है। यह बात राजस्थानी के व्यापक गुण के रूप में भी ली जा सकती है। कबीर के कहे जाने वाले पद में भी सन्देह हो सकता है। सेन के काल में भी अन्तर होने की सम्भावना है, किन्तु बैजू के पद से यह अवश्य संकेत मिलता है कि सूर से पहले कम से कम ब्रजभाषा गीत-काव्य की एक मौखिक परम्परा अवश्य थी और उसके कृष्ण के रूप-माधुर्य का–यदि दार्शनिक भाषा के प्रयोग के लिए अप्रतीत्व दोष से मेरी भाषा लांछित न की जाय तो मैं कहूँगा कि समवाय सम्बन्ध स्थापित हो चुका था। ब्रज-वनिताओं का-सा ब्रजभाषा का कृष्ण-प्रेम आज तक उसकी नस-नस में प्रवेश किये हुए है। *'लरिकाई को प्रेम अलि कहौ कैसे छूटै।'*

कृष्ण-काव्य की परम्परा : कृष्ण-काव्य की लोकप्रियता हिन्दी, बंगला आदि प्रान्तीय साहित्यों तक ही सीमित नहीं है, वरन् उसके मूलतन्तु संस्कृत और प्राकृत साहित्य में दूर तक दृष्टिगोचर होते हैं। कृष्ण की महत्ता और लोकप्रियता कृष्णोपासना

की व्यापकता और प्राचीनता पर निर्भर है। विष्णु की महत्ता वैदिक काल में ही स्थापित हो चुकी थी। विष्णु शब्द 'विश्' धातु से बना है। वैदिक काल में उनका सूर्य से तादात्म्य रहा है। गीता में भी यह बात स्वीकृत हुई है, *आदित्यानामहं विष्णुः'* । वामनावतार की कथा का जो संकेत हमको बीज रूप से ऋग्वेद में मिलता है—

''विष्णुर्विचक्रमे त्रेधा च निदधे पदं समूढ़मस्य पांशुरे'' (ऋ. 1, 2, 72) वह उनकी व्यापकता का द्योतक है। विष्णु के अवतारों में जितनी प्रसिद्धि और पूजा राम और कृष्ण को मिली, उतनी और किसी को नहीं। राम (सब में रमने वाले) और कृष्ण अपने वासुदेव नाम से व्यापकता के द्योतक होने के कारण विष्णु के ही पर्याय हैं।

''बसनात् सर्वभूतानां वसुत्वाद् देवयोनितः;
वासुदेवस्ततो वेद्यो वृहत्वाद् विष्णु रुच्यते।''

अर्थात्, सब भूतों में बसने के कारण अपनी दीप्ति के कारण देवताओं की उत्पत्ति के स्थान होने के कारण वे वासुदेव कहलाते हैं, और विराट रूप होने के कारण विष्णु कहलाते हैं।

ऋग्वेद में भी विष्णु का गौओं से सम्बन्ध रहा है। इस सम्बन्ध में डॉ. नलिनी मोहन सान्याल ने लिखा है कि ऋग्वेद में (1, 22, 18) विष्णु गोपा नाम से अभिहित हुए हैं। ऋग्वेद (1, 154, 6) में विष्णु-लोक में बहुश्रृंग-विशिष्ट गायों का उल्लेख है। मैंने स्वयं वेदों के दर्शन तो शायद आर्य-समाज की कृपा से कर लिए हों, किन्तु उन्हें पढ़ा नहीं है। फिर भी मुझे विश्वास है कि यह उल्लेख ठीक है। इसमें अर्थ-भेद हो सकता है। किन्तु बीज रूप से गोपालकृष्ण सम्बन्धी मनमोहक कथाओं की आधार-भूमि उपस्थित करने के लिए इतना उल्लेख पर्याप्त है। छान्दोग्य उपनिषद् (3, 17, 6) में देवकी-पुत्र कृष्ण घोर आंगिरस के शिष्य के रूप में प्रतिष्ठित हैं। पाणिनि के समय वासुदेवक शब्द वासुदेव सम्प्रदाय की व्यापकता का साक्षी है। छान्दोग्य उपनिषद् में आयी हुई शिक्षाओं का गीता के मन्तव्यों से साम्य होने के कारण छान्दोग्य और गीता के कृष्णों का तादात्म्य किया जाता है। वे एक न भी हों, पर इससे यह अवश्य प्रमाणित हो जाता है कि कृष्ण नाम की प्रसिद्धि वैदिक काल में भी थी।

राधा रानी का नाम इतना पुराना नहीं प्रतीत होता। श्रीमद्भागवत में राधा नाम का उल्लेख नहीं है, इस बात को वैष्णव आचार्यों ने स्वीकार किया है। राधा नाम का नितान्त अभाव न था। अमरकोष में विशाखा नक्षत्र का दूसरा नाम राधा है। राधा का नाम न होते हुए भी श्रीकृष्णजी की बाल और यौवन-लीलाओं का माधुर्य पक्ष श्रीमद्भागवत तथा पद्मपुराण में विकसित हो चुका था। श्रीमद्भागवत में एक विशेष गोपी का उल्लेख है। वह सम्भवतः राधा की ओर संकेत है, पुराण की नहीं, कवि-कुल-गुरु कालिदास, वृन्दावन और गोकुल के माधुर्य से प्रभावित थे। वे मेघदूत में इन्द्र-धनुष से सुशोभित मेघ की उपमा मोर-मुकुट-मंडित गोपवेशधर विष्णु अर्थात् श्रीकृष्ण से देते हैं।

"येन श्यामं वपुरतितरां कान्तिमापस्यते ते
वर्हेणेव स्फुरितरुचिना गोपवेषस्य विष्णोः"—पू. मे. 15

इतना ही नहीं, रघुवंश में भी भगवान् कृष्ण की सुन्दरता को उपमान बनाया गया और वृन्दावन और गोकुल के प्राकृतिक माधुर्य का प्रशंसात्मक शब्दों में उल्लेख हुआ है। इन्दुमती के स्वयंवर के अवसर पर उसकी सखी सुनन्दा मथुरा के राजा सुषेण की ओर इशारा करके कहती है—

"त्रस्तेन तार्क्ष्यात्किल कालियेन मणिं विसृष्टं यमुनौकसा यः।
वक्षःस्थलव्यापिरुचन्दधानः सकौस्तुभं ह्रेपयतीव कृष्णम्॥
सम्भाव्य भर्तारममुं युवानं मृदुप्रवालोत्तरपुण्यशय्ये।
वृन्दावने चैत्ररथादनूने निर्विश्यतां सुन्दरि यौवनश्रीः॥
अध्यास्य चाम्भःप्रषतोक्षितानि शैलेयगन्धीनि शिलातलानि।
कलापिनां प्रवृषि पश्य नृत्यं कान्तासु गोवर्धनकन्दरासु॥"

—रघुवंश, छठा सर्ग 48, 49, 50

कालिदास से पूर्व भास ने भी बाल-चरित में कृष्ण-लीलाओं का वर्णन किया है।

राधा का उल्लेख भी हमको प्राकृत तथा संस्कृत के साहित्य ग्रन्थों में मिलता है। हाल सप्तशती में एक श्लोक आता है, जिसका संस्कृत रूपान्तर इस प्रकार है—

"मुखमारुतेन त्वं कृष्ण गोरजो राधिकाया अपनयन।
एतानां बल्लवींनामन्यासामपि गौरवं हरसि॥"

ध्वन्यालोक में भी एक श्लोक उद्धृत है जिसमें राधा का उल्लेख है—

"तेषां गोपवधुविंलाससहृदां राधारहःसाक्षिण।
क्षेमः भद्रकन्दि शैलतनया तीरेलतावेश्मनाम्॥"

यह तो अवैष्णव साहित्य की बात रही। वैष्णव साहित्य तो राधा-कृष्ण की लीलाओं से ओत-प्रोत है। वैष्णवों में सबसे पहले निम्बार्काचार्य ने राधा की उपासना को महत्त्व दिया। वल्लभाचार्य, चैतन्य महाप्रभु आदि आचार्यों ने महत्त्व को और भी व्यापक बनाया। जयदेव ने अपनी कोमलकान्त-पदावली द्वारा विलास-कला कौतूहल में सरस मनवालों के लिए हरि-स्मरण का साधन प्रस्तुत किया—

"यदि हरिस्मरणे सरसं मनो
यदि विलासकलासु कुतूहलम्।
मधुरकोमलकान्तपदावलीं,
शृणु तदा जयदेव सरस्वतीम्।"

विद्यापति ने भी इसी सूत्र को लेकर सरस काव्य की रचना की। चैतन्य महाप्रभु द्वारा ही जयदेव, विद्यापति और चंडीदास के गीतकाव्य की भावलहरी वृन्दावन तक प्रवाहित हुई। चैतन्य महाप्रभु और उनकी शिष्य-परम्परा द्वारा भक्ति के अन्तर्गत जिस मधुर व उज्ज्वल रस की विवेचना हुई उसमें नायिका-भेद के लिए आश्रय

मिला, यद्यपि इनके नायिका-भेद का आधार आलंकारिकों के आधार से कुछ भिन्न था तथापि उसमें नायिकाओं के विभिन्न भेदों का विवेचन मिलता है। इस प्रकार कृष्ण-काव्य पर तीन मुख्य प्रभाव थे—

1. श्रीमद्भागवत आदि पुराणों में वर्णित श्रीकृष्णजी की लीलाएँ।
2. निम्बार्काचार्य, बल्लभाचार्य आदि आचार्यों की भक्ति-सम्बन्धिनी मीमांसाएँ।
3. चैतन्य महाप्रभु द्वारा लायी हुई जयदेव, विद्यापति और चंडीदास की गीत-परम्परा तथा कीर्तन की प्रवृत्ति।

ये तीन मूल प्रभाव थे। इन प्रभावों के अतिरिक्त स्थानीय लोकगीतों का भी प्रचलन होगा। सन्त-साहित्य के गीत-समुदाय में लोक-गीत जन-प्रिय हो चुके थे। सूफियों के प्रेम-प्रधान गीतों का भी चलन था। देवमन्दिरों की गीतवाद्य-प्रधान उपासना-पद्धति ने भी कृष्ण-भक्त कवियों की गीतकाव्य रचना में प्रोत्साहन दिया होगा। इस धार्मिक और संगीत-प्रधान वातावरण में कृष्ण-काव्य की रचना हुई। कृष्ण-प्रेम की इस धारा ने भक्ति-साहित्य को ही प्रभावित नहीं किया, वरन् रीतिकालीन साहित्य को भी अनुप्राणित करती रही।

भक्तिकाल की मानसिक पृष्ठभूमि : साहित्य का विकास तत्कालीन जातीय जीवन और उसमें प्रवाहित होने वाली विचारधाराओं पर निर्भर रहता है। कवि और साहित्यकार अपनी विशेष संवेदनशीलता के कारण समाज के वायुमंडल में बिखरी हुई विचार-तरंगों को रेडियो के आकाशी (Ariel) की भाँति ग्रहण कर अपनी कल्पना और अभिव्यंजना के बल पर जनता के लिए ग्राह्य बना देते हैं। हिन्दी साहित्य भी समाज की गति के साथ प्रतिस्पन्दित हुआ है। वीरगाथा-काव्य संघर्ष युग की देन है। किन्तु उसमें संघर्ष की मार-काट और एक छोटे राज्य को ही देश मानने की संकुचित पर सच्ची वीर-भावना के साथ प्रेमाश्रित स्त्री-परित्राण भावना से उत्पन्न शृंगारिकता का भी पुट है। उन दिनों वसुन्धरा की भाँति रमणी भी वीरभोग्या तो नहीं, आजकल की भाषा में वीर पूज्या रही। काव्य उन दिनों राज्याश्रित अवश्य था, किन्तु कुछ उदार भावना के साथ। कवि स्वयं भी वीरोल्लास में प्रवाहित हो जाता था। उस समय के वीरों की वीरता में दैवी भावना भी मिश्रित रहती थी और प्रचलित लोक-कथाएँ भी उनके जीवन के साथ अनुस्यूत रहती थीं। इसी कारण इस साहित्य में लोक-साहित्य के लक्षण उत्पन्न हो गये थे। फिर भी इस युग की चिन्ता-धारा राजाओं और उनसे सम्बन्धित वीरों तक ही सीमित रही। उसमें हृदय की सच्चाई, भावुकता और आलंकारिकता थी, किन्तु चिन्ता और विचार की कमी थी। क्रिया का प्राधान्य, चाहे वह कुछ विकृत रूप में ही रहा हो—अवश्य था।

हिन्दू शक्ति के ह्रास हो जाने पर वीरों को प्रोत्साहन देने की प्रवृत्ति कुछ निरर्थक-सी हो गयी। *'निर्वाण दीपे किं तैलदानम्'* उस समय हार की मनोवृत्ति का प्राधान्य था। देश में नैराश्य की छाया थी। ऐसी मनोवृत्ति की दो प्रतिक्रियाएँ होती

हैं, या तो किसी दूसरे क्षेत्र में अपनी उच्चता प्रमाणित कर मानसिक क्षोभ को दूर करने की सचेत अथवा अवचेतनगत प्रवृत्ति या विलासिता के कृत्रिम आनन्द की मदिरा में अपनी विफलताओं को भुला देने का प्रलोभन। एक प्रवृत्ति स्वस्थ मन की है। दूसरी शैथिल्य जर्जरित अस्वस्थ मन की। पहली प्रवृत्ति भक्तिकाल में विकसित हुई और दूसरी का आभास हमको रीतिकाल में मिलता है। यह एक प्रवृत्ति-मात्र है। सारे रीतिकाल को इस मनोवैज्ञानिक तथ्य का उदाहरण समझना उसके साथ अन्याय करना है।

भारतवर्ष धर्मप्रधान देश है। साहित्य और कला में भी वह अपना अस्तित्व रखता था। जाति के उस उच्चता-भाव ने धार्मिक और मानसिक जागृति को कुछ विशेष गति प्रदान की। इसके अतिरिक्त जब धर्म और संस्कृति का संरक्षण लोहे की धार से होना असम्भव-सा प्रतीत होने लगा, तब विचारों के परकोटे को सुदृढ़ बनाने की आवश्यकता प्रबल हो उठी। स्मृतियों की टीकाएँ बनीं, दर्शनों के भाष्य तैयार हुए, जिनके द्वारा भक्ति-भावना को दृढ़ करने के लिए शास्त्रीय आधार उपस्थित किया गया, साहित्य के क्षेत्र में आलंकारिक ग्रन्थ रचे गये। संघर्षजन्य भौतिक क्रिया की अपेक्षाकृत कमी मानसिक क्रिया से सन्तुलित हो उठी। उस समय आलस्यजन्य विलासिता नहीं उत्पन्न हुई थी और न जनता का मन शैतानी कारखानों (Devil's workshop) के रूप में परिणत हुआ था।

शान्ति स्थापित हो गयी थी, किन्तु सामाजिक विषमताएँ अपना अस्तित्व जमाये हुए थीं। ये दो प्रकार की थीं–एक हिन्दू-मुसलमानों की, दूसरी अवर्ण-सवर्ण की। इन विषमताओं को दूर करने की आवश्यकता थी। सवर्ण और अवर्ण की विषमता को दूर करने की प्रवृत्ति बौद्ध-धर्म में विकसित हो चुकी थी। हीनयान में समता की भावना संघ के कठोर नियमों से शासित थी। उस शासन की प्रतिक्रिया महायान में हुई और वह वज्रयान और सहजयान में तन्त्रवाद के सहारे वाममार्ग की उच्छृंखलता तक पहुँचकर हिन्दू धर्म में लीन हो गयी थी, किन्तु उसमें अपनी स्वतन्त्रता की छाप हठयोग-प्रधान गोरखपन्थ को उत्तराधिकार के रूप में प्रदान कर दी थी। परिस्थितियों ने उस विचारधारा से भी लाभ उठाया। गोरखपन्थ में समता की भावना के साथ महायान की भक्ति-भावना और शैव तन्त्रों से मिली हुई अद्वैत भावना भी थी। शांकर अद्वैतवाद विद्वानों की मण्डली में अपना मानसिक प्रभाव जमाये हुए था। उसकी प्रतिक्रिया में उठी हुई रामानुज के विशिष्टाद्वैतवाद, निम्बार्क के द्वैताद्वैतवाद, वल्लभ के शुद्धाद्वैतवाद और मध्वाचार्य के द्वैतवाद की विचारधाराएँ विचार-क्षेत्र को तरंगित कर रही थीं। इन्हीं धाराओं के अन्तर्गत रामानुज से प्रभावित रामानन्दी सम्प्रदाय और मध्व, विष्णु स्वामी तथा निम्बार्क से प्रभावित चैतन्य महाप्रभु के गौड़िया सम्प्रदाय ने जन्म लिया। रामानुज सम्प्रदाय के अन्तर्गत रामानन्दी सम्प्रदाय में रामोपासना का प्राधान्य रहा और शेष तीन सम्प्रदायों में कृष्णोपासना का। इन सब प्रतिक्रियात्मक

विचारधाराओं में तीन व्यापक सूत्र थे—(1) विचार का भाव से समन्वय; (2) ईश्वर से किसी रूप में रागात्मक सम्बन्ध स्थापित करने की भावना और अपने उद्धार तथा सुधार के लिए भगवत्-कृपा का अवलम्बन; तथा (3) भक्ति का द्वार जनता के लिए खोलकर भक्ति को व्यापकता देना।

इन सब मानसिक विचारधाराओं ने साहित्य को प्रभावित किया, और साहित्य से इनको बल मिला। साहित्य में भावना का पुट रहने के कारण उसमें विचारों में वेग और संक्रात्मकता उत्पन्न करने की क्षमता रहती है।

यहाँ पर यह बता देने की आवश्यकता है कि मुसलमानों के पैर जम जाने पर शान्ति के सुदपयोग और एक दूसरे के निकट आने की भी भावना दोनों ओर थी। मुसलमानों में सब लोग नितान्त बर्बर प्रकृति के न थे। उनके पास भी धर्म, साहित्य और कला थी। उनमें कुछ मुलायम तबीयत के लोग भी थे। हिन्दुओं में आर्थिक और आध्यात्मिक भाव की प्रधानता होते हुए भी सामाजिक पक्ष की उपेक्षा न थी। कुछ समझौते की ओर प्रवृत्त थे, कुछ अपनी संस्कृति अक्षुण्ण रखना चाहते थे।

भक्ति काल की साहित्यिक धाराएँ : उपर्युक्त विवेचन में हम देख चुके हैं कि इस जागृति के दो पक्ष थे। एक, आध्यात्मिक और दूसरा, सामाजिक। आध्यात्मिक पक्ष में शंकराचार्य के ब्रह्मवाद, गोरखपन्थियों का हठयोग-प्रधान निर्गुणवाद, वैष्णव सम्प्रदायों के अन्तर्गत रामोपासना और कृष्णोपासना की सगुण धाराओं तथा सूफियों की प्रेम-भावना का प्राधान्य था। इनसे प्रभावित इस युग के साहित्य की चार धाराएँ चलीं—(1) शंकराचार्य के ब्रह्मवाद और मायावाद, गोरखपन्थ के हठयोग और सामाजिक समतावाद, रामानन्द के भक्तिवाद तथा सूफियों की प्रेम-पीर लेकर कबीर की निर्गुण धारा चली। सामाजिक पक्ष में सुधार और ममता की भावना थी और कुछ अक्खड़पन के साथ। किन्तु सारा निर्गुण साहित्य ऐसा न था। दादू, पीपा, रैदास, मलूकदास आदि में समता-भाव सौम्य-भाव के साथ था। नानक आध्यात्मिक बल का भौतिक बल के साथ योग करना चाहते थे। (2) निर्गुण से प्रभावित फारसी प्रेमवाद से समन्वित प्रेममार्गी कवियों की साहित्यिक धारा चली। उसने किसी अंश में हठयोग को भी अपनाया था। इन्होंने सामाजिक समन्वय, हिन्दी भाषा, हिन्दू कथाओं और संस्कृति को अपनाकर आगे बढ़ना चाहा।

(3, 4) गोरखपन्थ के प्रति प्रतिक्रिया को लेकर और वैष्णव विचारधारा से प्रभावित होकर राम और कृष्ण भक्ति की शाखाओं ने जन्म ग्रहण किया। उन्होंने पाण्डित्य और आभिजात्य का गर्व दूर कर भगवत्कृपा को प्राधान्य दिया। अजामिल, गणिका, निषाद, शबरी, गीध आदि के उदाहरणों से सामाजिक विषमताओं की कटुता दूर की गयी। वैष्णव मत में कम से कम ईश्वर की दृष्टि से कुल-अकुल का विचार न था—

"काहू के कुल नाँहि विचारत!"
"अविगत की गत कहौ कौन सो पतित सबन को तारत॥"

तुलसी ने वर्णाश्रम की मर्यादा के साथ अपना सन्देश दिया। सूर ने वर्णाश्रम का विरोध तो नहीं किया, किन्तु तुलसी की तरह उसको महत्ता भी नहीं दी। इन सब धाराओं में पारस्परिक भेद के साथ कुछ भाव-समन्विति भी थी, जिसके कारण वे एक सूत्र में बँध सकीं। इस भाव समन्विति के सूत्र थे–

1. आत्म-समर्पण की भावना, 2. गुरु-भक्ति, 3. नाम-महिमा, 4. प्रेममार्गी कवियों को छोड़कर शेष तीन में प्राकृत जनों की प्रशंसा से विरक्ति (प्रेममार्गी कवियों में प्राकृतजनों का गुणगान का लक्ष्य आध्यात्मिक ही था।), 5. सत्संगति की महिमा।

भक्ति काल में कृष्ण काव्य का स्थान : जैसा ऊपर कहा गया है पंडितों ने भक्ति की दार्शनिक व्याख्या की, कवियों ने अपनी प्रतिभा के वाष्प-यन्त्र में आचार्यों की दार्शनिक गरिष्टता नीचे बिठालकर भक्ति के शुद्ध रागात्मक रूप का जनता में प्रचार किया। कबीर की वाणी में दार्शनिक गरिष्टता के साथ प्रेम का अवलेह मिला हुआ था। उसके अनुपात से वह जनता के गले में उतर सका। फिर भी उसमें शर्बत मिले हुए कुनीन मिक्सचर की-सी उभयपक्षी डाट-फटकार की कटुता थी। कबीर ने निर्गुणवाद की शुष्कता और नग्नता पर जो शृंगारिक आवरण डालना चाहा था, वह उनकी झीनी-बीनी चादर की भाँति इतना झीना था कि उसके द्वारा निर्गुणवाद की शुष्कता छिप न सकी। शून्य महल की सेज शून्य ही पड़ी रही। प्रेममार्गी कवियों ने लौकिक कथाओं के सहारे प्रेम-भाव की साधना, रूपक, अन्योक्तियों, शुक्ल जी के शब्दों में, समासोक्ति द्वारा की। उन्होंने लौकिक के स्थूल आधार पर खड़े होकर व्यंजना की सीढ़ी से ऊपर चढ़ने का प्रयत्न किया। उन्होंने उसे प्रकृति में भी व्याप्त देखना चाहा। उनका आलम्बन सगुण तो हुआ किन्तु साकारता न प्राप्त कर सका। उसमें हिन्दू कहानियों का आधार अवश्य था, किन्तु उनकी विदेशी गन्ध दूर न हो सकी और उनका अध्यात्म पक्ष व्यंग्य रहने के कारण विशेष प्रबल न हो सका। लोगों का ध्यान उसके भौतिक पक्ष की ओर अधिक रहा।

तुलसी और सूर ने राम-कृष्ण की भक्ति के आधार पर जो रासायनिक पाक तैयार किया, वह इतना मधुर था और किसी अंश में पौष्टिक भी कि जनता ने उसे बड़े प्रेम के साथ ग्रहण किया। और उसका बिना समालोचकों की कृपा की मुखापेक्षी बने, बिना लाउडस्पीकरों के, बिना अखबारों के मुखपृष्ठ पहले से सुरक्षित कराये, बिना सिनेमा-स्लाइडों के प्रदर्शन आदि प्रचार और विज्ञापनों के सुलभ साधनों को अपनाये और राज्याश्रय का तिरस्कार करते हुए भी जनता में पूर्ण स्वागत हुआ।

कृष्ण रसायन में चाहे राम रसायन की अपेक्षा पौष्टिकता कुछ कम हो, किन्तु स्वाद अधिक था। मनुष्य की रागात्मक वृत्तियों से उसका सीधा सम्बन्ध था। वैसे इस काल का सभी काव्य लोक-साहित्य कहे जाने की क्षमता रखता था, किन्तु कृष्ण साहित्य जनता के हृदय के साथ निकटतर सम्बन्ध स्थापित कर सका। उसने भगवान कृष्ण की बाल और यौवन लीलाओं के वर्णन द्वारा जीवन के सौन्दर्य पक्ष

का उद्घाटन कर जीवन के प्रति आस्था उत्पन्न कर दी। जो लोग जीवन को सत्य और सरस मानते हैं, वे ही उसकी रक्षा के लिए सचेष्ट हो सकते हैं।

आध्यात्मिक पक्ष में राम और कृष्ण-भक्त कवियों की भक्ति का आधार सगुण और साकार था और उनका भौतिक प्रत्यक्ष तो नहीं, किन्तु मानसिक प्रत्यक्ष अवश्य हो सकता था। साहित्य के लिए जैसे व्यक्तित्व-प्रधान आलम्बन की अपेक्षा की जा सकती थी, वह आलम्बनत्व राम और कृष्ण दोनों ही में था। किन्तु सूर और अन्य कृष्ण-भक्त कवियों के काव्य के आलम्बन लोक-जीवन से अधिक निकट थे। वे जन-जीवन से दूर राज-भवनों के रहने वाले न थे। उनमें ऐश्वर्य की अपेक्षा माधुर्य का सहज आकर्षण था। उनके माधुर्यमय चरित्र में चाहे जीवन की अनेकरूपता न हो, किन्तु उसका स्पन्दन एक विशेष रूप से दिखाई देता था। यहाँ पर कबीर, जायसी, तुलसी के काव्य में आलम्बन के साथ तुलना करना, अप्रासंगिक न होगा।

कबीर का ब्रह्म मुसलमानी भावना के अनुकूल परात्पर था। उसका निवास या तो सातवें, नहीं चौदहवें लोक से भी परे था, या अपने ही शरीर के अन्दर हठयोग की त्रिपुटी में। जायसी के उपास्य में अतीत की अपेक्षा व्यापकता का भाव अधिक था। उसका प्रतिबिम्ब संसार में देखा जा सकता था। जायसी ने पद्मावती की छाया जो दर्पण में दिखाई थी, उसका एक आध्यात्मिक पक्ष भी था। संसार में परमात्मा का प्रतिबिम्ब ही दिखाई देता है। संसार का जितना सौन्दर्य है, वह उसी की छाया है—*नैन जु देखा कमल भा...* किन्तु उसका बिम्ब मन और कल्पना के भी अगोचर था। इसीलिए घबराकर सूर ने कहा था—

"रूप-रेख गुन-जाति जुगति बिनु निरालम्ब कित धावे।
अगोचर सब विधि अगम विचारहिं ताते सूर सगुन पद गावै॥"

यही बात उन्होंने गोपियों द्वारा उद्धव से कहलाई है, देखिए—

"रूप न रेख बरन बपु जाके संग न सखा सहाई।
ता निरगुन सों प्रीति निरन्तर क्यों निबहै री माई॥
जल बिनु तरँग चित्र बिनु भीतिहि बिनु चित ही चतुराई।
अब ब्रज में सह नयी रीति कछु ऊधो आनि चलाई॥

मालूम नहीं आचार्य शुक्लजी को रहस्यवाद और निर्गुणवाद के खण्डन की प्रेरणा कहाँ से मिल थी। शायद उनका मानसिक झुकाव ही ऐसा था, किन्तु ऐसे पदों ने उनकी भावनाओं को और भी दृढ़ बना दिया होगा। तुलसी ने भी सगुण का पक्ष लिया, किन्तु उन्होंने दोनों को एक करके एक दूसरे के सापेक्ष बना दिया। तुलसी ने सगुण को निर्गुण की अपेक्षा महत्ता भी अधिक दी है, किन्तु वे सूर की अपेक्षा निर्गुण की ओर अधिक झुके हुए हैं। वे अपने इष्टदेव को किसी पक्ष से खाली नहीं रखना चाहते थे—

"अगुन अरूप अलख जग जोई। भगत हेत सगुन सो होई॥"

सूर में भी निर्गुण का स्थान है, किन्तु कुछ कम। कोरे ज्ञानवाद का दोनों ने विरोध किया, तुलसी ने सीधे तौर से और कुछ अक्खड़पन के साथ–*अलखहिं का लखे राम नाम जपु नीचु।* सूर और नन्ददास ने कान्ता समितयोपदेशयुजे की बात सार्थक करते सगुण की प्रतिष्ठा कराते हुए की है, काव्यात्मक ढंग से नन्ददासजी कुछ दार्शनिकता पर भी उतर आये थे।

सूर और तुलसी दोनों सगुणवादी थे, किन्तु दोनों की उपासना में भेद था। तुलसी के उपास्य थे मर्यादापुरुषोत्तम राजाधिराज कौशलाधिपति राम। उनके साथ बराबरी की बात सोचना भी पाप था, इसीलिए उन्होंने दास्य-भाव को अपनाया। किन्तु सूर आदि अष्टछाप के कवि और उनके प्रभाव के रसखानादि अन्य कवि जनों के उपास्य थे यशोदानन्दन, गोपालों और गोपियों के प्रेमी और उनके जीवन में घुल-मिल जाने वाले कृष्ण। तुलसीदासजी ने प्राकृतजनों के गुणगान के लिए तो कह दिया–*सिर धुनि गिरा लागि पछिताना।* यह बात कृष्ण-भक्त कवियों में भी थी–*सन्तन कहा सीकरी सों काम।* किन्तु भगवत् पक्ष में वे ऐश्वर्य के उपासक थे। वे अज, निर्गुण, निरंज्जन, निर्विकार, सच्चिदानन्द ब्रह्म को पृथ्वी पर तो उतार लाये, किन्तु अपने मर्यादावाद से मजबूर होकर राजसिंहासन से नीचे न ला सके। राजसिंहासन से नीचे उतरे तो बनवासी होकर। यद्यपि तुलसी के दास्य-भाव में हृदय की कोमलता और आत्मसमर्पण की भावना थी, तथापि उसमें न सूर की-सी प्रेम की घनिष्ठता थी और न वात्सल्यता की चिन्ता–

"सन्देसो देवकी सों कहियो
हौं तो धाय तिहारे सुत की दया करत नित रहियो।"

सूर के अतिरिक्त और कहीं खोजने पर भी कठिनाई से मिलेगी। कृष्णभक्त कवियों ने परस्पर भगवान को मर्त्यलोक में उतारकर उन्हें पूर्ण समताभाव से लोक-जीवन में घुला-मिला दिया।

"मैं सब पतितन को टीकों" आदि

प्रारम्भिक पदों को छोड़कर जो महाप्रभु वल्लभाचार्य से मिलने के पूर्व के कहे जा सकते हैं, सूर में पूर्ण समता-भाव के दर्शन होते हैं। ग्वाल-बाल भगवान से निर्भीकतापूर्वक कहला सकते हैं–*खेलत में को काकों गुसैयाँ...अति अधिकार जनावत याते हैं कछु अधिक तुम्हारे गैयाँ?* यह समता-भाव तो सूर के वात्सल्य को तुलसी की पहुँच के बाहर बना देता है। कृष्ण की प्रेमिकाएँ उनकी राजनीतिज्ञता की हँसी उड़ा सकती हैं–*हरि है राजनीति पढ़ि आये।* उनके शहरीपन के साज-शृंगार पर व्यंग्य कर सकती हैं–*"दिना चार ते पहिरन सीखे पट पीताम्बर तनियाँ, सूरदास प्रभु तजी कामरी अब हरि भये चिकनियाँ।"* ब्रजभाषा के कृष्णकाव्य में जो ग्रामीण प्राकृतिक जीवन की पुकार है, वह अन्यत्र नहीं सुनाई पड़ती। मथुरा के वैभव में डूबे हुए स्वयं

कृष्ण भगवान वृन्दावन के प्राकृतिक जीवन को नहीं भूल सकते—

"ऊधौ मोहि व्रज बिसरत नाहीं।
हंससुता की सुन्दर कगरी और कुञ्जन की छाँही॥
वै सुरभी वै वच्छ दोहिनी खरिक दुहावन जाहीं।
ग्वालबाल सब करत कुलाहल नाचत गहिगहि बाँही॥"

प्रेम में भय और विषमता का स्थान नहीं रहता। इसी प्रेम-भाव से प्रेरित गोपियाँ कृष्ण का मूल्य एक छल्ला से भी कम ठहराती हैं—*जाहिगो काहूतिय को आभूषण तौ लला न छला के मोल बिकैहो।* घनानन्द ने प्रेमोन्मत्त गोपियों द्वारा कृष्ण को जो रस रूप में बिकवाया है—

"एक डोलै बेचति गुपालहि दहेड़ी धरैं
नैननि समायौ सोई बैंननि जनातु है।"

× ×

"गोकुल बधून की बिकानि पै।"

रीतिकाल

ब्रजभाषा की दूसरी मूल प्रकृत्ति रीतिकाल की है। हम देख चुके हैं कि साहित्य की गति क्रिया-प्रतिक्रियात्मक स्पन्दन के रूप में होती है, प्रतिक्रियाएँ भी कभी-कभी अनुकूल और कभी प्रतिकूल। वीरगाथा काव्य राज्याश्रित था। भक्तिकाल की कम से कम तीन धाराएँ राज्याश्रय से स्वतन्त्र थीं। *कृष्ण भक्तों का "सन्तन को कहा सीकरी सौं काम। आवत जात पन्हैयाँ टूटें, बिसरि गयो हरिनाम।"* और तुलसी के *'कीन्हे प्राकृत जन गुणगाना, सिर धुनि गिरा लागि पछिताना'* इस बात के प्रमाण हैं। प्रेममार्गी कवियों ने यदि बादशाही वक्त की वन्दना की तो उसका कारण था। वह यह कि एक तो मसनवी पद्धति में बादशाहे वक्त की वन्दना आवश्यक थी और वह उनके ही धर्म का था। इससे कोई हीनता-भाव नहीं उत्पन्न हो सकता था। रीतिकाल में कविता फिर राज्याश्रित हो गयी।

मुसलमान लोग भारत में बस गये थे। अकबर ने राजपूतों से वैवाहिक सम्बन्ध भी स्थापित कर लिए थे और उन्हें अपना विश्वासपात्र बनाकर दासता की बेड़ियों पर सोने का झोल फेर दिया था, या यों कहिए कि मखमल का खोल चढ़ा दिया था। हिन्दू बाज पराये पानि पर बैठकर अपने ही जाति के पक्षियों को मारने लगे थे। मुगल साम्राज्य में कला को भी प्रोत्साहन मिला—आगरे में शाहजहाँ का प्रस्तरीभूत अश्रु बिन्दु शुभ्र ज्योत्स्ना धौत धवल कीर्तिस्तम्भ के रूप में आज भी वर्तमान है। पराजय मनोवृत्ति की दूसरी प्रतिक्रिया—यानी हास-विलास के आनन्द की मदिरा में अपनी निराशा को डुबो देने की प्रवृत्ति जाग उठी थी। वीर केसरी धर्मध्वजा के फहराने वाले महाराजा प्रताप के स्वातन्त्र्य के जी तोड़ प्रयासों की

विफलता ने राजाओं को संघर्ष के पथ से हटाकर वातावरण की अनुकूलता प्राप्त करने के पथ की ओर अग्रसर कर दिया था। जयदेव ने जो हरिस्मरण की रसायन में विलासकला-कौतूहल का अवलेह प्रदान किया था उसकी संजीवनी-शक्ति सूर और कृष्णभक्त कवियों तक सीमित रही। पीछे से रसायन की मात्रा तो कम होती गयी और अवलेह का मधुर-मधुर स्वाद अधिक प्रबल हो गया। साधारण लोगों को तो नहीं, सम्पन्न वर्ग को उस अवलेह मात्र की मदिरा की-सी चाट पड़ गयी। साधन साध्य बन गया। कविजनों को राधा-गोविन्द के स्मरण का बहाना चाहे थोड़ी-बहुत मात्रा में रहा हो किन्तु उनकी कविता यशसे और अर्थकृते और कुछ-कुछ व्यवहारविदे के भौतिक ध्येय की साधिका बन गयी। कविजनों को भी खस के मकानों, गुलगुली गिलमों और सम्भव है सुराही और प्याले का भी चस्का लग गया। कभी-कभी बिहारी जैसे सिद्धहस्त कवि दुसह दुराज प्रजान की बात अलंकार विधान में ले आते थे किन्तु बहुत कम।

संस्कृत और प्राकृत ग्रन्थों की रस, ध्वनि और अलंकारों के विवेचन से बोझिल परम्परा हिन्दी के भक्ति-प्रधान काव्य में ऊपर तो न उठ सकी किन्तु कभी-कभी बिहारी की ससिमुखी सटपटाती हुई नायिका की भाँति भक्ति के घूँघट-पट में से रहीम के बरवै नायिका-भेद, तुलसी की बरवै रामायण, सूर के दृष्टिकूटों और नन्ददास की रसमंजरी आदि के रूप में अपनी मोहक रूप छटा की पावक झर की झार दिखा जाती थी। 'मोह न नारि नारि के रूपा' का सिद्धान्त घोर कलिकाल में अपनी स्वयंसिद्धता खो बैठी—भक्ति भी भाषा के चक्कर में पड़ गयी। सूर आदि कृष्णभक्त कवियों में जो तुलसी के मर्यादावाद की प्रतिक्रिया स्वस्थ रूप में थी किन्तु रीतिकालीन कवियों में वह अस्वस्थ हो गयी। कविता कामिनी ने रीति की गगरी से विवेचन का जल ढलका दिया और वह रीति की रीती गगरी अलंकार रूप से धारण कर बनाव-शृंगार के साथ चलने लगी। भक्ति का साँप (मैं उसको बुरे अर्थ में नहीं लेता हूँ, बनियों में तो नाग को मामा कहते हैं) निकला गया, लोग लकीर पीटते रह गये। भक्तिकाल की भाव-समन्विति पर प्रकाश डालते हुए मैंने कहा था कि उस काल की प्रवृत्तियों में नामोपासना का एक व्यापक सूत्र था। वह सूत्र क्षीण हो गया था किन्तु टूटा नहीं था। शायद उसी प्रभाव से भक्तिकाव्य के प्रतिष्ठित आलम्बन राधा और कृष्ण का नाम रीति-काव्य में अनस्यूत हो गया। इस प्रवृत्ति में जयदेव, विद्यापति, चंडीदास तथा गौड़िया सम्प्रदाय के उज्ज्वल नीलमणि आदि ग्रन्थों का भी प्रभाव पड़ा। यद्यपि गौड़िया सम्प्रदाय की रस-विवेचन-पद्धति कुछ भिन्न थी तथापि उस साहित्य में राधा-माधव नायक-नायिका के ही रूप में अधिक देखे गये थे। इन सब कारणों से जहाँ प्राचीन रीति सम्बन्धी कविता लौकिक थी वहाँ हिन्दी की नायिका-भेद की कविता अलौकिक हो गयी किन्तु उसकी अलौकिकता नाम को ही थी। हिन्दू जाति की धार्मिक मनोवृत्ति अपना क्षीण प्रभाव बनाए हुए थी। किन्तु

राधा-कृष्ण का उसमें से व्यक्तित्व निकल गया था। रीतिकालीन कवि उनको हर प्रकार के नायक और नायिका के रूप में देख सकते थे। भक्त भी अपने इष्टदेव को हर एक रूप में देखता है।

संस्कृत में लिखने वाले आचार्य को अपने पाठक के मानसिक धरातल की परवाह नहीं रहती थी। वे चुने हुए पंडितों के ही लिए लिखते थे। बिचारे हिन्दी वाले को यह खयाल रहता है कि भाषा में भी लिखकर जिसकी प्रसन्नता के लिए लिखा जाय वह भी न समझे तो लिखना सार्थक नहीं। इसीलिए बिहारी जैसे कवि ने रीति का मानसिक आधार ही लिया। लक्षणों को अपने मन में रखकर उदाहरणों को ही दिया। कुछ लोग जैसे मतिराम, देव, पद्माकर, भिखारीदास आदि ने लक्षण के साथ उदाहरण रचे। केशव ने रीतिग्रन्थ भी लिखे और अपनी रामचन्द्रिका को अपनी कविप्रिया के उदाहरण रूप लक्ष्य-ग्रन्थ बनाया। उस समय शृंगार का आधार रहा। भूषण ने रीतिकाल के प्रभाव में लक्षण-ग्रन्थ तो लिखा किन्तु उदाहरण वीर रस का दिया।

कुछ लोग आचार्य शुक्लजी से सहमत होकर केशव को रीतिकाल का प्रवर्त्तक न मानें किन्तु लक्षणों के लिए उदाहरण ग्रन्थ लिखने की रीतिकाल की मूल प्रवृत्ति का पूर्ण विकास हमको केशव में मिलता है। यह तो चुनाव की बात है कि केशव ने दंडी और रुय्यक प्रतिपादित अलंकार को सर्वस्व मानने वाली पद्धति को अपनाया और अधिकांश लोगों ने चिन्तामणि के अनुकरण में रस और ध्वनि की समन्वित पद्धति को। खैर, उसके प्रवर्तक चाहे कोई हों। वह खूब पल्लवित हुआ; उसमें हम फूल और पल्लवों की शोभा देख सकते हैं, फलों के कम दर्शन होते हैं। उसमें कला लोकोपयोगिता के परे थी—वह स्वामिनः सुखाय और स्वान्तः सुखाय दोनों थी, किन्तु स्वामिनः सुखाय का पक्ष कुछ प्रबल था। उसमें वर्ण्य की अपेक्षा वर्णन का अधिक महत्त्व था। जहाँ तुलसीदासजी अपनी कविता का श्रेय 'इहि में रघुपति नाथ उदारा' को देते हैं, वहाँ भगवान का नाम रहता अवश्य था किन्तु नाम मात्र रूप से। जहाँ भक्तिकाल की कविता में कवि अपने व्यक्तित्व की परवाह न करते हुए भी अपने व्यक्तित्व को छिपा नहीं सका था वहाँ रीतिकाल का कवि व्यक्तित्व की परवाह न करते हुए भी उसे सामने नहीं ला सका है। वह बँधे हुए ढाँचों में ही अपने व्यक्तित्व को व्यक्त कर सका है। इसीलिए उसमें निजीपन का अभाव रहा है।

रीतिकाल में राधा-कृष्ण का सजीव व्यक्तित्व नहीं रहा था वरन् वे रीति के साँचों पर ढली मूर्तियाँ बन गये थे। कविता हुक्मी हो गयी थी। सरस्वती देवी का हंस मोतियों के प्रलोभन से उनकी शीघ्र ही कवियों की जिह्वा पर ला खड़ा कर देता था। कभी-कभी वे स्वयं भी कृपा करती थीं। किन्तु रीतिकाल में निरा घासलेट साहित्य ही नहीं उत्पन्न हुआ।

रीतिकालीन कवियों में कला का प्राधान्य होते हुए भी कृष्ण-लीला का आधार

था और उस आधार पर कुछ सजीव कविताएँ भी हुईं। इस आधार को पकड़ लेने से संस्कृत कवियों की अपेक्षा हिन्दी के कवियों के उदाहरणों में कुछ अधिक सजीवता थी। रीतिकाल में कृष्णभक्त कवियों के प्रबन्धात्मक मुक्तक भी शुद्ध मुक्तक रह गये। राज-दरबारों की प्रतिद्वन्द्विताओं ने मुक्तक की चाल को और भी बढ़ा दिया था। रस-प्रेम की अपेक्षा रस-लोलुपता बढ़ गयी थी। लोलुप मन अधीर हो जाता है। धैर्य स्वास्थ्य का चिह्न है। प्रबन्ध-काव्य का रस धैर्य साध्य है। राजसी अधीरता में मुक्तक का प्राधान्य होना स्वाभाविक है। ये मुक्तक पदों के रूप में न होकर कवित्त-सवैयों के रूप में प्रचार में आये।

कृष्ण-काव्य के मुक्तकों में जीवन की अनेकरूपता किसी अंश में थी। रीतिकाल के कवियों में वह अनेकरूपता केवल शृंगार की अनेकरूपता रह गयी थी। चैतन्य सम्प्रदाय के अन्तर्गत उज्ज्वल नीलमणि और भक्ति रसामृतसिन्धु आदि ग्रन्थ लिखे गये। उनमें नायिकाओं के काफी भेद-प्रभेद थे किन्तु वे कुछ मनोवैज्ञानिक अधिक थे। भक्ति के प्राधान्य के कारण विलासिता का अंश रहा भी हो तो अवचेतनगत ही रहा, ऊपर नहीं उभरा। हिन्दी के कवियों में वह ऊपर उभर आया था। संस्कृत के श्लोकों और प्राकृत की गाथाओं में भी वह ऊपर आ गया था। हिन्दी के कवियों ने फिर भी संयम से काम लिया। हिन्दी कवियों के रीति-ग्रन्थों में राधा-गोविन्द के सुमिरन के बहानों से तो कुछ और अधिक रहा, किन्तु उसमें बौद्धिक भाव-पक्ष की अपेक्षा कलापक्ष अधिक रहा। बौद्धिक पक्ष का नितान्त अभाव न था। केशव, देव, भिखारीदास के विवेचन अपनी पद्धति की नवीनता रखते हैं। सरदार कवि की रसिकप्रिया में रसनिष्पत्ति जैसे जटिल प्रश्न की कुछ चलती-सी व्याख्या हुई है। आचार्यत्व और कवित्य-शक्ति दोनों साथ-साथ चल सकती हैं। पंडितराज जगन्नाथ इसके प्रत्यक्ष उदाहरण हैं। *'कवि करोति काव्यानि रसंजानाति पंडितः'* अथवा *'उपजँहि अनत अनत छबि लहँहि'* की बात सर्वथा ठीक नहीं है। पंडितराज ने तो इस बात को दावे से कहा कि उन्होंने सब उदाहरण अपने ही दिये हैं। कस्तूरी के सृजन की क्षमता रखने वाला मृग क्या अन्य कुसुमों के सौरभ से आकर्षित हो सकता है। ऐसी ही मनोवृत्ति देव, मतिराम आदि हिन्दी के कवियों की थी। पंडितराज भी शाहजहाँ के समकालीन थे और वे भी उसी विलासिता के प्रवाह में बह रहे थे किन्तु उनमें कवित्व और आचार्यत्व दोनों का अच्छा समन्वय था।

हिन्दी में विवेचन की अपेक्षाकृत कमी के दो कारण मालूम पड़ते हैं—एक तो गद्य का विकसित न होना, दूसरा आश्रयदाताओं के मानसिक धरातल को स्पर्श करने की इच्छा। इसीलिए नायिका-भेद का प्राधान्य रहा। फिर भी वे नारी-सान्दर्य के कुछ मनमोहक चित्र दे सके। बिहारी का *'खरी पातरी हू लगति भरी सी देह'*, *देव का 'गोरौ सो मुख ओरौ सौ बिलानों जात'* अथवा मतिराम का *'ज्यों-ज्यों निहारे नियरे ह्वै नैननि त्यों-त्यों खरी निखरे सी निकाई'* ऐसे वर्णन हिन्दी कविता के शृंगार

कहे जा सकते हैं। रीतिकाल की कविता में सामाजिक चित्रण है किन्तु उसमें इतर, चोबा, जरतारी की सारी, झूले और फाग का ही उल्लेख अधिक है। उन वर्णनों में हृदय की अपेक्षा कल्पना, शब्द-जाल और आलंकारिक चमत्कार का प्राधान्य है। गुलगुली गिलमों की सम्पन्नता में पोषित स्वच्छन्द कल्पना और रूप-विवेचन की सहज मोहकता के साथ सस्ती वाह-वाही लूटने की चाह अथवा नायिकाओं के वर्णन में सूक्ष्म भेद-प्रभेदों से पाठकों में 'या अल्लाह गौड़ों में भी और' की-सी आश्चर्य-चमत्कृत होने की भावना उत्पन्न करने की महत्वाकांक्षा नायिका-भेद सम्बन्धी साहित्य के बाहुल्य के लिए उत्तरदायी कही जा सकती है। उस साहित्य में भाव-विश्लेषण की सूक्ष्मता और वर्णन के सौष्ठव का साहित्यिक मूल्य अवश्य है किन्तु नैतिक मूल्यों का प्रायः अभाव ही रहा। उस समय की वर्णन-शैली अब भी ब्रजभाषा साहित्य को प्रभावित कर रही है।

वर्तमानयुग

हिन्दी साहित्य के वर्तमान युग का प्रारम्भ भारतेन्दु हश्चिन्द्र से हुआ। भारतेन्दु जी में यद्यपि भक्तिकाल की भक्ति-भावना और रीतिकाल की चमत्कारिकता के प्रभाव प्रबल रूप से वर्तमान हैं तथापि उनकी कविता द्वारा रीतिकाल के अवरुद्ध वातावरण में देश-भक्ति और समाज-सुधार के नये वातायन खुल गये थे। हरिश्चन्द्र-युग में ब्रजभाषा का प्राधान्य रहा। एक बार फिर कविता में नये जीवन का संचार हुआ और कविता देश-भक्ति की ओर झुकी। द्विवेदी-युग में खड़ीबोली की कविता ने धीरे-धीरे ब्रजभाषा का स्थान ले लिया, फिर भी ब्रजभाषा का जादू मिटा नहीं। श्रुति-माधुर्य के लिए अब भी वह अपनी प्रतिद्वन्द्विनी नहीं रखती।

यद्यपि ब्रजभाषा में खड़ीबोली की अपेक्षा रूढ़िवाद और प्राचीन परम्परा का आदर अधिक है तथापि वह नये भावों से अछूती न रह सकी। वह भी देश-भक्ति की भावनाओं को अपनाने में समर्थ हुई। कविवर सत्यनारायण जी उन कवियों में से हैं जिनकी वाणी में देश-भक्ति कलामय रूप से प्रस्फुटित हुई। उन्होंने देश-भक्ति के स्फुट गीत भी लिखे, *'माधव आप सदा के कोरे'* आदि पदों में सरकार पर कुछ व्यंग्य भी किये और भ्रमरदूत जैसे खंडकाव्यों में प्रसंगवश देश-भक्ति की भावनाओं का समावेश कर दिया। *'देशहि में भयो विदेश भयो अब जानिए'* अथवा *'हम कारिन कौं कारे ही आँखिन के तारे'* आदि की उक्तियाँ बड़ी मार्मिक हैं।

नवीन युग के ब्रजभाषी कवियों में सत्यनारायण जी के अतिरिक्त रत्नाकर जी, वियोगी हरि, शवरी काव्य के कर्त्ता, दैत्यवंश के कर्त्ता हरदयालुसिंह जी, दुलारेलाल जी आदि प्रमुख हैं। रत्नाकर जी में तो प्राचीन प्रभाव ही अधिक है किन्तु गंगावतरण में देश की कल्याण की चाह अधिक है और उसमें वीरकाव्य का-सा ओज भी है। वियोगी हरि जी ने तो वीर सतसई ही लिखी और वीर रस के कुछ गीत भी लिखे

हैं। शवरी काव्य भी युग की माँग को पूरा करती है। दैत्यवंश में उपेक्षितों को प्रकाश में लाने और पतितों में भी उच्चता दिखाने की भावना है। इस प्रकार ब्रजभाषा साहित्य भी समय की अनुकूलता प्राप्त कर रहा है और उसके लिए यह लांच्छन सार्थक नहीं हो सकता कि उसने विलासिता के साहित्य की पुष्टि की है। उसमें सभी प्रकार के भाव मिल सकते हैं। देखने के लिए सहृदय दृष्टि चाहिए। *'गुन न हिरानों गन गाहक हिरानों है।'*

कबीरदास जी के दार्शनिक सिद्धान्त

प्रभाव-वैष्णव धर्म : कबीर के सिद्धान्त जानने से पूर्व हमको उन पर पड़े हुए प्रभावों को जान लेना आवश्यक है। कबीरदास जी का, जन्म नहीं तो, पालन-पोषण अवश्य मुसलमान-परिवार में हुआ था। इसी कारण उनमें जाति-पाँति और मूर्ति-पूजा का विरोध दिखाई देता है। जाति-पाँति के सम्बन्ध में मुसलमानी धर्म के अतिरिक्त नामदेव, रैदास, घना आदि सन्तों ने अपने जीवन से प्रमाणित कर दिया था कि आध्यात्मिकता के उच्च भाव किसी जाति-विशेष की बपौती नहीं हैं। स्वामी रामानन्दजी द्वारा उन पर वैष्णव धर्म का गहरा प्रभाव पड़ा। इसी के कारण हम कबीर की साखियों में वैष्णव मत का आदर, भक्ति-भावना की महत्ता और मांसाहार का विरोध देखते हैं। कबीर ने शाक्तों के गाँव से वैष्णव की झोंपड़ी को अधिक महत्ता दी है। कबीर की भक्ति-भावना के सम्बन्ध में नीचे का दोहा पढ़ने योग्य है–

"और कर्म सब कर्म है भक्ति कर्म निष्कर्म।
कहै कबीर पुकारि के भक्ति करो तजि धर्म॥"

कबीर ने रामानन्द से ही भक्ति का उपदेश लेकर उसका प्रचार किया। इस सम्बन्ध में नीचे का दोहा प्रचलित है।

"भक्ती दच्छिन ऊपजी, लाये रामानन्द।
पररट करो कबीर ने, सात दीप नौ खंड॥

शांकर वेदान्त : यद्यपि कबीर की दीक्षा रामानन्दी सम्प्रदाय में हुई थी तथापि उन पर शांकर मायावाद का प्रभाव पर्याप्त मात्रा में था। यह तो नहीं कहा जा सकता कि कबीर शांकर मतानुयायियों के सम्पर्क में आये किन्तु सम्भव है कि रामानन्द जी के यहाँ ही उन्होंने इस सम्प्रदाय का भी ज्ञान प्राप्त किया हो, क्योंकि उनके यहाँ सभी मत-मतान्तर के लोग विचार-विनिमय के लिए आया करते थे। इनके अतिरिक्त रामानन्द जी स्वयं शांकरवेदान्त के बड़े पंडित थे। ऐसा कहा जाता है कि उन्होंने पहले शांकर मत का ही अध्ययन किया था और उसी में दीक्षा लेना चाहते थे किन्तु स्वामी राघवानन्द ने उनकी जान बचायी थी इसलिए उनसे रामानुज सम्प्रदाय के अन्तर्गत दीक्षा ले ली। साधना के सम्बन्ध में कबीर के ऊपर हठयोग का प्रभाव था।

सूफी-प्रभाव : यद्यपि कबीर ने शेख तक का उस आदर से नाम नहीं लिया है

जिससे कि उन्होंने रामानन्द का लिया है तथापि उन पर सूफीमत की प्रेम-साधना का पर्याप्त प्रभाव था। लाहूत, साकूत एवं चार मुकाम और मंजिलों के उल्लेख के अतिरिक्त उनकी प्रेम-भावना में सूफीमत का अधिक प्रभाव दिखाई देता है। यद्यपि ईश्वर जीव के सम्बन्ध में प्रेमी-प्रेमिका का भाव उपनिषदों में भी मिलता है। तथापि कबीर पर सूफीमत के प्रभाव को स्वीकार करना सत्य को मान ही देना होगा। कबीर ने मुसलमानों की नमाज और रोजे का जो खंडन किया है उसमें भी थोड़ा-बहुत प्रभाव सूफीमत का है, क्योंकि सूफी लोग अपने को शरीयत के बन्धन में नहीं समझते। वे अपने को रिन्द् कहना पसन्द करते हैं, मुसलमानों के मांसाहार की हँसी उड़ाने में वैष्णव धर्म का प्रभाव स्पष्ट है।

समन्वय की प्रवृत्ति : इस विवेचन का यह अभिप्राय नहीं कि कबीर की गाँठ का कुछ नहीं था, सब कुछ प्रभाव ही प्रभाव था। कबीर में अपूर्व समन्वय बुद्धि थी। ब्रह्मवाद पर सूफी प्रेमवाद की उन्होंने बड़ी सुन्दर कलम लगायी है। यद्यपि कहीं-कहीं उनकी शृंगारिक भावना इतनी हलकी हो गयी है कि बहुत दिन के व्यवहार किये हुए तामचीनी के प्याले की भाँति उसके शुष्क ज्ञान का लोहा झलकने लगता है। मुसलमानी मत के खंडन के लिए उनकी स्वतन्त्र प्रकृति और अक्खड़पन भी बहुत अंश में उत्तरदायी है। इस लेख में केवल दार्शनिक विचारों का ही उल्लेख किया जायगा और उसके साथ यह भी दिखाया जायगा कि कबीर पर और प्रभावों के अतिरिक्त उपनिषदों और ब्रह्मसूत्रों द्वारा प्रतिपादित वेदान्त और ईश्वर-प्राप्ति से साधनों में हठयोग का अधिक प्रभाव है।

उपनिषदों में ब्रह्म का स्वरूप : ब्रह्मसूत्रों में ब्रह्म के दो रूपों का उल्लेख आया है। एक शबल ब्रह्म जो संसार में व्याप्त है और दूसरा शुद्ध ब्रह्म जो संसार को अतीत करता है। एक को अंग्रजी में इम्मेनेंट (Immanent) कहेंगे, दूसरे को ट्रांसेंडेंट (Transscedent) कहेंगे।

उपनिषदों में भी दोनों पक्ष लिए गये हैं देखिए—

"वायुर्यथैको भुवनं प्रविष्ठो
रूपं रूपं प्रतिरूपो वभूव।
एकस्तथा सर्वभूतान्तरात्मा
रूपं रूपं प्रतिरूपो बहिश्च॥"

अर्थात् जिस प्रकार इस लोक में प्रविष्ट हुआ वायु प्रत्येक रूप में अनुरूप हो रहा है—घट में घट के रूप का, मकान में मकान के रूप का, उसी प्रकार एक ही आत्मा प्रत्येक रूप में उसके अनुरूप दिखाई देती है और उससे बाहर भी है। इसमें व्यापक और अतीत दोनों ही आ गये। बहिश्च शब्द से परमात्मा के संसार से अतीत रहने वाले रूप का द्योतन होता है। श्रीमद्भगवतगीता में कहा है कि भगवान के एक ही अंश से जगत व्याप्त है। *'विष्टम्याहमिदं कृत्स्नमेकांशन स्थितो जगत्'*

कबीर में भी हमको दोनो पक्ष मिलते हैं। वह सब में रमा हुआ भी है– *'सर्व रूप जग रहा समाई'* और उसके साथ वह सबसे *कबीर में दोनों रूप* परे है–*कहै कबीर सोई जन पूरा जो न्यारा कर गावै।''* वह संसार में है और संसार उसमें है।

''कहै कबीर कर्त्ता में सब है, कर्त्ता सकल समाना''

× × ×

''खालिक खलक खलक में खालिक सब जग रहा समाई''

नेति-नेति : उपनिषदों में परमात्मा के लिए नेति-नेति कहा है और उसको सबसे परे बतलाया है। वहाँ न आँख जाती है, न वाणी जाती है, मन भी वहाँ नहीं जाता। अतः इस प्रकार शिष्य को इस ब्रह्म का उपदेश करना चाहिए वह हम नहीं जानते, वह हमारी समझ में नहीं आता, वह ज्ञात से भी परे है और अज्ञात से भी परे है।

''न तत्र चक्षुर्गच्छति न वाग्गच्छति नो मनो न विद्मो न विजानीमो।
यथैतदनुशिष्यादन्यदेव तद्विदितादथो अविदितादधि।'' केन 1।3।

परमात्मा को कबीर ने सभी गुणों से परे बतलाया है। उसको किसी गुण से विशिष्ट करना उसको सीमित करना है। *''बाहर कहौं तो सतगुरु लाजै भीतर कहौं तो झूठा लो।''* यह वास्तव में विदित, अविदित, निर्गुण और सगुण सबसे परे है–

''कोई ध्यावे निराकार को कोई ध्यावै आकारा।
वह तो इन दोउन ते न्यारा, जाने जानन हारा॥''

उसके लिए एक और दो की संख्या भी नहीं कही जा सकती। मुसलमान लोग उसको एक कहते हैं। हिन्दू लोग उसको बहुत कहने के लिए बदनाम हैं किन्तु उसको वे भी एक ही मानते हैं। *''एकं सद्विप्रा बहुधा-वदन्ति''* किन्तु वह संख्या में नहीं बाँधा जा सकता है–

''अपरम परम रूप मगु नहीं तेहि संख्या आहि।
कहहि कबीर पुकार के अद्भुत कहिये, ताहि॥''

× × ×

''एक कहूँ तो है नहीं, दो कहूँ तो गारि।
है जैसा तैसा रहै, कहे कबीर विचारि॥''

वह परमात्मा सबसे ही परे है। वहाँ तक किसी की गति नहीं है–

''न तत्र सूर्यो भाति न चन्द्रतारकं,
नेमा विद्युतो भाँति कुतोऽयमग्निः।''

देखिए कबीर साहब भी ऐसा ही लिखते हैं–

''पंडित मिथ्या करहु विचारा,
नहि तहँ सृष्टि न सृजनहारा।''

× × ×

"थूल अस्थूल पावन नहिं पावक,।
रवि ससि धरनि न नीरा॥
जोतिस्वरूप नाल नहीं उहवाँ,
बचन न आहि सरीरा॥"

वह मन और बुद्धि के लिए अगम और अगोचर है। जैसा दिखाई पड़ता है, वैसा है नहीं। और जो असली रूप है वह कथन से बाहर है, वह गूँगे के गुड़ की भाँति है, वह 'अनुभवैकगम्यः' है। इसलिए उसको सैना बैना से समझाना और पड़ता है। यहीं पर रहस्यवाद आ जाता है और रूपकों और अन्योक्तियों की आवश्यकता पड़ जाती है। नारद के भक्ति-सूत्रों में भी भक्त के अनुभव को गूँगे का गुड़ नहीं वरन् इसको गूँगे का स्वाद कहा है—"मूकास्वादनवत्"—नारद भक्ति-पूत्र 52।

"जो दीसै सो तो है नाहीं, है सो कहा न जाई।
सैना बैना कहि समझाऊँ, गूँगे का गुड़ भाई॥"

दो विशेष रूप : परमात्मा को सारे संसार में व्याप्त मानते हुए भी कबीर ने उसके दो विशेष रूप माने हैं। एक ज्योतिस्वरूप और दूसरा शब्दस्वरूप। यद्यपि मुसलमानों ने भी खुदा को 'नूर' के रूप में ही देखा है तथापि हमारे यहाँ भी ज्योति की भावना प्राचीन काल से चली आयी है। उपनिषदों में भी परमात्मा को ज्योति-स्वरूप कहा है। *"अन्तः शरीरे ज्योतिर्मयो हि शुभ्रोऽयं पश्यन्ति यतयः क्षीणदोषाः।"* कबीर ने भी उसे अपने अन्तर में ढूँढ़ने को कहा है।

"मो को कहाँ ढूँढ़ै बन्दे मैं तो तेरे पास में।"

उसी परमात्मा से सारे संसार की उत्पत्ति होती है। उसके सिवा संसार में कोई और नहीं है, जो कुछ है वह उसी का खेल है। *"सदेव सौम्येदमग्र आसीदेकमेवाद्वितीयम्'*—देखिए इस सम्बन्ध में कबीरजी क्या कहते हैं—

"साधो एक आप जग माहीं
दूजा करम भरम है किरतिम ज्यों दर्पण में छाईं।
जलतरंग जिमि जल ते उपजे फिर जल माँहि रहाईं॥"

विवर्तवाद : यहाँ पर कबीर में स्पष्ट रूप से विवर्तवाद का प्रभाव है। दर्शन शास्त्रों में तीन वाद माने गये हैं—*आरम्भवाद, परिणामवाद, विवर्तवाद। आरम्भवाद* में कार्य को उत्पत्ति से पूर्व असत् माना है। मिट्टी से घड़ा जब तक बन नहीं जाता तब तक वह असत् है। यह मत न्याय-वैशेषिक का है। *परिणामवाद*—यह कार्य को उत्पत्ति से पूर्व भी सत् मानता है। घड़ा उत्पत्ति से पूर्व मिट्टी में अव्यक्त रूप से रहता है, घड़ा बनने पर व्यक्त हो जाता है। *विवर्त-वाद* मानता है कि कारण ही सत् है, कार्य सत् नहीं। मिट्टी तो घड़े के बनने से पहले भी और बाद में भी रहेगी। घड़ा न बनने से पूर्व था और न बनने के बाद में रहेगा। जो चीज आदि, मध्य और अन्त में सत् रहे वही सत् है। इस प्रकार ब्रह्म ही सत् और सव स्वप्न की भाँति झूठा है।

"मृत्कार्यभूतोऽपि मृदो न भिन्नः
कुम्भोऽस्ति सर्वत्र तु मृत्स्वरूपात्
न कुम्भरूपं पृथगस्ति कुम्भः
कुतो मृदा कल्पित नाम मात्रः"

—विवेक चूड़ामणि

सब ओर से मृत्तिका होने कारण मिट्टी से बना हुआ घड़ा मिट्टी से पृथक् नहीं होता है। जब घड़े का रूप घड़े से पृथक् नहीं होता तब घड़ा ही मिट्टी से पृथक् कैसे हो सकता है? वह तो मिट्टी में कल्पित नाम मात्र ही है। देखिए कबीर साहब मिट्टी और घड़े के रूपक को बदलकर जल को तीनों दिशाओं का रूपक देते हैं। ऊपर जल और तरंग का रूपक दिया गया है। कबीर ने पूर्ण अद्वैतवाद माना है। कोई कहने-सुनने को भी दूसरा नहीं रहता है।

"कौन कहे को कौन सुने को दूजा कौन जनावनरे।"

× × ×

"दरपन में प्रतिबिम्ब जा भासे आप चहूँदिशि सोई।
दुविधा मिटै एक जब होवे तो लख पावै कोई॥
जैसे जल ते हेम बनत है हेम धूम जल होई।
तैसे या तत, बाहू सों फिर, यह और वह सोई॥"

उपनिषदों में कहा है *'सर्वं खल्विदं ब्रह्म', 'ब्रह्मैवेदं विश्वम्'* संसार और ब्रह्म की एकता से सम्बन्धित एक शब्द और देखिए—

"दरियाव की लहर दरियाव है जी
दरियाव और लहर भिन्न कोयम।
उठे तो नीर है बैठता नीर है,
कहो किस तरह दूसरा होयम।
उसी नाम को फेर लहर धरा,
लहर के कहे पानी खोयम॥"

जल ही सत्य है, लहर बुद्बुद् केवल नामध्येय वाणी के विकार हैं, सत्य जल ही है। इसी भाव को मिट्टी के रूपक से उपनिषदों में बताया गया है।

"यथा सोम्यैकेन मृत्पिण्डेन सर्वमृण्मयं विज्ञातं स्याद् वाचारम्भणं विकारो नामधेयं मृत्तिकेत्येवसत्यम्।"

बाजीगर सच्चा बाजी झूठी : इस एकता का परिणाम यह होता है कि उस एक परमात्मा के सिवा कोई स्वतन्त्र सत्ता नहीं रहती। जो कोई स्वतन्त्र सत्ता मानी जायगी वह झूठी होगी। परमात्मा ही सबकी उत्पत्ति का उपादान और निमित्त कारण है। यह संसार बाजीगर का-सा खेल होता है जो पहले नहीं था और पीछे भी नहीं रहेगा। खेल झूठा है, बाजीगर ही सच्चा है।

"कहै कबीर विचार के कृत्रिम न करता होय।
यह सब बाजी कृत्रिम है साँच सुनो सब कोय॥"

बाजीगर के खेल में हाथी-घोड़ों के पैदा हो जाने की उपमा शांकर भाष्य में भी आयी है। ब्रह्मसूत्रों से डोरी के सहारे आकाश में लड़ने का दृष्टान्त आया है।

माया : कबीर ने माया के ऊपर विस्तृत रूप से लिखा है और उसको एक व्यापक शक्ति माना है जिससे देवता लोग भी नहीं बचे हैं।

"माया महा ठगिनि हम जानी।
तिरगुन फाँस लिए कर डोलै बोलै मधुरी बानी"

कबीर ने माया दो प्रकार की मानी है—एक, वह जो परमात्मा से मिलती है और दूसरी जो परमात्मा से अलग ले जाती है। सांख्य वाले भी तो बुद्धि द्वारा ही ज्ञान की प्राप्ति मानते हैं।

"माया दुई भाँति की देखी ठोक बजाय।
एक गहाबै राम पै एक नरक लै जाय॥"

इस भवसागर से पार जाने के लिए कबीर भी परमात्मा की कृपा को ही मुख्यता देते हैं।

"बहु बन्धन ते बाँधिया एक विचार जीव।
का बल छटे आपने जो न छड़ावै पीव॥"

भगवत्-कृपा को प्रायः सभी सम्प्रदायों ने मुख्यता दी है। उपनिषदों में कहा है कि आत्मा का साक्षात्कार उसी का होता है जिस पर परमात्मा की कृपा होती है—*"यमेवैष वृणु ते तेनैव लभ्यः तस्यैष आत्मा विवृणते तनूं स्याम्।"*

कबीर ने दूसरी प्रकार की माया की खूब बुराई की है। सारा संसार उसी से उत्पन्न होता है और फिर उसी जाल में फँस जाता है। वही जो माता है पत्नी बन जाती है। इससे ज्यादा क्या बुराई की बात हो सकती है।

"बाप-पूत की नारि यक एकै माय बिआय।"

गोस्वामी तुलसीदासजी और साहित्य-सृजना

यश लालसा से परे: साहित्यशास्त्रियों ने काव्य के कई उद्‌देश्य बतलाये हैं। उनके सम्बन्ध में आचार्य मम्मट की निम्नोल्लिखित कारिका बहुत प्रसिद्ध है।

"काव्यं यशसेऽथेकृते व्यवहारविदे शिवेतरक्षतये।
सद्यःपरिनिवृत्तये कान्तासमिततपोपदेशयुजे"[1]

—काव्यप्रकाश 1।2

इन उद्‌देश्यों में गोस्वामी जी 'यश से' और 'अर्थकृते' से कोसों दूर थे। जिन महात्मा का जीवन आदर्श 'यथालाभ सन्तोष सदा' *'काहू सों कछु न चहौंगा'* था जो 'विगत मान, सम सीतल मन' रहना चाहते थे उनके लिए यश-लिप्सा कोई अर्थ नहीं रखती थी, उनको दूसरों की भलाई-बुराई से प्रयोजन ही न था—

"साधु कै असाधु, कै भलों के पोच, सोच कहा,
का काहू के द्वार परो जो हौं सो हौं राम को।"

—कवितावली, उत्तरकांड 107

वे सब सांसारिक ऐश्वर्यों को तुच्छ समझते थे।

"सुरराज सो राजसमाज, समृद्धि
विरंचि धनाधिप सो धन भो।
पवमान सो, पावक सो, जस सोम सो,
पूषण सो, भव भूषण स भो॥"
करि जोग, समीरन साधि, समाधि कै,
धीर बड़ो, बसहू मन भो।
सब जाय सुभाय कहै तुलसी
जो न जानकी जीवन को जन्न भो॥"

—कवितावली, उत्तरकांड, 42

1. अर्थात् काव्य यश के लिए, अर्थ-लाभ के अर्थ, लोक-व्यवहार जानने के लिए, शिवेतर (शिव के विपरीत) रेगादि अनिष्टों की क्षति व नाश के मिमित्त, तुरन्त (सद्यः) परम आनन्द देने के लिए और कान्ता का-सा प्रेम-पूर्ण मन भावन उपदेश देने के लिए प्रयोजनीय है।

जिसको न धन की परवा, न यश की वह नर-काव्य क्यों लिखने बैठा? उन्होंने नर-काव्य का विरोध किया, भगवान के यश-गान के लिए ही वे भगवती सरस्वती को कष्ट देना चाहते थे, देखिए–

"राम-चरित-सर बिनु अन्हवायें।
सो स्रम जाइ न कोटि उपायें॥"

× ×

"कीन्हे प्राकृत-जन-गुन-गाना।
सिर धुनि गिरा लागि पछिताना॥"

–रामचरितमानस, बालकांड, 17

यही भक्तिकाल और रीतिकाल में अन्तर है। वह राजाओं और आश्रयदाताओं को प्रसन्न करने के लिए लिखा जाता था–यह भगवान को प्रसन्न करने के लिए। कृष्ण भक्त-कवि भी तो कह देते थे *"सन्तन कहा सीकरी सन काम?"*

लोक हिताय : कविता का जब तक उद्देश्य उच्च न हो तब तक छन्दों की छटा, अलंकारों की झंकार और शब्दों की कलाबाजी ऐसी ही सौन्दर्यहीन है जैसी कि *"विधु वदनी सब भाँति सँवारी। सोह न बसन बिना वर नारी।"* तुलसी ने 'व्यवहार विदे' कविता अवश्य लिखी, उनकी बराबर विरले ही लोगों को लोक-व्यवहार का ज्ञान था, किन्तु वह लोक-व्यवहार ज्ञान प्रसंगवश आ गया था, वह उनका मुख्य उद्देश्य नहीं था। परमार्थ उनके लिए मुख्य था, लोक उनके लिए गौण। लोक-मर्यादा की रक्षा भी शास्त्र-मर्यादा की रक्षा के लिए होती थी और शास्त्र-मर्यादा की रक्षा मर्यादा-पुरुषोत्तम राम की प्रसन्नता के लिए होती थी। वे लोकहित से उदासीन न थे लेकिन वह भी देश में राम राज्य की स्थापना के लिए तथा कुटिल कलि-काल के कुप्रभाव निवारणार्थ था। जहाँ पर हमारे प्रगतिवादी भाई,

"खेती न किसान को, भिखारी को न भीख बलि,
बनिक को बनिज न चाकर को चाकरी।"

× × ×

"दारिद-दसान दबाई दुनी।"

–कवितावली, उत्तरकांड, 97

के आधार पर बाबा तुलसीदासजी को स्वर्ग से घसीटकर अपनी पंक्ति में बैठा लेने में संकोच नहीं करते, वहाँ वे यह भूल जाते हैं कि यह दसानन दबाई दुनी की फर्याद दसानन-मद-मर्दन मर्यादापुरुषोत्तम राम के गुण-गान करने और उनके आगे प्रार्थी बनने के स्वान्तःसुख के लिए है। उसी पद में नीचे की भी पंक्तियाँ आती हैं।

"वेद हू पुरान कहीं, लोकहू बिलोकियत,
साँकरे समै पै राम रावरे कृपा करी।

दारिद-दसानन दबाई दुनी, दीनबन्धु!
दुरित-दहन देखि तुलसी हहा करी–॥''

–कवितावली, उत्तरकांड, 97

इसमें *'दारिद-दसानन दबाई दुनी'* की हार्दिक द्रवणशीलता तो है ही किन्तु दीन-बन्धु के दुरित-दहन गुणों की घोषणा और उनके आगे हहा करने का भक्त-हृदय का आह्लाद अधिक मुखरित होता है।

शिवेतरक्षतये : तुलसीदास जी ने *'शिवेतरक्षतये'* अवश्य काव्य लिखा। हनुमान वाहुक बाहु पीड़ा निवारण के लिए ही लिखा गया था। कष्ट की दुरूहता से वे मजबूर थे। किन्तु उनकी प्रार्थना भी अपने दोषों की स्वीकृति से पुष्ट थी। *''आपने ही पाप तें, त्रिताप तें, कि साप तें। चढ़ी है वाहु वेदन, कही न सहि जाति है॥''* उनकी प्रार्थना आर्त की तो थी ही किन्तु उसमें भगवान से निजी सम्बन्ध की घोषणा अधिक थी।

''चेरो तेरो तुलसी 'तू मेरो' कह्यो राम दूत'
ढील तेरी, बीर, मोहि पीर तें पिरानि है।''

हनुमान वाहुक, 30

स्वान्तः सुखाय : 'सद्यः परिनिर्बृत्तये' सभी सत्काव्य का उद्देश्य है। वह तुलसी का भी था। यही उनका 'स्वान्तः सुखाय' था, यही उनका मूल उद्देश्य है जिसकी घोषणा हमको रामचरितमानस के मंगलाचरण में ही मिल जाती है, देखिए–

''स्वान्तः सुखाय तुलसी रघुनाथगाथा-
भाषानिबन्धमतिमंजुलमातनोति॥''

–रामचरितमानस (इंडियन प्रेस), पृष्ठ 2

कथनी और करनी : इसके सम्बन्ध में हम अन्त में विचार करेंगे। *'कान्तासमिततयोपदेशयुजे'* भी गोस्वामी जी के उद्देश्यों से बाहर न था। उनका सारा काव्य उपदेशात्मक था। प्रकृति-वर्णन तक में उन्होंने उपदेशात्मकता को नहीं छोड़ा है, उनकी उपमाएँ भी उपदेश से भरपूर हैं– *'डगइ न संभु सरासन कैसे काभी वचन सती मन जैसे।'* लेकिन गोस्वामीजी ने उपदेश भी किसी गुरुडम वश नहीं दिये थे। वे कथनी और करनी के अन्तर को जानते थे। *'पर उपदेश कुशल बहुतेरे। जे आचरहिं ते नर न घनेरे।'* इसलिए वे अपने भगवान से प्रार्थना करते हैं–

''तुम अपनाओ हों तबैंहीं परि जानिहौं।
गढ़ि-गुढ़ि छोलि छाल कुन्द की सी भाईं बातै
जैसी मुख कहौं तैसी जिय जब आनिहौं॥''

–कवितावली, उत्तरकांड, 63

वे लेखक और वक्ता के उत्तरदायित्व को जानते थे। मुख पर खराद पर की सी चढ़ी साफ-सुथरी छिली-छिलाई बातों का कहना तो सहल है किन्तु उनको उर में

लाना कठिन है। 'भगवान की कृपा हुई', इस बात को वे तभी स्वीकार करेंगे जब उनका चरित्र-परिवर्तन हो जायगा। इसीलिए वह कोरे शास्त्र-ज्ञान के विरुद्ध थे–

"वाक्य ज्ञान अत्यन्त निपुन भवपार न पावै कोई,
निसि गृह मध्य दीप की बातन तम निवृत्त नहिं होई।"

–वि.प. 123

स्वान्तःसुखाय की व्याख्या : अब जरा विचार लेना चाहिए कि तुलसी का *'स्वान्तःसुखाय'* क्या था? वह *'सद्यःपरिनिर्वृत्तये'* के रूप के बहुत निकट आता है। 'सद्यःपरिनिर्वृत्तये' में उद्देश्य इतना नहीं है जितना कि फल। 'फल' और उद्देश्य में यही अन्तर है कि पहले सोचा हुआ फल उद्देश्य होता है और उद्देश्य की प्राप्ति फल कहलाती है। *'सद्यःपरिनिर्वृत्तये'* में फल की भावना अधिक है। *'स्वान्तःसुखाय'* में सृजन से पूर्व का हृदयोल्लास और सृजन से पश्चात् का आनन्द दोनों ही शामिल है। यह स्वान्तःसुखाय काव्य सृजन का सबसे पहला उपकरण है। स्वान्तःसुखाय अन्य उद्देश्यों का निराकरण नहीं करता है किन्तु जब तक *'स्वान्तःसुखाय'* की भावना नहीं होती, जब तक काव्य में हृदय का रस नहीं मिलता, तब तक उसमें सजीवता नहीं आती है। जो लोग लोकहित और प्रचार की महत्ता देते हुए *'स्वान्तः सुखाय'* का विरोध करते हैं उनको यह जानना चाहिए कि *'स्वान्तःसुखाय'* के बिना लोकहित भी ग्रामोफोन के रेकार्ड का-सा प्रोपेगंडा बन जाता है। उसमें जान नहीं होती। कबीर में लोकहित था किन्तु उसके साथ उनका स्वान्तःसुख भी मिला हुआ था। तुलसी ने जो लोकहित की बातें कहीं वे सब हृदय की ईमानदारी के साथ और 'स्वान्तःसुखाय' कहीं।

व्यक्तिवाद नहीं : अब प्रश्न यह होता है कि तुलसी ने *'सुवान्तःसुखाय'* की बात कहकर क्या व्यक्तिवाद को आश्रय दिया? तुलसी व्यक्तिवादी नहीं थे। वे लोक-संग्रह और समाज-व्यवस्था में विश्वास रखते थे। उनका स्वान्तःसुख 'बहु जनसुखाय' और 'बहु जनहिताय' भी था। उनका स्वान्तःसुख रामभक्ति की प्रतिष्ठा में था और उस समय समाज को व्यवस्था देने और उसकी रक्षा के लिए राम के आदर्श चरित का अनुशीलन आवश्यक था। इसलिए उनका 'स्व' संकुचित स्व न था, उसका विश्वात्मा से, जिसके प्रतीक भगवान राम थे, तादात्म्य था।

कलावाद नहीं : गोस्वामी का स्वान्तःसुखाय *'आर्ट फार आर्ट्स सेक'* का बहुत उन्नत हुआ रूप हो सकता है किन्तु *'आर्ट फार आर्ट्स सेक'* साधारण और प्रचलित अर्थ में नहीं है। वे काव्य-कला के सब अंगों को जानते हुए भी उनकी परवाह नहीं करते थे। नीचे की चौपाई में वे प्रायः सभी अंगों को गिनाकर कहते हैं कि उनकी सफलता इनके कारण नहीं वरन् रामविषयक होने के कारण हैं–

"आखर अरथ अलंकृति नाना।
छन्द प्रबन्ध अनेक विधाना॥

भाव-भेद रस-भेद अपारा।
कवित-दोष-गुन विविध प्रकारा॥
कवित्त विवेक एक नहिं मोरे।
सत्य कहउँ लिखि कागद कोरे॥

× × ×

एहि महँ रघुपति नाम उदारा
अति पावन पुरान स्रुति-सारा॥''

–रामचरितमानस (इंडियन प्रेस), पृष्ठ 15

'आखर अरथ अलंकृति नाना' से अक्षर और अर्थ (*'वर्णानामर्थ-संघानां रसानां छन्दसामपि'*[1] कालिदास ने भी वागर्थ को प्रधानता दी है) का अभिप्राय लिया गया है किन्तु इसका कर्थ अलंकृति को मिलाकर शब्द और अर्थ के अलंकार भी हो सकता है। छन्द-रचना के अनेकों प्रकार, भाव-भेद और रस-भेद कविता के गुण-दोष का ज्ञान रखते हुए भी वे अपने को इनसे अनभिज्ञ बतलाते हैं।

''कवि न होउँ नहि वचन-प्रबीनू।
सकल कला सब विद्या-हीनू॥''

विषय की उत्तमता : उन्होंने केशव की भाँति यह गर्व नहीं किया *'रामचन्द्र की चन्द्रिका वर्णत हौं बहु छन्द।'* गोस्वामी जी ने रघुपति के नाम को ही प्रधानता दी है। वह कला की अपेक्षा विषय को प्रधानता देते हैं। विषय की उच्चता से कला में भी उच्चता आ जाती है। कवित्व चाहे जितना हो किन्तु उसमें विषय की उत्तमता न हो तो वह नीरस हो जाता है, देखिए–

''भनिति विचित्र सु-कवि-कृत जोऊ।
राम नाम बिनु सोह न सोऊ॥
विधुबदनी सब भाँति संवारी
सोह न वसन बिना घर नारी

–रा.च. मानस, पृष्ठ 15

1. यह रामचरितमानस के मंगलाचरण का पहला ही श्लोक है। इसमें काव्य के सभी उपकरण आ गये हैं। शब्द और अर्थ को काव्य का शरीर माना गया है। उसको बतलाने के लिए वर्णों और अर्थ संघों का उल्लेख हुआ। अर्थों के संघ में अभिधा, लक्षणा, व्यंजना आदि शब्द-शक्तियाँ भी आ गयी--रस को काव्य की आत्मा कहा गया है। वर्णों और अर्थों के साथ रसों का भी उल्लेख हुआ है। रसों को प्रेषणीयता देने के लिए छन्दों की आवश्यकता होती है। तुलसीदास जी छन्दों को भी नहीं भूले है। 'मंगलानांचकर्त्तारौ' में काव्य के मंगलविधायक उद्देश्य की ओर भी संकेत हुआ है। वाणी और विनायक की जो प्रार्थना की गयी है वह भी काव्य की आवश्यकताओं के अनुकूल है। वाणी का, सरस्वती का सम्बन्ध शब्द, योजना और कला से है और विनायक का सम्बन्ध अर्थ या भावपक्ष से है। इसमें बुद्धि और हृदय का भी समन्वय व्यंजित है।

गोस्वामी जी का जीवन जैसा राममय था वैसी ही उनकी कविता राममय थी और यही उनके श्रेय का कारण थी। कलावादी विषय को प्रधानता नहीं देते और वे लोकहित से उदासीन रहते हैं। गोस्वामी जी ने लोकहित को मुख्यता दी है।

"कीरति भनिति भूति भलि सोई।
सुरसरि-सम सब कहँ हित होई॥"

–रा.च. मानस, पृष्ठ 21

हितवाद : तुलसी कलावादी नहीं थे वरन् हितवादी थे और उनका हितवाद हृदय-पक्ष से समन्वित था। संक्षेप में हम कह सकते हैं कि तुलसी का सृजन-सिद्धान्त हित-समन्वित हृदयवाद था। वह Art for art's sake न था वरन् Art for Heart's sake था और उनका हृदय विश्वात्मा के हृदय के साथ ठीक प्रतिस्पन्दित होता था। उनका *'स्वान्तःसुखाय'* स्वच्छन्दतावाद पहीं था। आजकल का हृदयवाद लोक-मर्यादा की परवाह नहीं करता, न उसको लोकमत का ध्यान रहता है।

लोकमत का आदर : तुलसी के हृदयवाद में लोकमत की उपेक्षा नहीं थी लेकिन उनके लोकमत में बुध जन सम्मिलित थे और होना भी यही चाहिए। साधारण लोकरुचि और लोकमत में नौटंकी और स्वाँग भी आदर पा जाते हैं। इसलिए वह स्वान्तःसुखाय के पक्षपाती होते हुए बुध जनों की आदर की अपेक्षा रखते हैं; वे साधु समाज में अपनी वाणी का सम्मान चाहते थे, देखिए–

"होहु प्रसन्न देहू बरदानू।
साधु समाज भनिति सनमानू॥
जो प्रबन्ध बुध नहिं आदरहीं।
सो स्रम बादि बाल कवि करहीं॥"

–रा.च. मानस, पृष्ठ 20

कवि और भावक : गोस्वामीजी भावक और आलोचकों के प्रति उदासीन नहीं थे। वे कवि और भावक (Critic) का कार्य अलग-अलग मानते थे और भावक और सहृदय पाठक के आस्वाद में ही काव्य की पूर्णता स्वीकार करते थे, देखिए–

"मनि-मानिक-मुकता-छबि जैसी।
अहि-गिरि-गज-सिर सोह न तैसी॥
नृप-किरीट तरुनी-तनु पाई।
लहहि सकल सोभा अधिकाई॥
तैसेहि सु-कवि-कवित बुध कहहीं।
उपजहिं अनत अनत छवि लहहीं॥"

–रामचरितमानस (इंडियन प्रेस), पृष्ठ 17

संस्कृत में भी कहा है– *'एकः सूते कनकमुपलः तत्परीक्षाक्षमोऽन्य'* अर्थात् एक पत्थर सोना उत्पन्न करता है किन्तु उसकी परीक्षा करने वाला दूसरा ही पत्थर (कसौटी का) होता है।

इसी हितवाद के कारण तुलसी ने भाषा की भी परवाह नहीं की, *वे भाषा को गौण ठहराते हुए* भाव के ही पारखी थे।

"का भाषा का संस्कृत, प्रेम चाहिए साँच
काम जु आवे कामरी, का ले करै कुमाँच॥"

–दोहावली, 572

किन्तु उनकी भाषा की कामरी संस्कृत के कुमाँच से अधिक मूल्यवान बन गयी। माया को वे बाह्य आडम्बरों से दबाना भी नहीं चाहते थे। वे उसको सरल और जन साधारण के बोधगम्य देखना चाहते थे–

"सरल कवित कीरति विमल
सोइ आदरहिं सुजान।
सहज वैर विसराइ रिपु
जो सुनि करहिं बखान॥"

–रा.च. मानस; पृष्ठ 21

चरित नायक की श्रेष्ठता : भाषा की सरलता के साथ वे भगवान रामचन्द्र जैसे विमल कीर्ति वाले चरित-नायक चाहते थे। तुलसीदास ने हिन्दी के साथ बड़ा उपकार किया कि उस समय पंडित समाज में संस्कृत का प्रचार होते हुए भी और संस्कृत में लिखने की क्षमता रखते हुए भी उन्होंने राम कथा के सहारे हिन्दी को ऊँचा उठाया, यद्यपि केशव की भाँति उन्होंने हिन्दी में लिखने के लिए अपने को 'मन्द-मति' नहीं कहा। *'उपज्यो तेहि कुल मन्दमति शठ कवि केशवदास'*। तथापि हिन्दी की हीनता की थोड़ी-बहुत कसक अवश्य थी–

"स्याम सुरभि पय विसद अति
गुनद करहिं सब पान।
गिरा ग्राम्य सिय-राम-जस,
गाबहिं सुनहि सुजान॥"

–रा.च. मानस; पृष्ठ 17

किन्तु गोस्वामीजी को हम इसके लिए दोषी नहीं ठहराते। हिन्दी को 'ग्राम्य' कहने में उनके मुख से तत्कालीन पंडित-समाज बोल रहा था। फिर भी उन्होंने बड़ा साहस किया। वास्तव में वे हिन्दी को हीन नहीं कहना चाहते थे वरन् राम-यश वर्णन की बड़ाई करना चाहते थे। एक की बड़ाई में दूसरे का छोटापन कुछ व्यंजित हो जाता। वे जब अपने को ही श्रेय नहीं देते थे तब अपनी वाणी को क्या श्रेय देते?

गोस्वामीजी की कविता में जो रस और कवित्व आया है वह स्वाभाविक रूप से या विषय के प्रभाव से (रामप्रताप) आया।

"जदपि कवित रस एकउ नाहीं।
राम-प्रताप प्रगट एहि माँही॥"

–रा.च. मानस (इंडियन प्रेस); पृष्ठ 16

–'साहित्य-सन्देश' जुलाई 1951

विनय-पत्रिका : एक संक्षिप्त अध्ययन

गीति काव्य : गीतों का सम्बन्ध प्रायः स्त्रियों से किया जाता है और एक दूषित मनोवृत्ति के कारण उस शब्द का महत्त्व भी कुछ घटा हुआ-सा दिखाई देता है। किन्तु उस शब्द की पूर्ण प्रतिष्ठा हमको श्रीमद्-भगवद्गीता और गीत-गोविन्द में दिखाई देती है। जब हम किसी रचना को गीत कहते हैं तब उसका महत्त्व घटता नहीं है। जो गाया जाय या गाया जा सके वह गीत है। इसलिए हमारे परम पूज्य ग्रन्थ वेदों की रचनाएँ भी गीत की ही संज्ञा में आती हैं। स्वयं वेद भी अपने को गीत घोषित करते हैं *'गीर्भिःवरुण सीमहि'*। हे मेरे वरणीय! मैं गीतों में तुम्हें बाँधता हूँ। इतना ही नहीं, गीत गायक के प्रभु को भी प्रिय हैं–

''सेमं नः स्तोमया गह्यु पेदं सवनं सुतम्
गौरो न तृषितः पिव''

—ऋ. 1-16-5

(प्यासा और मृग जैसे जलाशय से जल पीता है वैसे ही तुम मेरे गीत में तन्मय होकर मेरा अनुभव करो)।

—महादेवी का विवेचनात्मक गद्य; पृष्ठ 150-151

हमारी मानसिक वृत्तियों में ज्ञान की अपेक्षा भावना की वृत्ति कहीं अधिक शक्तिशालिनी और बेगवती होती है। भावना के बल पर ही धर्म अधिकांश मानव-समाज संचालन करता है।

भावों की अभिव्यक्ति अपने हृदय का भार हलका करने के लिए होती है, वह सच्चे रूप में स्वान्तःसुखाय कही जा सकती है। भाव-लहरी जब मानसरोवर में तरंगित होती है तब आत्याभिव्यक्ति अदम्य आवश्यकता बन जाती है। भावों की गतिमयता अपने लिए गद्य का सिकतामय मार्ग छोड़कर संगीत का तरल और प्रवाहमय माध्यम खोज निकालती है। शब्द निर्झर वेग से प्रभावित होने लगते हैं। श्रीमती महादेवी वर्मा के शब्दों में हम गीति की इस प्रकार व्याख्या कर सकते हैं–''साधारणतः गीति व्यक्तिगत सीमा में तीव्र सुखदुखात्मक अनुभूति का वह शब्द रूप है जो अपनी ध्वन्यात्मकता में गेय हो सके।''

लक्षणों का पूर्ण निर्वाह : डॉ. रामकुमार वर्मा के गीतिकाव्य के चार लक्षण हैं।

(1) आत्माभिव्यक्ति, (2) विचारों की एकरूपता, (3) संगीत और (4) संक्षिप्तता। विनय-पत्रिका में ये चारों गुण पूर्णरूपेण मिलते हैं। तुलसी के आत्म-निवेदन में दास्य-भाव का पूर्ण आत्म-समर्पण और निजीपन है। वे भगवान की प्रसन्नता के लिए एक निजी उत्साह के साथ काव्य-रचना करते हैं। यद्यपि आचार्य शुक्लजी ने विनय-पत्रिका में भी तुलसी की प्रवृत्ति प्रगीत-काव्य की अपेक्षा अनुकृज काव्य की ओर अधिक बतायी है (शुक्लजी स्वयं अनुकूल या विषयगत काव्य के पक्ष में अधिक है, ऐसा लिखना उनके मानसिक झुकाव का फल है) तथापि इसमें लोक के प्रतिनिधित्व की अपेक्षा अपना प्रतिनिधित्व अधिक है। गोस्वामी जी तत्कालीन परिस्थितियों से प्रभावित अवश्य थे, उसकी उनको चेतना भी थी, *''राज-समाज कुसाज कोटि कटु कल्पत कलुष कुचाल नयी है''* (विनय-पत्रिका 139) आदि बातें सामाजिक विषमताओं के प्रति उनकी जागरूकता की द्योतक हैं किन्तु वे पंक्तियाँ अभियुक्त कविकाल की शिकायत में ही कही गयी हैं। कहने का तात्पर्य यह है कि विनय-पत्रिका में लोक-पक्ष के होते हुए भी निजीपन और वैयक्तिकता, जो गीत-काव्य की जान है, अधिक है।

विनय-पत्रिका में सब विचार इष्टदेव राम के प्रति दास्य भाव से शरणागति में अन्वित हैं। उसके सभी पद भावानुकूल रागों में बँधे हुए हैं और उनमें संक्षिप्तता का भी गुण (कुछ पदों को छोड़कर) वर्तमान है।

अन्यगीत-काव्यों से भिन्नता : वर्ण्य-विषयों के सम्बन्ध में तुलसी की विनय-पत्रिका अन्य सब गीत-काव्यों से भिन्न हैं। गीत-गोविन्द की कोमलकान्त पदावली में भी हरि-स्मरण की रसायन की अपेक्षा विलास-कला-कौतूहल का मधुमय अवलेह अधिक है। विद्यापति और चंडीदास में भी प्रायः यही बात है। धार्मिक भाव रखते हुए भी उन लोगों ने कृष्ण और राधा को शृंगार रस के आलम्बन और आश्रय के रूप में ही अधिक दिखाया है। कबीर में भावाभिव्यक्ति है। निर्गुण आलम्बन के प्रति दाम्पत्य-भाव की शृंगारमयी अभिव्यंजना की गयी है किन्तु उनके निर्गुण पर जो शृंगारिक आलम्बन का आवरण डाला गया है, वह उनकी झीनी-बीनी चदरिया की भाँति ही पारदर्शक है। उनकी सेज शून्य की होकर शून्य ही-सी बनी रहती है। निर्गुण का गुनगान तो एक बद्तो व्याघात-सा लगता है फिर भी उसकी परात्परता और अतीतता एवं व्यापकता भावना के विषय बन जाते हैं। उनको कल्पना में दूलह का रूप दिया जाता है और स्वयं 'राम की बहुरिया' बनकर उन्होंने ब्रह्म के प्रति आत्म-निवेदन भी किया है किन्तु उसमें न मीरा का-सा निजीपन आता है और न तुलसी की-सी तीव्रता और आर्त-भावना। कबीर में वह दीनता और अपने दोषों की आत्म-स्वीकृति न थी जो गोस्वामीजी में भी थी। कबीर तो परवाना लेकर आये थे और वे कबीर (बड़े) ही थे। सूर में अवश्य दीनता और तन्मयता थी। उनके कथात्मक पदों में भी 'सूर के प्रभु' की छाप लग जाने से एक निजीपन आ जाता है और वे आत्म-निवेदन का रूप

धारण कर लेते हैं। उनके विनय के पदों में थोड़े-बहुत अक्कड़पन के साथ दीनता है लेकिन तुलसी की-सी आर्तता नहीं। इसका शायद यह कारण हो कि गोस्वामीजी को कलियुग का जितना कटु अनुभव था उतना सूर को नहीं। तुलसी की अपेक्षा सूर को अपने सम्प्रदाय का संरक्षण अधिक मिला था।

विनय-पत्रिका अन्य मुक्तक ग्रन्थों से एक और बात में भिन्न है। वह यह है कि यह नितान्त संग्रह-ग्रन्थ नहीं है। इसमें एक क्रम और व्यवस्था है। इसके प्रारम्भ में देवताओं की जो प्रार्थनाएँ हैं वह एक विशेष मर्यादा के क्रम से रखी गयी है। पहले गणेश जी की, फिर सूर्य की उसके बाद महादेवी जी की।

इसमें विनय-पत्रिका का पूरा रूपक बाँधा गया है। दरबारी मर्यादा की पूरी रक्षा की गयी है। माता सीता, लक्ष्मणजी आदि की सिफारिश है और अन्त में रामचन्द्रजी की 'सही' है। एक जगह हनुमानजी से कुछ अनुचित वह कह गये–

''जानत हौं कलि तेरेऊ मनु गुनगन कीले।'' (32)

इसी दोष की क्षमा याचना के लिए वे लिखते हैं–

''अति आरत, अति स्वारथी, अति दीन दुखारी।
इनको बिलगु न मानिये, बोलहिं न बिचारी॥''34॥

इस प्रकार इसमें स्वतःपूर्ण मुक्तक होते हुए भी इसके पद एक क्रम से व्यवस्थित हैं।

रस : विनय-पत्रिका शान्त रस से आप्लावित है। इसमें रस की पूर्ण सामग्री मिलती है। इसका स्थायी भाव निर्वेद है जो संसार के अभावों से नहीं वरन् संसार की अनित्यता और असारता से उत्पन्न होता है–

''मन पछितैहै अवसर बीते।

× × ×

सुत बनितादि जानि स्वारथ रत, न करु नेह सब ही तें।
अन्तहुँ तोहि तजैंगे, पामर! तू न तजै अबही तें॥''198॥

भगवान रामचन्द्र जी इसके आलम्बन विभाव हैं। वे सगुण और निर्गुण दोनों ही हैं। वे सच्चिदानन्द ब्रह्म हैं और भक्तों के हित नर रूप धारण करते हैं। *('जयति सच्चिद्व्यापकानन्द यद्, ब्रह्म बिग्रह-व्यक्त लीलापतारी।' 43।)* उनके सौन्दर्य *('कन्दर्प-अगनित-अमित-छवि, नवनील नीरज सुन्दरम्।' 45।)* शक्ति *('दनुज-वन-धूमध्वज, पीन आजानु भुजदंड कोदंडवर-चंडवानं ।' 46।)* और शील *('निजगुन परिकृत अनहितौ दास दोष सुरति चित न रहत दिये दान की।'* शील का वर्णन पद-संख्या 100 में बड़ा सुन्दर हुआ है– *'सुनि सीतापति सील सुभाउ।')* तीनों दैवी विभूतियों का वर्णन है। इसके अतिरिक्त भक्तवत्सलता आदि के भी बहुत से उदाहरण हैं।

उद्दीपनों में राम पद अंकित भूमि रधुवर बिहार-स्थल चित्रकूट और कामधेनु

कलिकासी आदि तीर्थों तथा सन्त-संगति का *(देहि सतसंग निज अंग श्री रंग, भव भंग-कारन, सरनसोक हारी*–(पद 57) वर्णन है।

इसमें शान्त रस के पश्चात्ताप, दैन्य, हर्ष, सन्तोष आदि संचारियों के वर्णन की प्रचुरता है। तुलसी ने स्वयं इन संचारियों का भक्ति के साधन रूप से उल्लेख किया है–*(सम सन्तोष विचार विमल अति, सतसंगति, ये चारि दृढ़ करि धरु)* यत्रतत्र अनुभाव भी बिखरे पड़े हैं *(सजल नयन, गद्‌गद्‌ गिरा, गहवर मन, पुलक सरीर)* और रौद्र, अद्‌भुत, वीर, करुण रस, अंग या संचारी रूप से मौजूद हैं। अद्‌भुत का उदाहरण देखिए–

"केसव, कहि न जाइ का कहिये।

× × ×

सून्य भीति पर चित्र, रंग नहिं, तनु बिनु लिखा चितेरे।"111।

इस प्रकार ग्रन्थ में शान्त रस पूर्णतया पुष्ट होता है।

भक्ति-भावना : तुलसी की भक्ति-भावना दास्य-भाव की है जिसमें पूर्ण दैन्य और शरणागति के भावों का निर्वाह हो सकता है। दास्य में अभिसार छूने नहीं पाता। सेवक के नाते सारी जिम्मेदारी स्वामी पर आ जाती है। *('बिगरे सेवक स्वान ज्यों साहिब सिर गारी'–पद 150)* वैष्णवों की भक्ति की यह विशेषता है कि वे अपने उद्धार के लिए अपने पुरुषार्थ पर भरोसा नहीं करते। इस बात का निदर्शन विनय-पत्रिका में पूर्ण रीति से है। *'करि उपाय पचिमरिय तरिय नहिं जब लगि करहु न दाया।' (116)।* भक्त का कल्याण भगवान के अनुग्रह पर अवलम्बित है। किन्तु इसका अभिप्राय यह नहीं कि नीति और साधना की अवहेलना की गयी हो। तुलसीदासजी को अपने दोषों की पूरी चेतना थी।

तुलसी ने अपने भगवान के शील का वर्णन कर नीति का उच्च आदर्श हमारे सामने उपस्थित किया है।

तुलसीदासजी भक्ति को ही परम साध्य मानते हैं *'चहौं न सुगति, सुमति, सम्पति, कछ, रिधि सिधि, बिपुल बड़ाई। हेतुरहित अनुराग राम पद बढ़ौ अनुदिन अधिकाई।' (103)।* भगवत सम्बन्ध में रहने की तुलना में वे धर्म, अर्थ, काम, मोक्ष रूपी चारों फलों को भी तुच्छ समझते हैं–

"मोको अगम, सुगम तुम्हको प्रभु!
तऊ फल चारि न चहिहौं।
खेलिवे कौ खग मृग तरु किंकर ह्वै
रावरौ राम हौं रहिहौं॥"231॥

साधनों में भी गोस्वामीजी भक्ति को हो मुख्यता देते हैं–

"तुलसिदास व्रत दान ज्ञान
तप, सिद्धि हेतु स्रुति गावै।

रामचरन-अनुराग-नीर बिनु
मल अति नास न पावै॥''82॥

यद्यपि गोस्वामीजी ने भक्ति को सबसे अधिक महत्ता दी है। तथापि उन्होंने ज्ञान की अवहेलना नहीं की है। ज्ञान और भक्ति के योग से भगवान का अवतार होता है। भक्ति को माता का-सा महत्त्व दिया है। *'ग्यान-अवधेस, गृह-गेहिनी-भक्ति सुभ, तत्र अवतार भूभार हर्त्ता।' (58)* किन्तु वह ज्ञान भी हरि और गुरु की कृपा पर आश्रित रहता है– *''हरि गुरु करुना बिनु विमल विवेक न होई।''*

यद्यपि तुलसीदासजी ने दास्य भाव की भक्ति की है तथापि उनके स्वामी के साथ उनका भय का सम्बन्ध नहीं है। उनका प्रेम का सम्बन्ध है। उनके स्वामी भी ऐसे नहीं जो बहुत अधिकार जताते हों। वे केवल प्रेम के भूखे हैं, देखिए *'बलि पूजा चाहत नहीं चाहै हौं एक प्रीति'* (107)। इसी प्रीति के बल पर सूरदास की भाँति उनसे अकड़ सकते हैं और हठ भी करते हैं, देखिए–

''प्रन करि हौं हठि आजु तें रामद्वार पर्यो हौं
'तू मेरो' यह बिनु कहै-उठिहौं न जनम भरि
प्रभु की सौं करि निबर्यौ हौं।
दै दै धक्का जमभट थके, टारे न टर्यो हौं।

× × ×

हौं मचला, लै छाड़िहौं जेहि लगि अर्यौ हौं॥''267॥

तुलसी के भगवान तो इतने भक्तवत्सल हैं कि वे स्वयं ही भक्त पर कृपा करते हैं और उसी को जगाते हैं। यदि उससे यह लाभ न उठावे तो उसका दोष है। सज्जन लोग उससे लाभ उठाकर सुखी होते हैं।

''जानकीस की कृपा जगावती, सुजान जीव,
जागि त्यागु मूढ़ताऽनुरागु श्रीहरे॥

× × ×

स्रवन सुनि गिरा गँभीर, जागे अति धीर,
बीर वर विराग तोष सकल सन्त आदरे।''74।

विनय-पत्रिका में भक्ति की सातों भूमिकाएँ मिलती हैं, देखिए–

दीनता–

''दीन को दयालु दानि दूसरो न कोऊ।
जाहि दीनता कहौं हौं दीन देखौं सोऊ॥''78॥

× × ×

''माधव मो समान जग माहीं।
सब बिधि हीन, मलीन, दीन अति लीन-विषय काउ नाहीं॥''114॥

मानमर्षता–

"कृपा सो घौं कहाँ बिसारी राम।"

× × ×

एक-एक रिपु तें त्रासित जन, तुम राखे रघुवीर।
अब मोहि देत दुसह दुख बहु रिपु कस न हरहु भव पीर॥93॥

भय-दर्शना–

"सुनु मन मूढ़ सिखावन मेरो!
हरिपद विमुख लह्यो न काहू सुख, सठ यह समझ सबेरो॥87॥"

भर्त्सना–

"मेरो मन हरि! हठ न तजै!।

× × ×

लोलुप भ्रम गृह पसु ज्यों जहँ-तहँ सिर पद-त्रान बजै
तदपि अधम बिचरत तेहि मारग कबहुँ न मूढ़ लजै॥89॥"

आश्वासन–

"ऐसो हरि करत दास पर प्रीती।98।"

× × ×

"ऐसो को उदार जग माही!
बिनु सेवा जो द्रवै दीन पर राम सरिस कोउ नाहीं॥162॥"

मनोराज्य–

"कबहुँक हौं यहि रहनि रौंगो
श्री रघुनाथ-कृपाल-कृपा तें सन्त-सुभाव गहौंगो॥172॥"

विचारणा–

"केसव कहि न जाइ का कहिये?॥111॥"

× × ×

"माधव! असि तुम्हारि यह माया॥116॥"

इन भूमिकाओं के अतिरिक्त विनय-पत्रिका में पश्चात्ताप आदि के भी बड़े सुन्दर पद मिलते हैं। इन पदों में पश्चात्ताप के साथ दृढ़ संकल्प भी मिलता है–

"अब लौ नसानी अब न नसैहौं।
राम-कृपा भवनिसा सिरानी, जाग पुनि न डसैहौं।105।"

इस प्रकार तुलसी की विनय-पत्रिका में वैष्णव धर्म का रूप सांगोपांग उतर आता है। सुर तथा अन्य भक्तों और तुलसी की भक्ति में इसी बात का अन्तर है कि तुलसी में दोषों की आत्म-स्वीकृति अधिक है *'नाहिन कछु औगुन तुम्हार, अपराध मोर में माना'* और उसी के साथ नीति और वेद तथा लोक-मर्यादा के पालन पर आग्रह है। तुलसी अपनी अनन्यता, निस्वार्थता और आर्तता में किसी से कम नहीं हैं!

दार्शनिक विचार : गोस्वामी तुलसीदास जी मूलतः भक्त थे। भक्ति ही उनका

जीवन रस था। वे दार्शनिक पचड़ों में नहीं पड़ना चाहते थे। उनके लिए दार्शनिकवाद भी प्रपंच रूप थे। उनको वे 'वाक्य ज्ञान' के ही अन्तर्गत रखते थे। *(वाक्य-ज्ञान अत्यन्त निपुन भव-पार न पावै कोई)* इसलिए उन्होंने सब वादों को भ्रम रूप कहा है। देखिए—

"कोउ कह सत्य, झूठ कह कोऊ, जुगल प्रबल करि मानै।
तुलसिदास परिहरै तनि भ्रम, सो आपन पहिचानै ॥111॥"

फिर भी वे संसार के और जीव ब्रह्म के सम्बन्ध में विचार किये बिना नहीं रहे। भक्ति के लिए भी तो दार्शनिक आधार चाहिए। संसार को मिथ्या और अनित्य बतलाने में उन्होंने मायावाद के सब रूपकों को अपनाया है। संसार को मिथ्या मानना उनकी अनन्य भक्ति में साधक था क्योंकि उसको सत्य मानकर उसके प्रति आसक्ति नहीं छूट सकती—

"जगनभ-वाटिका रही है फलि फूलि, रे!
धुवाँ के से धौरहर देखि तू न भूलि, रे ॥66॥"

इस संसार को उन्होंने मृगवारि और रज्जु-सर्प और स्वप्न-का-सा धोखा भी माना है— *'बूढ़ो मृगवारि, खायो जेबरी को साँप रे'* (73)—किन्तु इन उपमाओं द्वारा उन्होंने संसार के त्याग पर ही अधिक बल दिया है और मैं और मोर के अहं-भाव को ही दुःख का कारण माना है। देखिए—

"सपने व्याधि विविध बाधा जनु,
मृत्यु उपस्थित आई।
वैद अनेक उपाय करें,
जागे बिनु पीर न जाई।
स्रुति-गुरु-साधु-स्मृति-सम्मत यह,
दृश्य सदा दुखकारी।
तेहि बिनु तजें, भजे बिनु रघुपति,
बिपति सकै को टारी?
बहु उपाय संसार-तरन कहँ,
विमल गिरा स्रुति गावै।
तुलसिदास मैं-मोर गये बिनु,
जिय सुख कबहुँ न पावै॥"

—(विनय-पत्रिका-120)

यह कहना कठिन है कि वैराग्य-साधना के ही लिए अथवा वास्तव में भी वे संसार को मिथ्या मानते थे। यह प्रश्न अवश्य उपस्थित होता है कि क्या वे चित्रकूट और अयोध्या को भी मिथ्या मानते थे? उनके राम तो स्वयं ब्रह्म ही थे। वहाँ परमार्थ और व्यवहार का भेद न था।

जीव और ब्रह्म की एकता के सम्बन्ध में वे द्वैत-भाव की ओर अधिक झुके हुए प्रतीत होते हैं, यद्यपि कहीं-कहीं एकता की भी झलक मिलती है।

नीचे के पदांश में द्वैत-भाव स्पष्ट है। यह भाव भक्ति का पोषक होने के कारण तुलसीदासजी को मान्य होगा, ऐसा अनुमान किया जा सकता है। देखिए—

"हौं जड़ जीव, ईश रघुराया।
तुम मायापति हौं बस माया ॥178॥"

उनके राम माया के बस में नहीं थे, इसलिए वे राम होकर भी ब्रह्म बने रहते थे और जीव मायावश होने के कारण जीव ही रहता है। माया छूटने पर भी वह ईश्वर-अंश ही रहेगा, ईश्वर नहीं होगा— *'ईश्वर अंस जीव अविनाशी।'* कबीर की भाँति समुद्र में दरिया नहीं समाता, इसलिए तुलसीदास जी कहते हैं—

"तुलसीदास जाचक रुचि जानि दान दीजै
रामचन्द्र चन्द्र तू, चकोर मोहि कीजै ॥80॥"

नीचे का पद इसी अंशांशी भाव की अद्वैतता की ओर संकेत करता है। ईश्वरांश होने में जीव के कल्याण की आशा रहती है। इसमें ज्ञान की अपेक्षा रहती है, लेकिन वह ज्ञान भी भगवत्-कृपा के आश्रित है। देखिए—

"जिय तब तें हरि तें बिलगान्यो।
तब तें देह गेह निज जान्यो॥
मायावस सरूप बिसरायो।
तेहि भ्रम ते दारुन दुख पायो।

× × ×

बंहु जोनि जनम जरा विपत्ति,
मतिमन्द हरि जान्यो नहीं।
श्रीराम बिनु विश्राम मूढ़!
विचार लखि पायो कहीं॥"(136।1)

कवित्व, भाषा और शैली : यद्यपि केशवदास के विपरीत गोस्वामी जी भक्त पहले और कवि पीछे थे तथापि कवित्व में भी वे केशव या और किसी कवि से पीछे न थे वरन् सौ-पचास कदम आगे ही थे। भाव की गहराई, कल्पना का विस्तार, विचार की उच्चता और सुकुमारता तथा अभिव्यक्ति की सुघराई जो एक कुशल कवि के लिए अपेक्षित गुण हैं, वे सब उनमें थे और वे सब उनको भक्ति के ही वरदान-स्वरूप मिले थे। कबीर में भाव-पक्ष प्रबल था किन्तु कला-पक्ष न्यून था। केशव का कला-पक्ष प्रबल था तो भाव-पक्ष कुछ क्षीण था। तुलसी के दोनों ही पक्ष पुष्ट और मांसल थे, तभी वे इतनी ऊँची उड़ान ले सके।

भक्ति-भावना की तीव्रता के कारण उनको कल्पना की ऊँची उड़ानें लेनी पड़ी थीं। इष्टदेव की प्रसन्नता के लिए सब प्रकार के साधनों का मानसिक मन्थन किया

गया था। उनके हृदय के उत्साह ने उनकी कल्पना को पर दे दिये थे। इष्टदेव से सिफारिश के लिए वे सीताजी से प्रार्थना करते हैं किन्तु अपने आराध्य की महत्ता को नहीं भूलते, इसलिए वे एक-एक शब्द सोच-सोच कर रखते हैं। बच्चे माता से ही अधिक निकट का सम्बन्ध रखते हैं, इसीलिए वे सीताजी को निजी सम्बन्ध के साथ अम्ब कहते हैं। फिर बेचारे डरते-डरते कहते हैं *'कबहुँक अम्ब अवसर पाइ।'* (41) आर्त हाते हुए भी जल्दबाजी नहीं करना चाहते। *'कबहुँक'* ही इस बात के लिए काफी था *'अवसर पाइ'* जोड़कर जल्दी न करने के भाव को और भी पुष्ट कर दिया। इसके द्वारा अपने आराध्य की कार्य-व्यग्रता की भी व्यंजना कर दी। *'मेरी औ सुधि द्याइवी'* में, 'औ' शब्द बड़ा अर्थ-व्यंजक है। वे जानते हैं कि माता के नाते सीताजी को बहुत-सी सिफारिश करनी पड़ती होगी। *'द्याइवी'* का बुन्देलखंडी प्रयोग एक विशेष माधुर्य उत्पन्न कर देता है। *'कछु करुन कथा चलाइ'* कह भगवान का ध्यान आकर्षित करने का भी ढंग बता दिया जिससे यह भी व्यंजित कर दिया कि भगवान करुणा से सहज ही में आकर्षित होते हैं।

अपने निस्तार के लिए भी तुलसी ने अपनी कल्पना में नयी-नयी युक्तियाँ सोच ली थीं। डूबते को तिनके का सहारा। धर्मराज जी उनके पापों को गिनते-गिनते, अपना काम भूल जायेंगे, पापी लोग भाग निकलेंगे। फिर कल्पना को एक कदम आगे बढ़ाकर कहते हैं–

"चलि है छूट पुंज पापनि के, असमंजसु जिय जनि है।
देखि खलल अधिकार प्रभु सों मेरी भूरि भलाई भनि है॥" 95॥

अलंकार : गोस्वामीजी की कल्पना का विस्तार हमको पद-पद पर रूपकों और अलंकारों में मिलता है। प्रभाव उत्पन्न करने के साधनों में विरोधात्मक तुलना (Contrast) भी एक है। इसका कोई विशेष नाम तो नहीं है किन्तु यह विषम के ही अन्तर्गत हो सकेगा। भक्ति की विषयों से तुलना करते हुए वे कहते हैं– *'परिहरि राम-भगति-सुर-सरिता आस करत ओसकन की।'* (90)–एक ओर सुर-सरिता की अविरल धारा और दूसरी ओर ओसकण में क्षण भर में नष्ट होने वाले सौन्दर्य की कितनी सुन्दर व्यंजना है। एक और देखिए– *'श्रीहरि चरन-कमल नौका तजि फिरि-फिरि फेन गह्यौ'*–चरण कमल को नौका बनाने में भी एक विशेष अभिप्राय है, कमल डूबता नहीं है। फिरि-फिरि शब्द भी सार्थक है; फेन जब हाथ में स्थिर नहीं रहता और सहारा नहीं देता तब बार-बार पकड़ना पड़ता है। इस प्रकार की तुलना का एक तीसरा उदाहरण लीजिए *"परम कठिन भव व्याल ग्रसित हों, त्रसित भयो अति भारी। चाहत अभय भेक सरनागत खगपतिनाथ बिसारी।"* (92)–भव-ब्याल (सर्प) के सताये हुए के लिए खगपति (गरुड़ के भी नाथ) की शरण जाने में प्राण की आशा हो सकती है, क्योंकि गरुड़ साँप को खा जाता है किन्तु उसको छोड़कर मेढक से रक्षा पाने की आशा करना मूर्खता का बड़ा सबल उदाहरण है। साँप मेंढक

को खा लेता है। खगपतिनाथ विशेष रूप से सार्थक विशेष्य हैं इसलिए परिकरांकुर अलंकार है। तुलसीदासजी ने बड़े सुन्दर सांग रूपक उपस्थित किये हैं–

"विषय-वारि मन-मीन भिन्न नहिं होत कबहुँ पल एक।

× × ×

कृपा-डोरि बंसी-पद-अंकुस परम प्रेम-मृदु-चारो।
एहि बिधि बेधि हरहु मेरो दुख, कौतुक राम तिहारो ॥102॥"

मन को मीन बनाने में विशेष सार्थकता है। मीन कामदेव का चिह्न है और मन काम के अधीन रहता है। गोस्वामीजी ने कुछ कबीर के-से रूपक भी बाँधे हैं–

"बाँस पुरान साज सब अठखट सरल तिकोन खटोला रे।
हमहिं दिहल करि कुटिल करमचँद मन्द मोल बिनु डोला रे॥
विषम कहार मार-मद-माते, चलहिं न पाउँ बटोरा रे।

× × ×

मारग अगम, संग नहि संबल नाउँ गाउँ कर भूला रे ॥189॥"

एक पद और लीजिए, यह लोक प्रसिद्ध है कि साँप के काटे हुए को नीम कडुआ नहीं लगता। इस ज्ञान का रूपक द्वारा अध्यात्म पक्ष में बड़ा सुन्दर प्रयोग है, देखिए–

"काम, भुजंग डसत जब जाही।
विषय नींम कटु लगति न ताही ॥ (127)"

उपमाएँ भी बड़ी सार्थक और सुपरिचित चित्रों से सम्बन्धित हैं। *'सुलभ-सुखद अपनो सो घरू है'* (125) (जो लोग अंग्रेजी के Sweet home पर मुग्ध हैं उनको अब विलायत की यात्रा न करनी पड़ेगी) अंग्रेजी की Royal Road के लिए भी विनय-पत्रिका *'लागत राज डगर सो'* मिलता है। *'गाड़ी के स्वान ज्यों'* (रेल की यात्रा करने वाले इसकी शायद कल्पना न कर सकें लेकिन है वड़ी सार्थक क्योंकि कुत्ता लोभवश ही गाड़ी के साथ चलता है), *'जैसे गाँठि पानी परे सन की'* (75) इसी के लिए रामनरेश जी ने कल्पना की थी कि तुलसीदास किसनई करते थे। मालूम नहीं तुलसीदासजी क्या-क्या नहीं करते थे। *'तिजरो को सो टोटका'* (272) आदि बड़ी मौलिक उपमाएँ हैं।

कहीं-कहीं अनुप्रासमयी प्रतीप की भी छटा दिखाई देती है–(*'कुलिस कुन्द-कुडमल दामिनि-दुति दसननि देखि लजाई।* (62)–तो कहीं क्रम-अलंकार-लाघव के बल पर पाठक को प्रसन्नता प्रदान करता है–

"सत्रु, मित्र, मध्यस्थ, तीनि ये मन कीन्हे बरिआईं।
त्यागव गहन उपेच्छनीय अहि हाटक तृन की नाईं ॥124॥"

एक और देखिए–

"बेनु करील, श्रीखंड बसन्तहि दूषन मृषा लगावे।
सार-रहित, हत भाग्य सुरभि पल्लव सो कहु किनी पावे ॥114॥"

इसमें *'पत्रं नैव करील विटपे दोषो वसन्तस्य किंम्'* की क्षीण छाया की रेखा दिखाई देती है।

अनुपास के सहारे तुलसी ने बड़ी सुन्दर शब्द-योजना की है–

''दीन-दुख-दामन श्रीरमन करुना-भवन,
पतित पावन वेद विरद गायो॥106॥''

'पानी पुन्य पीन को।'
'करतल ताल बजाई।'
'चरन सरन पावे'

आदि अनुप्रास के अच्छे उदाहरण हैं। तुलसी ने तुक अन्त ही में नहीं मिलायी है वरन् बहुत-से स्थलों के बीच-बीच में भी मिलाते गये हैं। देखिए–

''करु बिचार, तजि विकार, भजु उदार रामचन्द्र,
भद्र-सिन्धु, दीन बन्धु, वेद वदत रे।
मोहमय कुहू-निसा विसाल काल विपुल सोयो,
खोयो सो अनूप रूप स्वप्न जो परे॥74॥''

तुलसी के ऐसे पदों में एक विशेष गति आ गयी है। शब्द स्वयं ताल के साथ नाचते-से चलते हैं। तुक के लिए तुलसी ने तोड़-मरोड़ बहुत कम की है किन्तु की अवश्य है। कहीं-कहीं मुहावरे के रूप को भी बदल दिया है, जैसे हीय से तुक मिलाने के लिए माखी धीय कर दी है। वैसे मुहावरा दूध की माखी का है।

तुलसी ने भाषा की लक्षणा, व्यंजना आदि शक्ति से भी प्रचुरता से काम लिया है। रूपकों द्वारा जैसे *'भरि-भरि वेद परोसो'* (173), में लक्षणा के साथ सुन्दर व्यंजना भी है। *'टूटियो बाँह गरे पर'* (272) में गले पड़ना अभिधा और लक्षणा दोनों में ही सार्थक हैं और इसके साथ इसके द्वारा शरणागत-वत्सलता के लिए एक सुन्दर अपील भी हो जाती है। इस वाक्यांश में बड़ी सुन्दर चित्रोपमता भी है।

गोस्वामीजी ने साध्यवसाना लक्षणा द्वारा रूपकों को बड़ी सुन्दर रीति से सार्थक बनाया है। *'डासत ही गयी बीत निसा सब, कबहुँ न नाथ नींद भरि सोयो।'* (245) आदि इसके सुन्दर उदाहरण हैं।

भाषा : विनय-पत्रिका की भाषा साधारण तौर से संस्कृतगर्भित ब्रजभाषा है किन्तु उसके आरम्भिक भाग में जो स्तोत्र हैं उनमें संस्कृत पदावली तथा लम्बे-लम्बे समासों का बाहुल्य है। स्तोत्रों का गौरव देववाणी में ही अधिक सुरक्षित रहता है (देवता अपनी वाणी अधिक समझते हैं)। तुलसी ने देवताओं की प्रकृति के अनुकूल ओज और माधुर्य की सृष्टि की है। *'जयति दसकण्ठ घट करन वारिद कदन कारन'* (25) 'सघन-तम-घोर-संसार-भर-सर्वरी-नाम-दिवसेस-खर-किरनमाली'। (55) आदि में समासों का प्राचुर्य है। *'भीमाऽसी'*, *'वामाऽसी'* जैसे क्रिया-पद और *'डरसि'*, *'सदसि'* जैसी विभक्तियाँ भी मिलती हैं। दो-एक स्थलों में दूसरे संस्कृत स्तोत्रों की पदावली

प्रवाह में आ गयी है। जैसे—*कर्पूर-गौर, करुना-उदार। संसार-सार भृजगेन्द्रहार।'* (13) शिवजी की आरती करते हुए लोग गाते हैं— *'कर्पूर-गौरं करुणावतारं संसारसारं भुजगेन्द्र हारं'* ऊपर की पदावली में इसी स्तुति की छाप है।

तुलसीदास नामों के भागों में पर्यायवाची शब्द लगाने के बहुत शौकीन थे। जैसे मेघनाद के लिए वारिदनाद; कुम्भकरण के लिए घटकरन।

विनय-पत्रिका की भाषा संस्कृत-गर्भित होती हुई भी प्रवाहमय है। उसमें कहावतें और मुहावरों का प्रचुरता से प्रयोग हुआ है। जैसे—

'अंजन कहा आँखि जिहि फूटें' (174), 'दूध को जएयो पिवत फूँकि-फूँकि मह्यो है।', 'राढ़त राड़त होत फिरिकै जूझै' (176), 'लाज आपु ही निज जाँघ उघारे।' (147), 'परसत पनवारो टारो' (94), 'जिमि गज दसन' (118), 'सावन के अन्धहि ज्यों सूझत रंग हरो' (226), 'पूतरो बाँधि है' (241), 'कोढ़ में की खाज' (219)।

कहीं-कहीं मुहावरों में रद्दोबदल भी कर दी है। वह शायद प्रभाव के लिए जैसे गोपद का वत्सपद कर दिया। वत्सपद तो और भी आसानी से तब जायगा। इतना ही नहीं एक स्थान में *'अजाखुर'* भी कह दिया है।

विनय की संस्कृत-गर्भित भाषा में फारसी, अरबी भाषा के शब्दों का पुट मिला हुआ है किन्तु उनका तद्भव रूप कर दिया है—बसीले, पील (फील), खलल, गनी, गरीब निवाज, खयाल, तकिया, बालिस, जेरो (जेर करना) आदि। मिसकीन में तो संस्कृत प्रत्यय लगाकर मिसकीनता (262) बना लिया है। *'ढायिबी'* आदि बुन्देलखंडी के शब्द भी यत्र-त्रत्र दृष्टिगोचर हो जाते हैं। तुलसी ने भाषा की शक्तियों का पूर्ण उपयोग कर उसमें गति और शक्ति दोनों उत्पन्न कर दी है। उनकी भाषा दूसरों में हृदय को स्पर्श कर उनका दिव्य सन्देश हम तक पहुँचाने में समर्थ होती है। विनय-पत्रिका उपर्युक्त गुणों के कारण भक्तों की ही नहीं वरन् साहित्यिकों की भी अमूल्य निधि बनी रहेगी।

भ्रमर-गीत-प्रसंग

भक्ति-काव्य : हिन्दी साहित्य के इतिहास में भक्ति-काल स्वर्ण-युग माना जाता है। भारतीय धार्मिक चेतना के केन्द्र-स्वरूप राम और कृष्ण तत्कालीन काव्य के आलम्बन थे। उसमें विषय की पावनता और उत्कृष्टता के साथ भाव की तन्मयता, कला के चमत्कार और भाषा के माधुर्य आदि गुण जो सत्काव्य के आवश्यक उपकरण माने जाते हैं, वर्तमान थे। हिन्दी काव्य की राम एवं कृष्ण की भक्ति-सम्बन्धिनी गंगा-यमुनी धाराओं ने ह्रासोन्मुखी हिन्दू जाति में एक नये जीवन-रस का संचार किया, इसीलिए इन धाराओं के मूल प्रवर्तक सूर और शशि की पदवी से विभूषित हुए। इनके द्वारा श्रेय और प्रेय, नेम और प्रेम-सम्बन्धी मानव-हृदय के उभय पक्षों को पुष्टि मिली। जहाँ मर्यादापुरुषोत्तम भगवान् रामचन्द्र के लोकोत्तर चरित्र ने मानव-जीवन को कर्त्तव्य के उच्च शिखर पर ले जाकर समुन्नत बनाया, वहाँ आनन्दकन्द श्रीकृष्णचन्द्र को बाल और यौवन-काल की सरस लीलाओं ने जीवन के माधर्यमय पक्ष का उद्‌घाटन कर उसके प्रति मानव-हृदय में आस्था उत्पन्न की। एक ने यदि शक्ति को सहारा दिया तो दूसरे ने उस शक्ति के प्रयोग के लिए आकर्षण उत्पन्न किया।

ग्रन्थ का महत्त्व : भक्त कवियों लिए भगवत-लीलाओं का गान भक्ति का एक साधन था। नारद-भक्ति-सूत्रों में बतलायी हुई ग्यारह प्रकार की आसक्तियों की पूर्ति हम सूर सागर में पाते हैं। भ्रमर-गीत में गुणमहात्म्यासक्ति, स्मरणसक्ति, कान्तासक्ति, वात्सल्यासक्ति, आत्म-निवेदनासक्ति, तन्मयतासक्ति और परम विरहासक्ति के उदाहरण मिलते हैं। इस प्रकार साम्प्रदायिक दृष्टि से भ्रमर-गीत का विशेष महत्त्व है। मानव-हृदय की, विशेषकर नारी-हृदय के सूक्ष्म अध्ययन के लिए भी यह ग्रन्थ अद्वितीय है। इस विषय को लेकर अष्टछाप के उज्ज्वलतम रत्न सूर और नन्ददास ने ही काव्य नहीं रचा है वरन् कविवर रत्नाकर और हरिऔधजी ने भी इस परम्परा को अग्रसर किया है। सत्य नारायण जी ने भ्रमर अपने भौंरे को गोपियों की ओर से भेजा है।

श्रीमद्‌भागवत् का आधार : इन प्रसंगों का मूल आधार हमको श्रीमद्‌भागवत् के दशम स्कन्ध के छियालीस और सैंन्तालीस अध्याय में मिलता है। श्रीमद्‌भागवत् के अनुकूल कथा संक्षेप में इस प्रकार है—कंस-वध, राजा उग्रसेन के उद्धार तथा गुरु-गृह

से लौटने के पश्चात् श्रीकृष्णजी ने वृष्णियों के मन्त्री, वृहस्पति के शिष्य तथा अपने प्रिय सखा उद्धव को अपने पिता नन्द-यशोद तथा गोपियों की खबर लेने और उनके मानसिक ताप को दूर करने के लिए ब्रज में भेजा। भेजते समय उन्होंने गोपियों के प्रेम की बड़ी प्रशंसा की। उद्धव को ब्रज के लिए रथ पर सवार कराते समय कृष्ण की दशा का चित्रण रत्नाकरजी ने अच्छा किया है, देखिए—

"नैंकु कही बैननि, अनेक कही नैननि सों
रही सही सोऊ कहि दीनी हिचकीन सों।"

× × ×

"सीरे नये बिबिध सँदेसनि की बातन की
घातन की झोंकन में लगेई चले जात है।"

सूर्य अस्त होते समय उद्धवजी नन्द के दरवाजे पहुँच गये। श्रीमद्भागवत् में उस समय के गोप-जीवन का थोड़ा आभास भी दिया गया है। उद्धव का स्वागत-सत्कार होने के पश्चात् उन्होंने नन्द और यशोदा का समाधान किया। गोपियों ने उद्धव के रथ को प्रातःकाल देखा और स्नान-सन्ध्या से निवृत्त होकर लौटते हुए उद्धव से मिलीं। यहाँ पर उद्धव का रूप कृष्ण-का-सा ही बतलाया गया है। *'तं वीक्ष्य कृष्णानुचरं व्रजस्त्रियः प्रलम्बबाहुं नवकंजलोचनम्। पीताम्बरं पुष्करमालिनं लसन्मुखारविदं मणिमृष्टिडलम्।'* श्रीमद्भागवत् (दशम स्कन्ध-पूर्वार्द्ध, 47।1) (इस बात का सूरसागर में भी उल्लेख है।) गोपियों ने उनको एकान्त में ले जाकर उनसे सव्यंग्य कहना शुरू किया कि वे शायद नन्द-यशोदा की खबर लेने भेजे गये हैं। गोपियों की तो कौन खबर लेगा, कृष्ण के लिए बहुत-सी स्त्रियाँ हैं। गोपियों ने पुरुषों की स्वार्थपरायणता को बहुत बखाना है। भौंरे को उन्होंने पुरुषों की स्वार्थ-मैत्री का उपमान बतलाया है भ्रमरों का फूलों पर अनुराग ऐसी ही स्वार्थ-मैत्री का उदाहरण है, शायद भ्रमर गीत में भ्रमर को मुख्यता देने का यह भी कारण हो। इतने में ही एक भौंरा आ जाता है और वह उनके पैरों के पास गुन-गुन शब्द करता है। कृष्ण को लक्ष्य कर उस भौंरे से एक गोपी ने कहा' "हे धूर्तबन्धु मधुकर! तुम हमारे चरणों को न छुओ; तुम्हारे श्मश्रुओं में, सौत के कुचमंडल में बिहार करने वाली माला में लिप्त कुंकम लगा हुआ है। मधुपति कृष्ण ही, यादवों की सभा में उपहास कराने वाले इस प्रसाद को धारण करें, हम इस प्रसाद को नहीं चाहतीं। तुम्हारी और कृष्ण की बन्धुता ठीक ही है। क्योंकि जैसे तुम सुमनों (फूलों) को रस लेकर छोड़ जाते हो वैसे ही एक बार मोहिनीमय अधरसुधा पिलाकर वह भी चटपट हमको छोड़ चले गये।[1] श्रीमद्भागवत् (दशमस्कन्ध-पूर्वार्द्ध 47।12, 13)। यही शायद सूरदास, नन्ददास एवं रत्नाकर के भ्रमर गीतों में कुब्जा के प्रति उपालम्भों का आधार है किन्तु इन उपालम्भों में कल्पना अधिक है। श्रीमद्भागवत् के अनुसार कृष्ण कुब्जा के घर उद्धव के लौट आने पर गये हैं। भागवत्कार के अनुसार उसका कूबड़ भी सीधा हो चुका था फिर भी ये

उपालम्भ काव्य की दृष्टि से बड़े सुन्दर हैं। गोपियों ने कृष्ण के पूर्व अवतारों की भी बुराई की है (इस सामग्री का नन्ददासजी ने अच्छा उपयोग किया है। सूर ने इसका स्पर्श मात्र किया है– *'पय प्यावत पूतना हनी, छपि बालि हन्यो बलि दानि। सूपनखाँ ताड़का निपाती सूर स्याम यह बानि')* इसके पश्चात् उद्धव जी ने गोपियों के प्रेम की प्रशंसा कर उनको कृष्ण का सन्देश सुनाया, वह इस प्रकार है–

"प्रियागण! मेरा वियोग तुमको कभी नहीं हो सकता, मैं देहधारियों की आत्मा होने के कारण सदा तुम्हारे पास हूँ।"–(31)। "जैसे सोकर उठा हुआ व्यक्ति–देखे हुए मिथ्या स्वप्न का चिन्तन करता है वैसे ही जिसके द्वारा इन्द्रियों के विषयों का चिन्तवन किया जाता है एवं जिसके द्वारा इन्द्रियों की उपलब्धि होती है, आलस्य छोड़कर, उस मन का दमन करना ही कर्त्तव्य है।"-32 (इसी आधार पर सूर ने योग की चर्चा चलायी है)।

श्रीमद्भागवत् की गोपियाँ इस सन्देश से सन्तुष्ट हो जाती हैं–"ब्रज वालाएँ इस प्रकार उद्धव के मुख से प्रियतम की आज्ञा सुनकर परम प्रसन्न हुईं और उनको भगवान का उपदेश सुनने से शुद्ध ज्ञान प्राप्त हुआ।"–38। यह भागवत्कार का कथन है। भागवत की गोपियाँ ज्ञान का विरोध नहीं करतीं किन्तु वे कृष्ण के साथ किये हुए विहार और वैयक्तिक सम्बन्ध को भुला नहीं सकतीं। उनमें केवल नारी-भावना है। श्रीमद्भागवत् के अनुसार उद्धव ब्रज में कई महीने रहे (सूर ने छः महीने बताये हैं, *'बूझि हम षट मास देख्यौ गोपिकन को प्रेम'*–भ्रमरगीतसार; पद 383) और नन्दजी के यहाँ से कृष्ण के लिए उपहार लेकर विदा हुए। इस विदा के दृश्य को कविवर रत्नाकरजी ने बड़े सुन्दर ढंग से निभाया है।

"भाव-भरी कोऊ लिए रुचिरे सजाव दही,
कोऊ मही मंजु दाबि दलकत पाँसुरी।
पीत पट नन्द जसुमति नवनीत नयौ,
कीरति-कुमारी सुरवारी दई बाँसुरी।"

भागवत् की गोपियाँ नन्ददास की गोपियों की भाँति न तो उद्धव से तर्क करती हैं और न सूर की गोपियों की भाँति उद्धव का मजाक उड़ाती हैं।

जहाँ एक ही प्रसंग को भिन्न-भिन्न कवि वर्णन करते हैं, वहाँ हमको कल्पना के अध्ययन का अच्छा अवसर मिलता है। इस दृष्टि से भी भ्रमर-गीत का विशेष महत्त्व है।

प्राचीन काल में लिखे हुए भ्रमर-गीतों में सूर और नन्ददास के भ्रमर-गीत प्रमुख है। इस लेख में सूर के ही भ्रमर-गीत का विशेष रूप से विचार किया जायगा।

---

1. पं. रूपनारायण-कृत अनुवाद से।

गोरख और कबीर की प्रतिक्रिया : सूर और तुलसी दोनों ही सगुण के उपासक थे। दोनों के समय में एक-से प्रभाव थे और उनके मन में प्रायः एक-सी प्रतिक्रियाएँ हुईं। यद्यपि श्रीमद्‌भागवत् में न ज्ञान का विरोध है, न जोग की हँसी और न निर्गुण-सगुण का निपटारा (इसका कारण यह है कि व्यासजी खुद ज्ञानी थे) फिर भी सूरदासजी ने इन सब बातों को विरह-निवेदन के साथ अपनाया, इसका यही कारण है कि उनके पहले सन्तकाव्य ने ज्ञान-पन्थ को महत्ता दे हृदय-पक्ष की अवहेलना भी की थी। कबीर ने जो श्रृंगारिक भाषा का प्रयोग किया था, वह उनकी *'झीनी-बीनी चदरिया'* की भाँति ही एक झीना आवरण था। तुलसीदासजी ने तो मर्यादावादियों की-सी फक्कड़ता दिखाई है। मर्यादावादी लोग बात को घुमा-फिरा कर कम कहते हैं। उनके व्यवहार और वार्तालाप में अक्खड़पन अधिक होता है *'अलखहि का लखहि रामराम जपु नीच'।* सूर ने भी खूब खरी-खोटी कहलायी किन्तु चपल सजीव गोपियों द्वारा, खुद जरा चुप रहे थे। उन्होंने अपने सिद्धान्तों को एक कथा के सहारे प्रचार कर काव्य में *'कान्ता समिततयोपदेशयुजे'* अर्थात् पत्नी के प्रेम से भरे हुए उपदेश की-सी बात सार्थक की। उद्धव के सन्देशे में स्पष्ट कबीर की छाप थी, देखिए—

''ताहि भजौ किन सवै सयानी?
हृदय-कमल में जोति विराजै।
अनहद नाद निरन्तर बाजै।
इड़ा पिंगला सुखमन नारी,
सन्य सहज में बसैं मुरारी।''

(पद 7, सूर सागर)

गोपियों ने जो योग के विरोध में उत्तर दिये हैं उनसे भी यह प्रकट होता है कि सूर के मन में गोरख-पन्थ और कबीर-पन्थ की प्रतिक्रिया हो रही थी। देखिए—

''दुसह बचन अलि यों लागत उर ज्यों जारे पर लौन।
सिंगी भस्म त्वचा मृग, मुद्रा, अरु अवरोधन पौन॥
यह मति तिन्हीं उपदेसौ, जिनहें आज सब सोहत।
सूर आज लौ सुनी न देखी पोत सूतरी पोहत॥''

योग-मार्ग की अरसिकता एवं असम्भवता एक दम व्यंजित हो जाती है।

जोग की कठिनाई और भक्ति की सुगमता : यद्यपि सूर की गोपियाँ नन्ददास की गोपियों की भाँति दार्शनिक नहीं जो शुष्क तर्क के कठिन लोहास्त्रों द्वारा उद्धव से मुठभेड़ करें किन्तु उनमें निजी अनुभूति की दृढ़ता और प्रेम की अनन्यता है जो तर्क की छुरी से भी पैनी है। सूर ने इस विषय में काफी लिखा है और जी खोलकर लिखा है। सूर की गोपियाँ अष्टभुजी दुर्गा की भाँति अपने हाथ में अनेकों अस्त्र लिए हैं और उनके सतत प्रहार से उद्धव के अस्त्र-शस्त्र बेकाम हो जाते हैं। गोपियों की उक्तियों का सामूहिक प्रभाव (Cumulative effect) बड़ा प्रबल हो जाता है।

गोपियों का सबसे पहला अस्त्र है योग-मार्ग की अनुपयुक्तता। *'अगम पन्थ परम कठिन गवन तहाँ नाहिं, सनकादिक भूल परे अबला कहुँ जाहिं।'* परम मर्यादावादी गोस्वामी तुलसीदास जी ने भी ऐसी उक्ति दी है–

''कहत कठिन समुझत कठिन, साधत कठिन विवेक।
होइ घुनाक्षर न्याय जों, पुनि प्रत्यूह अनेक॥''

(उत्तरकाण्ड, 203)

गोपियाँ भी अपनी सहज बुद्धि से कहती हैं–*''ब्रह्मा पचि पचि मुए प्रान तजि, तउ न तेहि पहचान्यो। कहौ सु जोग कहा लै कीजे? निर्गुन परत न जान्यों।''* निर्गुन के सम्बन्ध में तो वे तिरस्कारपूर्ण भाषा में पूछ बैठती हैं 'निर्गुन कौन देश बासी?' इस प्रश्न का ऊधो क्या उत्तर देते, इसलिए *'मौन ह्वै रह्यौ ठगो सो सूर सबै मत नासी'* गोपियाँ अपने नारी-स्वभाव की सहज चपलता के कारण योग को बकरी के मुँह का कुम्हड़ा बताती हैं। *'राज पन्थ से टारि बतावत उरझ कुबील कुपैंड़ों, सूरदास समाय कहाँ लौं अज के बदन कुम्हेंड़ो।'*

पात्रता और अनन्यता : ज्ञान के लिए पात्रता चाहिए। गोपियाँ अपने को उसका अधिकारी नहीं समझतीं। ज्ञान अधिकारी भेद से ही दिया जाता है। सच्चा गुरु अधिकारी को ही उपदेश देता है इसीलिए वे कहती हैं– *''यह तो वेद उपनिषद मत है महापुरुष व्रतधारी, हम अहीर अबला ब्रजबासिन नाहिंन परत सँभांरी''* वे अनन्यता की दृढ़ भूमि पर खड़ी हुई पूछती हैं, किससे कहते हो? यहाँ सुनने वाला मन ही नहीं तो सुनेगा कौन–*''ऊधो मन नाहीं दस बीस। एक हुतो सो गयो हरि के सँग को आराधै तुव ईस?''* वे अपनी अनन्यता प्रकट करती हुई कहती हैं *''जिनको ध्यान धरे उर अन्तर आनहि नये न उन बिन सीस। जोगिन जाय जोग उपदेसौ जिनके मन दस-बीस। एकै मन एकै वह मूरति, नितवित दिन तीस'* उनका मन अगर था भी तो वह काली कामर की भाँति था जिस पर दूसरा रंग ही न चढ़ सके *'जे पहले रँगी श्याम रँग तिन्हें न चढ़े रँग आन'*।

कबिवर रहीम ने ठीक ही कहा है–

''जिन नैननि प्रीतम बस्यो, पर छबि कहाँ समाय।
भरी सराय 'रहीम' लखि, पथिक आप फिर जाय॥''

गोपियों की दशा को हम भारतेन्दु बाबू के शब्दों में इस प्रकार कह सकते हैं–

''रहै क्यों एक म्यान असि दोय।
जिन नैननि में हरि रस छायो, तहँ भावे किमि कोय॥''

सम्भव है, एक म्यान में दो तलवार की उक्ति सूर से ही ली गयी हो। देखिए–

''कहौ मधुप कैसे समाएँगे एक म्यान दो खाँड़े?''

गोपियों की उक्ति का सार यह है– *'नन्दनंदन अक्षत कैसे आनिए उर और'?*

(65) पदों की संख्या भ्रमर गीत सार (सं. 2012) से दी गयी है।

निराकार और साकार : इस प्रकार गोपियों ने तो ऊधो की पतंग हत्थों से ही काटना चाही थी लेकिन ऊधो जब डटे ही रहे तब उन्होंने और उक्तियों से भी काम लिया। वे प्रत्यक्ष प्रमाण का आधार लेकर कहती हैं, *''रेख न रूप वरन जाके नहिं, ताको हमें बतावत। अपनी कहौ दरस वैसे को तुम कबहूँ हौ पावत?' '*(131 पद) व्यंजना यह है कि जब तुम ज्ञानी भी उसके दर्शन से वंचित रहते हो तो अबला साधनहीन गोपियों की क्या बात? वे तो रूप की उपासक थीं *'अबला हरि रूप दिवानी।'* जिसका दर्शन न हो सके, जिसके साथ हृदय का प्रतिस्पन्दन न हो उसमें रुचि किस प्रकार हो सकती है? *'बिन देखे कैसे रुचि मानै।'* सूर की गोपियाँ आँखों की गवाही से प्रमाणित होने वाले साकार की उपासक थीं। वे कबीर के बताए हुए *'मैं तो तेरे पास में'* वाले निर्गुण से सन्तुष्ट नहीं हो सकती थीं *'उर से निकसि क्यों न करत सीतल जो पै कान्ह यहाँ है।'* उनको विश्वास नहीं होता कि जो कृष्ण निर्गुण रूप से हृदय में व्याप्त होते तो उनकी इतनी वेदना न सहन करते *'जो पै ऊधौ! हिरदय माँझ हरी। तो पै इती अवज्ञा उनपै कैसे सही परी'?* (177) तुलसी ने भी ऐसी ही बात कही थी *'पाहन ते प्रगटे न हिए तें'*।

ज्ञान की अपेक्षा भक्ति की श्रेष्ठता : व्यक्ति के प्रेम का विषय व्यक्ति ही हो सकता है। जो रूप-रंग से हीन है, जिसका जीवन से सम्बन्ध नहीं है वह गोपियों के लिए क्या, किसी मनुष्य के लिए महत्त्व नहीं रखता, देखिए– *''अतिहि अगाध अपार अगोचर मनसा तहाँ न जाई॥...रूप न रेख, बदन, वपु जाके संग न सखा सहाई। ता निर्गुन से प्रीति निरन्तर क्यों निबहै, री माई?''* (पद 44) प्रेमी हृदय की अनुकूलता भक्ति के ही साथ हो सकती है। गोपियाँ अपने मन में संघर्ष नहीं चाहतीं। जिस मार्ग का उन्होंने अबलम्बन किया है उसी पर वे दृढ़ रहकर ऊधो से कहती हैं *''बार-बार ये वचन निबारो। भक्ति विरोधी ज्ञान तुम्हारो॥''.... नन्दनन्दन के देखे जीवै रुचि वह रूप, पवन नहिं पीवै'*। (पद 479) जो मार्ग हृदय की तुष्टि न कर सके जिसमें, अनेकों प्रत्यूह और बाधाएँ हो, उससे क्या लाभ? इसीलिए वे निष्कर्ष रूप से कहती हैं, *''काहे को रोकत मारग सूधो। सुनहु मधुप निर्गुन कंटक तें राज पन्थ क्यों रूँधो?''* (64 पद)। वे नौ नगद की बात जानती हैं, उधार के तेरह उन्हें अच्छे नहीं लगते। *'कंचन को मृग' कौन देख्यो कौन बाँध्यो डोरी?* (116 पद) उनको अप्रत्यक्ष की बात नहीं चाहिए थी वे चाहती थीं, *'निरखहिं सूर स्याम मुख चन्दहि अँखियाँ लगनि चकोरी'*–(116 पद)। गोपियों ने योग के सम्बन्ध में -'गठरी', 'मोट', -'खेप' आदि शब्दों का व्यवहार कर उसकी असारता और निरर्थकता व्यंजित की है। सूर की गोपियाँ भक्ति के आगे मुक्ति भी नहीं चाहतीं। *'याहि लागि को मरे हमारे वृन्दावन पायन तर मेली'* प्रेम की सरसता के आगे मुक्ति का आनन्द फीका पड़ जाता है *'जेहि उर बसत स्याम-घन सो क्यों परै मुक्ति के झेरनि।'* (212 पद) इसीलिए वे अपने प्रेम को योग या मुक्ति से नहीं बदलना चाहतीं– *'मूरी के पातन के केना को मुक्ताहल दैहै।'* (24 पद)।

गोपियों की दृढ़तापूर्ण उक्तियों में शंकराचार्य के ब्रह्मवाद, कबीर के 'सून्य सहज' और गोरख के दृढ़ हठयोग की कठिन साधना के प्रति मानव-हृदय की प्रतिक्रिया काव्यमय रूप से प्रतिध्वनित हो रही है।

व्यक्तित्व का महत्त्व : सूर की गोपियाँ चाहे गवारिन हों, वे व्यक्तित्व का महत्त्व जानती थीं। उनमें प्रेम की अनन्यता, निश्चय की दृढ़ता और भाव की तन्मयता थी। भारतीय प्रेम-कथाओं में व्यक्ति का विशेष मान रहा है। दमयन्ती को वरने के लिए देवताओं ने नल का रूप धारण किया, स्वयं नल को ही उनकी सिफारिश करने का कठिन कर्त्तव्य सौंपा किन्तु अन्त में दमयन्ती ने नल को ही वरा था। व्यक्तित्व के महत्त्व के सम्बन्ध में गोपियों की एक सुन्दर उक्ति देखिए– *"द्वै लोचन जो विरद किए स्रुति गावत एक समान। भेद कियो तिनहू में विधु प्रीतम रिपु भान"* (114)। इस व्यक्तित्व की महत्ता वे मन पर आश्रित करती हैं– *'ऊधो मन माने की बात।'* गोपियाँ जानती हैं कि अनन्यता में दुख है किन्तु वे उसे छोड़ना नहीं चाहती हैं, वे कृष्ण के प्रति मधुर व्यंग्य करती हैं– *"बहुरै सूरति लई नहिं जैसे भँवर लता त्यागत कुम्हलानी। बहुरंगी जँह जाय तहाँ सुख, एकरंग दुख देह दहानी"* (199)–गोपियों को अपनी अनन्यता पर गर्व था। उन्होंने मीन को अनन्यता का प्रतीक माना है। वे योग को लक्ष्य कर कहती हैं, *'दादुर जल बिनु जियै पवन भखि, मीन तजै हठि प्रान'* मेंढक हवा खाकर रह सकता है। योग और प्राणायाम का भी सम्बन्ध हवा से है और ऊधो भी कुछ मेंढक की सी टर-टर कर रहे थे। गोपियाँ तो प्रेम-रस लीन थीं, उसके बिना उनके प्राण नहीं रह सकते थे, उन्होंने कृष्ण को पति माना था। वे दूसरे को सर नहीं झुका सकती थीं। उनका प्रेम चन्द, चकोर और घन और चातक का-सा था, *"नन्द नन्दन सो पतिव्रत बाँध्यौ दरसत नाहिं बियो। इन्दु चकोर मेघ प्रति चातक जैसे धरन दियो।"* (185) यह अनन्यता चाहे लौकिक भी हो, अत्यन्त सराहनीय है। तुलसी ने भी अपने राम के प्रति प्रेम में चातक को ही आदर्श माना है *'राम-नाम नव नेह-मेह को मन हठि होहि पपीहा'* (वि. पत्रिका 65) यह अनन्यता भक्ति-पक्ष में भी घटित हो सकती है। कहना तो यह चाहिए कि सूर ने भक्ति-पक्ष को ही लक्ष्य कर इसका प्रतिपादन किया था, हम लोग चाहे इसे केवल नारी-हृदय की पुकार कहें *'जाकी रही भावना जैसी प्रभु मूरति देखी तिन तैसी।'*

वियोग में योग : योग को चित्त-वृत्तियों का निरोध कहा है *'योगश्चित्तवृत्ति निरोधः'*। गोपियों के चित्त की एकाग्रता योग की एकाग्रता से कम नहीं थी। उन्होंने वियोग में योग की पूरी साधना का दिग्दर्शन कराकर योग की निरर्थकता दिखा दी। जो चीज पहले ही से मौजूद हो उसे दूसरे से क्यों ली जाय? गोपियों के प्रेम योग तप में प्रेम की सभी साधना वर्तमान दिखाई गयी है। *"मानऽपवाद पवन-अवरोधन हित-क्रम काम-निकन्दन। गुरुजन-कानि अगिनि चहुँदिसि नभ-तरनि-ताप बिनु देखे। पिवत धूम-उपहास जहाँ तहँ, अपजस श्रवन-अलेखे। सहज समाधि बिसारि वपु करी,*

निरखि निमेख लागत। परम ज्योति प्रति अंग माधुरी धरन यहै निसि जागत।" (78)

ब्रज का माधुर्य और मथुरा का ऐश्वर्य : मथुरा में कृष्ण चाहे वासुदेव कुमार हो, चाहे देवकी-नन्दन और तत्कालीन राजनीति के सूत्रधार, ब्रज में तो वे नन्ददुलारे (वाजपेयी नहीं) ही थे। ब्रजनाथ, यदुनाथ थे तो एक ही व्यक्ति किन्तु उनके शील, गुण भिन्न थे। सूर ने कहीं-कहीं इन शब्दों को सार्थक रूप से प्रत्युक्त किया है *'तुम को जिन गोकुलहि पठायो ते वसुदेव-कुमार। सूर श्याम मनमोहन बिहरत ब्रज में नन्ददुलार।'* (158) गोपियों के प्रेम-लोक में तो गोप-कुमार कृष्ण का ही राज है। स्नेह-स्निग्ध जीवन की माधुरी के आगे 'अष्टमहासिद्ध दासी' गोपियों के लिए कृष्ण का वैभव कोई आकर्षण नहीं रखता, उनके लिए तो *'राजा नन्द जसोदा रानी जलधि नदी जमुना सी। प्रान हमारे परम मनोहर कमल नयन सुखरासी' (20) जीवन की महत्वाकांक्षाओं की चरम सीमा है।* ऐश्वर्य और माधुर्य पक्षों की कैसी सुन्दर विरोधात्मक तुलना है देखिए– *'उत बड़ ठौर नगर मथुरा, इत तरनि तनूजा कूलहु। उत महाराज चतुर्भुज सुमिरौ, इत किशोरनन्द दूलहु'।* (247)। गोपियाँ तो मथुरा के ऐश्वर्य को तिरस्कार की दृष्टि से देखती हैं– *'भुवन चतुर्दस की विभूति वह, नृप की जूठि पराई'* और यह भी बतलाती हैं कि वृन्दावन के माधुर्य के आगे मथुरा का ऐश्वर्य फीका है। इस प्रकार की उक्तियों में स्वाभाविक एवं प्राकृतिक जीवन की पुकार है। गाँव और शहर की समस्या का काव्यमय उद्घाटन है—देखिए *'कहँ गोधन, कहँ गोपवृन्द सब कहँ गोरस को खैबो।'* श्रीकृष्ण भी स्वयं उस प्राकृतिक जीवन के मधुर आकर्षण को नहीं भूल सकते। *'ऊधो! मोहि ब्रज बिसरत नाही, हंस सुता की सुन्दर कगरी अरु कुंजन की छाहीं। वै सुरभी, वै वच्छ दोहिनी, खरिक दुहावन जाहीं। ग्वाल बाल सब करत कुलाहल नाचत गहि गहि वाहीं। यह मथुरा कंचन की नगरी मनि मुक्ताहल जाहीं।'* (400)

निजी सम्बन्ध की दृढ़ता : प्रेम में जो निजीपन रहता है वह और सम्बन्धों में नहीं। ऊधो कृष्ण के सखा थे, फिर भी गोपियाँ कृष्ण को उनकी अपेक्षा अच्छी तरह जानती थीं। *'कहा कहत भाभी के आगे जानत नानी नानन'* उन्होंने कृष्ण को बालकपन से देखा था। वे उनकी नस-नस जानती थीं। उनके आगे कृष्ण के राजत्व की बात विडम्बना-सी थी *'वे दिन माधव भूल बिसर गये गोद खिलाए कनियाँ, गुहिगुहि देत नन्द जसोदातनक काँच के मनियाँ* (159)। गोपियाँ कृष्ण के राजा होने और शहरी आडम्बर पर व्यंग्य करती हैं *'दिना चारि ते पहिरन सीखे पट पीताम्बर तनियाँ, सूरदास प्रभु तजी कामरी अब हरि भए चिकनियाँ।'* (159 पद) इसको अति परिचय की अवज्ञा न समझिए। यह तो योग की प्रतिक्रिया है। कृष्ण के उस जीवन को देखते हुए जिसे वे जानती थीं, योग की बात असंगत-सी लगती थी, तभी तो उनको विश्वास नहीं होता कि वह सन्देश कृष्ण का भेजा हुआ है *'नहिं या युक्ति मृदुल श्री मुख की जे तुम उर में हूलहु* (247)।' 'हूलहु' में योग के सन्देश के घातक

परिणाम तथा निर्दयता की बड़ी मार्मिक व्यंजना है। गोपियों के इन शब्दों में चोट खायी हुई साँपिन की-सी क्रोध भरी फुंकार सुनाई पड़ती है। *'हूलहु'* में निर्दयता, विश्वासघात, शक्ति, वेग आकस्मिक आघात गोपियों की निरीहता का चित्र-सा अंकित हो जाता है। जो कृष्ण उनके यहाँ छछिया भर छाछ पर नाच नाचे हों, जिन्होंने उनका घर-बार सुतपित हित और कुलकानि छुड़ाई हो, जो रास में अठखेलियाँ खेले हों वे ही उनको निर्गुणोपासना और योग का सन्देश भेजें और फिर एक दूसरी स्त्री पर आसक्त हों। अतः परं कि वैषम्यम्? *'तब कत मोहन रास खिलाई जो वै ज्ञान हुतोऊ'* और वे इसी कारण ऊधो को भी फटकार देती हैं *'जब वृन्दावन रास रच्यौ तबहि कहाँ तू देव'* यदि कृष्ण ने मथुरा जाकर भस्म रमाली होती या गेरुआ वस्त्र धारण कर अलख जगाया होता तो शायद उनकी समझ में योग का सन्देशा आ जाता किन्तु जब *'जोग हम को भोग कुब्जहि'* तब तो उनको कहना ही पड़ता है कि *'जोग की गति सुनत मेरे अंग आग बई।'* कृष्ण पर उनको विश्वास है। वे ऊधो की गलती बताने के लिए कहती हैं। *'ऊधो! जाय बहुरि सुनि आवहु कहा कह्यौ है नन्दकुमार। यह न होय उपदेश स्याम को कहत लगावन छार। निर्गुण ज्योति कहाँ उन पाई सिखवत बारम्बार।'* (127)

हास्य-व्यंग्य : साहित्याचार्यों ने हास्यरस को शृंगार का सहायक और पोषक माना है। संयोग में तो शृंगार और हास्य की मैत्री आवश्यक-सी हो जाती है। वह रति के लिए एक अनुकूल व्यापार उपस्थित कर उसमें ऊब नहीं उत्पन्न होने देता और उसके हर्ष संचारी में भी सप्राणता उत्पन्न कर देता है। वियोग-शृंगार में करुणा के मेल के कारण वह कुछ दूर-दूर-सा रहता है किन्तु जहाँ पात्रों में सजीवता का आधिक्य होता है वहाँ वह अपने सखा को दुख में भी नहीं छोड़ता। हाँ, उसका रूप कुछ बदल जाता है, जिससे कि वह वियोग की करुणा में बेसुरा नहीं लगता। व्यंग्य और उपालम्भ में वेदना का भी एक भीतरी पुट होता है। आहत व्यक्ति की खीज व्यंग्य में विकास का एक ऐसा द्वार पा लेती है जिसके कारण उसका दबाव तो हलका हो जाता है किन्तु उसमें कटुता और उग्रता नहीं आने पाती। व्यंग्य भी कई प्रकार का होता है। एक तो अपने से असम्बन्धित लोगों के प्रति और दूसरा अपने से सम्बन्धित लोगों के प्रति। दूसरे प्रकार के व्यंग्य में एक विशेष निजीपन रहता है, उसमें प्रेम का अधिकार रहता है। जो प्यार करता है वही उस प्रेम के अनुकूल प्रतिदान न पाने पर अपने प्रेमी को ठीक मार्ग पर लाने के लिए दो-एक चुटकी भी ले सकता है। हास्य-व्यंग्य में हीनता भाव मिटाने के लिए थोड़ा आत्मभाव और श्रेष्ठता का भाव भी रहता है किन्तु वह घृणा की मात्रा तक नहीं पहुँचता। गोपियों के व्यंग्य प्रायः दो प्रकार के हैं—एक तो कृष्ण और उद्धव के प्रति, दूसरे कृष्ण और कुब्जा के प्रति। पहले प्रकार के व्यंग्यों में विनोद कुछ अधिक है और उसके साथ अपनापन भी व्यंजित है। दूसरे प्रकार के व्यंग्य में असूयाभाव से प्रेरित

हो विनोद के साथ आत्मश्रेष्ठता ग्रन्थि (Superiority Complex) और बदले की भी भावना रहती है। कुब्जा ने गोपियों को उनके प्राप्त सुख से वंचित कर दिया और फिर उनके पास उस बेबसी में कुब्जा की कुरूपता पर व्यंग्य कसने के सिवा और चारा ही क्या रह जाता है।

पहले प्रकार के व्यंग्य कृष्ण के कालेपन के सम्बन्ध में किये गये हैं। उनके द्वारा आकृति को अन्तर का द्योतक मानकर उनके हृदय के कपट की ओर लक्ष्य किया गया है। कृष्ण तन से भी काले हैं और मन से भी। इसीलिए वे कहती हैं, *'यह मथुरा काजर की कोठरि जे आवहिं ते कारे।'* (38) जमुना भी उनके ही सम्पर्क से काली है *'ता गुन श्याम भई कालिन्दी सूर-श्याम गुन न्यारे।'* (38) इस वाक्य की अतिशयता ही इसकी कटुता को कम करके इसे विनोद का रूप प्रदान करती है। काजर की कोठरी के लाक्षणिक अर्थ के साथ अभिधार्थ को मिला देने से तथा प्रसिद्ध लोकोक्ति के प्रयोग के कारण चमत्कार द्विगुणित नहीं, त्रिगुणित हो जाता है। वास्तविक कारण के स्थान में एक कल्पित कारण की विपरीतता शुद्ध हास्य का एक मनोरम उदाहरण उपस्थित कर देता है *'जौ पै भले होत कहुँ कारे तौ कत बदलि सुता लै जात'* (43) सूर की गोपियों के कोयल और काक की कवि-प्रसिद्धि का भी ऐसा सुन्दर प्रयोग किया है कि चारों खूँट फिट बैठ जाता है *'कोकिल कुटिल कपट वायस छलि फिरि नहिंवहि बन जाति।'* (157) राम से तुलना करते हुए गोपियाँ कृष्ण के ज्ञानोपदेश के सम्बन्ध में एक गहरी चुटकी लेती हैं *'हरि सो भलो पति सीता को—दूत हाथ उन्हें लिख न पठायो निगम ज्ञान गीता को।'* (83 पद) कृष्ण के सखा ऊधो पर सैकड़ों घड़े पानी पड़ गया होगा।

कुब्जा के प्रति उपालम्भों में गोपियों का श्रेष्ठता-भाव कुछ स्पष्ट हो जाता है। *'अब वे कान्ह कूबरी राँचे बने एक ही ताक'* (136) इस सम्बन्ध में नन्ददास जी का व्यंग्य बड़ा विदग्धतापूर्ण है *'मदन त्रिभंगी आपु है करी त्रिभंगी नारि'*। रत्नाकर जी इस मामले में और भी बढ़ जाते हैं, *'छाँटि देत कूबर कै आँट देत डाँट कोऊ काट देत खाट किधौं पाट देत माटी है।'* सूर ने राम और कृष्ण का तादात्म्य करते हुए एक और करारा व्यंग्य कसाया है, *'राम जनम-तपसी जदुराई । तिहि फल बधू कूबरी पाई। सीता-विरह बहुत दुख पायो। अब कुबजा मिलि हियो सिरायो।'* (469) कूबरी के कूबर और योग की निरर्थकता को लक्ष्य कर एक ढेले से दो पक्षी मारने वाला एक और व्यंग्य लीजिए *'मधुकर! कान्ह कही नहिं होहीं—सँचि राखी कूबरी पीठि पै ये बातें चकचोही* (260 पद)।' मानो योग की बातों ने ही रूप धारण कर लिया हो।

विरह-वर्णन : सूर की गोपियों ने दुख में अपना सहज चापल्य नहीं छोड़ा था किन्तु इन चापल्य की लहरों के भीतर विरह का बड़वानल धधक रहा था। इस विरह ने ही उनके संयोग के गाम्भीर्य को आलोकित किया। गोपियों का हास-विलास केवल जवानी की उठती हुई तरंग न थी जो सहज में विलीन हो जाती। विरह की अग्नि

में वासना और ऐन्द्रिकता का कर्दम जल गया था और उनका प्रेम दैदीप्यमान स्वर्ण हो, निखर आया था। विरह द्वारा प्रेम के परिपुष्ठ होने की बात को सूर ने इस प्रकार रूपकों द्वारा व्यक्त किया है, *'ऊधो विरहौ प्रेमु करै। ज्यों बिनु पुट पट गहै न रंगहिं, पुट गहे रसहि परै॥जौ आँवौं घट दहत अनल तनु तौ पुनि अमिय भरै।'* (175 पद)

आचार्य शुक्ल जी के शब्दों में हम कह सकते हैं कि गोपियों का प्रेम एक आकस्मिक घटना न थी वह सचमुच *'बिरवा'* के ही रूप में बढ़ा था। *''बारे ते बलवीर बढ़ाई पोसी प्याई पानी'* (140 पद)। बाल-लीला यौवन-लीला में परिणत हो जाती है *'लरिकाई को प्रेम कहौ अलि, कैसे करिके छूटत!'* (पद 34) बात यह है कि बाल्य-काल के संसार बड़े पक्के होते हैं। इसी कारण सूर की गोपियों में विद्यापति की गोपियों की तरह केवल रूप-लिप्सा ही नहीं है वरन् सहचार (Fellowship) की भावना भी अधिक है। कृष्ण के साथ केलि-विहार के सम्बन्ध तन्तु सारे ब्रज में व्याप्त हो जाते हैं। संयोग का सुख स्मृति रूप से विरह का उद्दीपन बन जाता है। उनको फूल भी शूल बन जाते हैं, *'खटकति है वह सूर हियो मों माल दई जो फूलन की* (139)।' विरह-पूर्ण मानसिक दशा के कारण उनके लिए सारी सृष्टि वेदनामय रूप धारण कर लेती है *'हरि बिन फूल फार से लागत झरि झरि परत अँगार।'* (368) मानसिक दशा हमारी अनुभूति किस प्रकार बदल देती है, इसका एक और उदाहरण लीजिए, *'बनु गोपाल बैरिन भई कुंजैं। तब ये लता लगति अति सीतल, अब भईं विषम ज्वाल की पुंजैं।'* (85 पद)

सूर ने विरह-वर्णन में व्यंजना-शक्ति का खूब प्रयोग किया है। गोपियाँ कृष्ण को ब्रज में न आने का सन्देशा भेजती हैं और इसके द्वारा अपनी विरह दशा की व्यंजना कर देती हैं *'सब बल्लभी कहति हरि सों ये दिन मधुपुरी रहो। आज काल तुमहूँ देखत हौ तपति तरनि सम चन्द। सिंह वृकन सम गाय बच्छ ब्रज बीथिन बीथिन डोलत।'* (176) इस सन्देश द्वारा गोपियों ने अपनी मानसिक दशा का भी वर्णन कर दिया। विरही को जब साक्षात् दर्शन का सुख नहीं मिलता तब वह गुण-कथन, नाम-स्मरण लीलाओं के अनुकरण द्वारा एक प्रकार का मानसिक प्रत्यक्ष-सा कर लेता है। सूर ने कृष्ण की रूप-माधुरी के बड़े सुन्दर वर्णन कराये हैं। कृष्ण का रूप उनके वर्णन से बाहर है। रूप की अनन्तता ही तो उसे रमणीयता देती है और इसीलिए वह ब्रह्मानन्द का-सा गूँगे के गुड़ सदृश वर्णनातीत रहता है। एक गोपी कहती है, *'अलि हो! कैसे कहौं हरि के रूप-रसहि? मेरे तन में भेद बहुत विधि रसना न जानै नयन की दसहि। जिन देखे ते आहिं बचन बिनु, जिन्हैं वचन दरसन न तिसहि'*। (51 पद) गोस्वामीजी की प्रसिद्ध उक्ति *'गिरा अनयन नयन बिनु बानी'* का इतना भाव-साम्य है कि कहा नहीं जा सकता कि किसने किससे यह उक्ति ली है या दोनों ने ही किसी तीसरे से ली है।

गोपियों की विरह-दशा का हाल कुछ तो उनके ही आत्म-निवेदन से ही ज्ञात

होता है और कुछ मथुरा लौटे हुए उद्धव की जबानी। कृष्ण-लीलाओं के अनुकरण के सम्बन्ध में गोपियों की दशा का वर्णन देखिए– *'एक ग्वारि गोधन लै रेंगति, एक लकुट कर लेति। एक ग्वारि नटवर बहु लीला एक कर्म-गुन गावति'* (387)। नन्ददास जी ने तो गोपियों की तन्मयता को इतना बढ़ा दिया है कि उनकी कल्पना का बाह्य प्रेक्षण (Projection) हो गया है और वे कृष्ण को सामने देखने लगती हैं। ऐसे में *'नन्दलाल रूप नैनन के आगे, आप गये छवि छाय बने पियरे उर बागे'* वे प्रार्थना करने लगीं *'दुख जलनिधि हम बूड़ही कर अवलम्बन देहु।'*

अलंकारों से विरह-व्यंजना : सूर ने अपनी अलंकार-योजना में कृष्ण के अंगों के उपमानों की विवेचना करते हुए उनकी निष्ठुरता की बड़ी मार्मिक अभिव्यक्ति की है। उपमानों में सूर ने सादृश्य के साथ पूरा साधर्म्य दिखलाकर तथा उस उक्ति में तीव्र वेदना का रंग भरकर कला, भाव और कल्पना का बड़ा सुन्दर समन्वय किया है– *'नन्दनन्दन के अंग अंग प्रति उपमा न्याय दई। कुन्तल, कुटिल भँवर, भरि भाँवरि मालति भुर लई। तजत न गहरु कियो कपटी जब जानी निरस गयी।'* (107 पद) सूरदास जी नेत्र-सम्बन्धी उपमानों को लेकर प्रत्येक की निरर्थकता सिद्ध करते हुए केवल मीन की उपमा को सार्थक कहा है– *'सूरदास मीनता कुछ इक जल भरि संग न छाँड़त,* (97 पद) इसके द्वारा यह व्यंजित किया है कि उनके नेत्र जल में डूबे रहते हैं।

सूर ने कहीं-कहीं केशव की भाँति केवल शब्द-साम्य से भी काम लिया है। देखिए– *'ऊरध स्वाँस समीर तरंग तेज तिलक-तरु तोरति।'* (278 पृष्ठ 111)

विरह के उद्दीपन : सूर ने विरह-वर्णन की परम्परा के अनुकूल ऋतुओं का उद्दीपन रूप से वर्णन किया है किन्तु कहीं-कहीं उन्होंने उसमें बड़ी नवीनता उत्पन्न कर दी है। वर्षा को वे विरहिणी के शरीर में दिखलाते हैं, *'देखौ माई! नयनन्ह सों धन हारे। बिन ही ऋतु बरसत निसि बासर सदा सजल दोउ तारे।'* (299) वर्षा जब शरीर में ही हो तब वे उससे पीछा छुड़ाकर कहाँ जायँ इसमें यह भी व्यंजना है कि कृष्ण ने ब्रज को वर्षा के कोप से बचाया था *'बूड़त ब्रज हिंसर को राखै, बिनु गिरवरधर प्यारे'* (299) कभी वे बादलों में अपने प्रियतम की अनुहारि देखकर अपनी स्मृति को और भी सजीव और शायद सजल बना लेती हैं, *'आज घनश्याम की अनुहारि। उनै आये साँवरे ते सजनी! देखि रूप की आरी'* (129) ऐसे वर्णनों में कृष्ण के घनश्याम नाम की सार्थकता हो जाती है।

सूर ने चन्द्र आदि उद्दीपनों को खूब कुसवाया है और गोपियों द्वारा इस बात पर भी खीज प्रकट की है कि वे उद्दीपन मथुरा पहुँचकर कृष्ण को क्यों नहीं सताते, *'किधौं घन गरजत नहिं उन देसनि? किधौं बहि इन्द्र हठिहि है हरि वरज्यौ, दादुर खाए शेषनि'* (280 पद)।

विरह की तुलना : सूर ने भी प्राकृतिक वस्तुओं को विरह से व्याप्त दिखाया है किन्तु जायसी की भाँति प्रत्येक वस्तु में विरह की झलक नहीं देखी है–गेहूँ का विरह

से फटा हुआ नहीं दिखलाया वरन् उन्हीं चीजों को लिया है जिनका कृष्ण से सम्बन्ध था, *'देखियत कालिन्दी अति कारी। कहियो, पथिक! जाय हरि सों ज्यों भई विरह जुर-जारी।'* (278 पद) इसमें *'ज्यों'* द्वारा की हुई हेतूत्प्रेक्षा इसकी अस्वाभाविकता को बचा लेती है।

इसीलिए सूर ने मधुवन से प्रश्न पूछा है कि *'तुम कत रहत हरे'*। तुलसी और सूर में यशोदा और कौशल्या वात्सल्य-सम्बन्धी विरह-वर्णन बहुत अंशों में एक-सा है। किन्तु *'सँदेसो देवकी सों कहियो। हौं तो धाय तिहारे सुत की,'* *'ब्रज ली जो ठोक-बजाय'* (375) की तो मार्मिक वेदना तुलसी में खोजने पर भी न मिलेगी। कौशल्या का कैकेयी के प्रति कुछ कहने के लिए उनका मुँह बन्द किये हुए था। दशरथ तो थे नहीं, वे कहती किससे? कहीं-कहीं कौशल्या का दैन्य कुछ बढ़ गया है। रामचन्द्र का धनुष, उनके घोड़े कौशल्या के विरह को उद्दीप्त कर सकते थे किन्तु उनकी पन्हैयों के उल्लेख में तुलसी का दास्य-भाव भीतर से झाँकत हुआ दिखाई पड़ता है। सीता जी के विरह में राम के एकपत्नी(व्रत) के कारण उपालम्भ और असूया का अभाव है। उसमें दैन्य और परिस्थिति की बेबशी है। कबीर का विरह केवल आलंकारिक है। यद्यपि सूर के भी पद मुक्तक की कोटि में आते हैं तथापि वे प्रसंग-प्रेरित हैं।

विरह की वास्तविकता : अब यह प्रश्न होता है कि जब गोपियाँ इतनी निकट थीं तब चली क्यों न गयीं। इसी कारण सीता और राम के विरह की अपेक्षा गोपियों के विरह को आचार्य शुक्ल ने खिलवाड़ कहा है। प्रश्न स्थान की दूरी का नहीं था। दूर रहते हुए भी निकट हो सकते हैं और निकट होते हुए भी दूर हो सकते हैं। दादुर कमल के पास होते हुए भी उसका रस नहीं लेता। गोपियों को दुख इस बात का नहीं था कि कृष्ण किसी दूर देश में हैं वरन् इस बात का था कि अब उनके प्रति उनका भाव बदल गया था। भाव बदल जाने पर एक छत के नीचे बैठे हुए भी दूर हो जाते हैं। *'मधुवन बसत बदलि से गे वे, माधव मधुप तिहारे। इतनिहिं दूर भये'* कुछ औरै *'जोय जोय मगु हारे।'* (231) कृष्ण के राजा होने पर गोपियों ने बड़े ही मधुर व्यंग्य कसे हैं– *'हरि हैं राजनीति पढ़ि आये–राजधर्म सब भये सूर जहँ प्रजा न जायँ सताए'* (92) इसकी तुलना गीतावली में सीता जी के लक्ष्मण द्वारा भेजे हुए सन्देश से ही कर सकते हैं, *'पालिबी सब तापसिन ज्यों-राजधरम विचारि'* (329)।

आत्म-निवेदन : गोपियों का हृदय उपालम्भ देने में कहीं-कहीं कठोरता की हद तक पहुँच गया हो किन्तु उसमें नारी सुलभ कोमलता थी। उसके लिए भी कहा जा सकता है *'वज्रादपि गठोराणि मृदूनि कुसमादपि'* कृष्ण को बुलाने के लिए उन्होंने सभी तरह की उक्तियाँ सोचीं। ब्रज में अघासुर, बकासुर आदि की कल्पना कर उनकी कर्त्तव्य-बुद्धि को जाग्रत किया। *'ऊधो ब्रजरिपु बहुरि जिये।...केसो सकल कर्म केसव बिन, सूर सरन काकी तकिए,'* (168) उनकी प्रिय गोओं की भी दशा कहला

भेजी *'ऊधो इतनी कहियो जाय। अति कृशगात भई हैं तुम बिन बहुत दुखारी गाय'* (171) गीतावली में इस प्रकार कौशल्या द्वारा राम के घोड़ों का वर्णन कराया है। गोपियाँ अपनी चूक भी स्वीकार करती हैं। उनका वे आना भर चाहती हैं। विरह की पराकाष्ठा में उनकी ऐन्द्रिकता जाती रहती है। यहाँ तक कि वे मुरली की तान सुनने का भी मोह छोड़ने को तैयार हो जाती हैं। *'कहि हौ न मृदु मुरली बजान, करन तुमसौ गान'*–गोपियाँ उनकी मंगल-कामना ही करती हैं, *'न्हात खसै जनि वार'* यही सच्चा प्रेम है। विरक्त होती हुई भी कृष्ण पर अपना अधिकार समझती हैं। *'व्याहौ लाख धरौ दस कुबरी, अन्तहि कान्ह हमारो।'* यह है सूर की भारतीय नारी-हृदय की परख।

रामचन्द्रिका का प्रबन्ध-निर्वाह

हिन्दी साहित्य-क्षेत्र में केशव की कीर्तिपताका रामचन्द्रिका के आधार-स्तम्भ पर अवस्थित है। पंडितों को उसके पांडित्य पर गर्व है। उसमें छन्दों और अलंकारों का बाहुल्य है, इसकी भी कमी नहीं है किन्तु पांडित्य-प्रदर्शन ने कहीं-कहीं उनके औचित्य-ज्ञान को दबा लिया है। रामचन्द्रिका का प्रबन्ध-प्रवाह भी इसी कारण कुंठित हो गया है। इस लेख में इसी बात पर विचार किया जायगा किन्तु इसके विवेचन के पूर्व उसके कथानक के आधार और उसकी नवीनताओं पर भी प्रकाश डाल देना आवश्यक है।

कथानक : रामचन्द्रिका का कथानक प्रधानतया वाल्मीकीय रामायण पर आश्रित है। उनको रामचन्द्रिका लिखने की प्रेरणा स्वप्न में ऋषि वाल्मीकि से ही मिली थी। इसलिए उनका अनुकरण स्वाभाविक ही था। वाल्मीकीय रामायण की भाँति ही परशुरामजी बरात से लौटते समय रामचन्द्रजी से मिले थे और उसी के अनुसार लक्ष्मणजी के शक्ति रावण द्वारा लगी है, तुलसीकृत की भाँति मेघनाद द्वारा नहीं। इस कथानक में और भी कई नवीनताएँ हैं किन्तु वे प्रायः या तो प्रसन्न राघव या हनुमन्नाटक नाटक के आधार पर हैं। उसे धनुष-यज्ञ के समय सुमति-विमति का प्रसंग प्रसन्न राघव से लिया गया है, अन्तर केवल इतना ही है कि संस्कृत नाटक के नूपुरुक तथा मंजीरक रामचन्द्रिका में सुमति-विमति बन गये हैं। रामचन्द्रिका की कई नवीनताओं ने कथा के उत्कर्ष को बढ़ाया है। ताड़का-वध के समय केशव ने जो वार्तालाप रामचन्द्रजी और विश्वामित्र के बीच कराया है, वह रामचन्द्रजी को बहुत अंश में स्त्री-वध के अपराध से मुक्त कर देता है?। जब श्रीरामचन्द्रजी से यह सुन लिया कि– *"द्विज-दोषी न विचारि से कहा पुरुष कह नारि। राम विलम न कीजिए बाम ताड़का तारि'* तभी वे उसके ऊपर शर चलाते हैं। केशव ने शक्ति लगने पर सुषेण वैद्य को नहीं बुलवाया है। विभीषण से ही औषधि की बात कहलवायी है।

केशव की भक्ति-भावना सत्य बात कहने में बाधक नहीं हुई है। उन्होंने राम-पक्ष के दोषों की किसी-न-किसी रूप में अपने पात्रों द्वारा उद्घाटन करा ही दिया है। राम के पास दूत भेजने में चाहे रावण की राजनीतिक चाल ही क्यों न हो किन्तु उसके द्वारा राम के दोष की ओर संकेत करा दिया है। देखिए–

"सूपनखा जु विरूप करौ तुम,
ताते कियो हमहू दुख भारो।
वारिध बधंन कीन्हों हुतो,
तुम मो सुत बधंन कीन्हौ तिहारो॥"

—त.च. 19।17

इसी प्रकार लव के मुँह से विभीषण 'रण-दूषण' और व्यंग्य में 'कुलभूषण' कहलाया है। अंगद चाहे रावण की बातों में नहीं आया था किन्तु केशवदासजी उसका असन्तोष प्रकट कराये बिना नहीं रहे। उसने भी रामचन्द्र जी द्वारा अर्पित कोई उपहार स्वीकार नहीं किया। इस प्रकार केशव ने अपने काव्य में अपनी स्वतन्त्र प्रकृति का परिचय दिया है और कुछ नवीन उद्‌भावनाएँ भी की हैं जो चाहे उधार ली हुई क्यों न हों, काव्य की रोचकता एवं उपादेयता बढ़ाती हैं।

प्रबन्ध-निर्वाह : यद्यपि रामचन्द्रिका प्रबन्ध काव्य के रूप में लिखी गयी है तथापि उसमें मुक्तक के गुण अधिक हैं। उसमें कथा के तारतम्य की अपेक्षा अलंकरण एवं पांडित्य-प्रदर्शन की ओर रुचि अधिक है, इसका साज-शृंगार मुक्तक का-सा है। यदि प्रबन्ध-निर्वाह शिथिल न होता तो यह बात केशव के लिए विशेष महत्त्व की होती कि वे प्रबन्ध में भी मुक्तक का-सा चमत्कार उत्पन्न कर सके। रामचन्द्रिका में विशेष-विशेष स्थलों का वर्णन बड़ा विशद और चमत्कारपूर्ण है किन्तु उनकी जोड़ने वाली कड़ियाँ बड़ी शिथिल हैं। कहीं-कहीं तो रामचन्द्रजी के बनवास देने से महत्त्वपूर्ण प्रसंग भी एक ही छन्द में चलते कर दिये गये हैं, देखिए—

"यह बात भरत्थ की मातृ सुनी।
पठऊँ बन रामहिं बुद्धि गुनी॥
तेहि मन्दिर यो नृप सों विनयो।
बर देहु हुतो हम को जु दयो॥
नृप बात कहीं हँसि हेरि हियो।
बर माँगि सुलोचनि मैं जु दियो॥"
कैकेयी—"नृपता सु बिसेस भरत्थ लहैं।
बरषै बन चौदह राम रहैं॥"

—त.च.9।3,4

इसमें कैकेयी का चरित्र एकदम गिर जाता है, राम-बनवास का सारा भार उसके सर पड़ता है। दशरथ के राज-महल का गौरव और पारस्परिक प्रेम-भाव नष्ट होकर उसकी स्थिति एक कलहपूर्ण साधारण परिवार की-सी हो जाती है। मन्थरा का नाम भी नहीं आता किन्तु रामचन्द्रजी के अयोध्या लौटने पर उनकी इस बात की प्रशंसा की जाती है कि उन्होंने मन्थरा से कोई बुराई नहीं मानी, देखिए—

"मन्थरा सों मोद मानत विपिन पठ्यो पेलि" 27।13

'पठ्यो पेलि' बड़े जोरदार शब्द हैं। यहाँ पर सारा भार कैकेयी के सर के ऊपर आ जाता है। अपने उचित स्थान पर मन्थरा का कोई उल्लेख नहीं होता। जिन पाठकों ने रामचरित का अध्ययन केवल रामचन्द्रिका से किया हो उनके लिए मन्थरा का नाम किसी बाहरी अन्तर्कथा के रूप में आता है। मूल पुस्तक से उसका कोई सूत्र नहीं मिलता।

रामचन्द्रजी बन को जाते हैं। उनके साथ उनकी अनुरक्त प्रजा पीछे जाती है। इस सम्बन्ध में केशवदासजी ने बड़ी सुन्दर उत्प्रेक्षा दी है।

"मनोभगीरथ पथ चल्यो भगीरथी प्रवाह" 9/30

रामचन्द्रजी भगीरथ के वंश के थे, उनकी महाभाग भगीरथ से तुलना करना उपयुक्त ही था किन्तु इसके बाद उस प्रवाह का पता नहीं चलता कि वह अयोध्या लौट गया अथवा उसका कोई जन्हु ऋषि आचमन कर गये और वह फिर उनके शरीर से बाहर नहीं निकला।

राम के साथ कोई सुमन्त नहीं भेजे जाते। ऐसा मालूम होता है कि राजा की ओर से भी उनकी नितान्त उपेक्षा थी किन्तु ऐसी बात न थी। उनके वन-गमन की बात सुनते ही दशरथ जी की मृत्यु हो जाती है। केशव ने दशरथ के स्नेह की अभिव्यक्ति चरम घटना से ही करायी है। उन्होंने तुलसी की भाँति धर्म और स्नेह के अन्तर्द्वन्द्व वर्णन करने की चिन्ता नहीं की। इसमें विशेष हानि न थी, दशरथजी ऐसी स्थिति में बहुत कुछ कह भी नहीं सकते थे किन्तु यह घटना इतनी शीघ्र घटती है कि यह प्रश्न होने लगता है कि रामचन्द्रजी तुरन्त ही लौटा क्यों न लिए गये। वनवास हो गया था तो क्या? ज्येष्ठ पुत्र थे ही।

"रामचन्द्र धाम ते चले सुने जबै नृपाल।
बात को कहै सुनै सु ह्वै गये महा विहाल॥
ब्रह्म रन्ध्र फोरि जीव यौं मिल्यो जु लोक जाय।
*गेह तूरि ज्यों चकोर चन्द्र में मिलै उड़ाय॥"*9।31

बिना किसी शोक-प्रदर्शन के वे नहीं पड़े रहते हैं। कथा-प्रवाह दूसरी ओर बहने लगता है। (तुलसीदासजी ने दशरथजी को सुमन्त के लौटने तक जिन्दा रक्खा है) वन जाते हुए सीता, राम के सौन्दर्य की प्रशंसा होने लगती है। नगर की नारियाँ सीताजी की शोभा का वर्णन पंडितों को लज्जित करने वाली श्लेषप्रधान भाषा में करने लग जाती हैं। उनके मुख से केशवदासजी स्वयं बोलते सुनाई पड़ते हैं।

"वासों मृग अंक कहै तो सो मृगनैनी सब,
वह सुधाधर तु हूँ सुधाधर मानिये।
यह द्विजराज तेरे द्विजराजि राजै,
*वह कलानिधि तुहू कलाकलित बखानिये॥"*9।40

ऐसा प्रतीत होता है मानो इस अलंकार-प्रधान वर्णन के लिए ही कथा जल्दी चलायी गयी हो।

भरत जी के बुलाने के प्रबन्ध की बात पाठकों की कल्पना पर छोड़ दी जाती है। वे स्वयं आ जाते हैं। केशव को पाठकों की सर्वज्ञता पर अधिक विश्वास है। रामचन्द्रजी के साथ गुह के जाने की कोई बात नहीं आती किन्तु भरत के साथ उसका पूर्व परिचित का-सा उल्लेख होता है– *'तरि गंग गये गुह संग लिए'*।

केशवदास जी का मन भरतजी के हाथियों के *'मनि घूँघुर घंटन के रव'* से घोषित होने वाले राज-वैभव के वर्णन में अधिक रमा है और युद्ध या बरात के पयान की भाँति ही भरत का आगमन दिखाया गया है–*'युद्ध को आज भरत्थ चढ़े धुनि दुन्दभि की दसहुँ दिस धाई।'* लक्ष्मणजी को उत्तेजित करने के लिए दूर से दिखाई देने वाली धूल ही काफी थी, उस समय दुन्दभी की चर्चा बेवक्त की शहनाई की बात चरितार्थ करती थी।

धनुष-यज्ञ और विवाह तक प्रबन्ध-निर्वाह अच्छा हुआ है, इसके बाद शिथिलता आ गयी है। पंचवटी से राम-रावण-युद्ध तक प्रवाह यथावत् रीति से चला है। अयोध्या लौटने पर तो केशवदासजी कवि-प्रिया की कवि-शिक्षा के बाग, तड़ाग, वसन्त, चन्द्रोदय आदि के वर्णनों की खानापूरी में पड़ गये हैं। वर्णनों के मोह में राम के मर्यादा-प्रधान लोक-पावन चरित का भी ध्यान नहीं रक्खा गया। दासियों के नख-शिख का वर्णन जी खोल कर किया गया है और तारीफ यह कि रामजी उसे छिपे-छिपे सुनते रहे। रामचन्द्रजी स्त्रियों के साथ जल-क्रीड़ा भी करते हैं। रामचन्द्रिका में पीछे के कवियों के अष्टयाम का पूर्व रूप-सा दिखाई देने लगता है। रामचन्द्रजी का रनवास मुगल सम्राटों के अन्तःपुर का दृश्य धारण कर लेता है–बौने, अन्धे, गूँगे नौकर भी मौजूद हो जाते हैं, मानो उनके महल में भी कुछ रहस्य-कथाएँ चल रही हों और केशव के विद्वान टीकाकार लालाजी भी इस बात की दाद देते हैं कि वहाँ ऐसे ही नौकरों की आवश्यकता थी। रामचन्द्रिका में नृत्यों के भेदों का उल्लेख केशव की जानकारी पर प्रकाश डालने के अतिरिक्त कथा-प्रवाह में कुछ भी सहायक नहीं होता वरन् उसकी गति के विराम को और भी लम्बा कर देता है। जायसी में इस प्रकार के दोष बहुतायत से हैं। अश्वमेध-यज्ञ की कथा का प्रवाह फिर अच्छी गति से चला है। यद्यपि छन्दों का बदलना काव्य की एकतानता-सम्बन्धी ऊब को दूर करता है तथापि परिवर्तन-बाहुल्य पाठक को कुछ देर तक कथा के रस-प्रवाह में बहने में बाधक होता है। रामचन्द्रिका में छन्द-परिवर्तन दोष की हद तक पहुँच गया है। वह एक प्रकार से छन्दों और अलंकारों की प्रदर्शनी बन गयी है। रामचन्द्रिका के छन्द बाहुल्य पर तो केशवदासजी ने सगर्व संकेत किया है– *'रामचन्द्र की चन्द्रिका वर्णत हौं बहु छन्द'*।

कवि-प्रिया और रामचन्द्रिका : यद्यपि कवि-प्रिया की निर्माण-तिथि रामचन्द्रिका से सात या आठ महीने पीछे है तथापि ऐसा मालूम पड़ता है कि दोनों का ढाँचा बहुत काल तक केशवदासजी के मन में एक साथ घूमता रहा। जो वर्ण्य-विषय कवि-प्रिया में है, वही रामचन्द्रिका में है। उनमें से बहुत से छन्द दोनों में ज्यों के त्यों मिलते हैं।

रामचन्द्रिका और कवि-प्रिया में समान रूप से मिलने वाले कुछ छन्द

छन्द	कवि-प्रिया	विषय	रामचन्द्रिका	प्रसंग
1. विलोकि सरोरुह सेत समेत	पंचम प्रभाव 13	जरा वर्णन	चौबीसवाँ प्रकाश 12	राम विरक्ति
2. को है दमयन्ती इन्दुमती रति राति दिन	छठा प्रभाव 42	सरूप वर्णन	छठा प्रकाश 59	सीताजी का रूप वर्णन
3. मूल पूरन पुराण अरु पुरुष पुराने परिपूरन बतावें	छठा प्रभाव 72	राम को दान वर्णन	प्रथम प्रकाश 3	राम वन्दना
4. हाथी न साथी न घोरे न चेरे	छठा प्रभाव 56	सत्य झूठ वर्णन	सोलहवाँ प्रकाश 26	अंगद-रावण संवाद
5. केशोदास मृगन बछेरू चूषैं बाघनीन	सातवाँ प्रभाव 13	आश्रम वर्णन	बीसवाँ प्रकाश 40	भरद्वाज आश्रम की शान्ति
6. केशोदास है उदास, कमलाकर सो कर	सातवाँ प्रभाव 22	चन्द्रोदय वर्णन	तीसवाँ प्रकाश 46	चन्द्र वर्णन
7. भूति विभूति पियूषहु को विष ईश शरीर	सातवाँ प्रभाव 26	सागर वर्णन	चौदहवाँ प्रकाश 41	समुद्र वर्णन
8. भौहें सुर चाप चारु प्रमुदित पयोधर	सातवाँ प्रभाव 32	वर्षा वर्णन	तेरहवाँ प्रकाश 19	सीता-विरह में वर्षा वर्णन

9. दानिन के शील, परदान के प्रहारी दिन	आठवाँ प्रभाव 10	राजकुमार वर्णन	पाँचवाँ प्रकाश 31	सीता स्वयंवर
10. राघव की चतुरंग चमू नादि पूरि, पूरि, पूरि	आठवाँ प्रभाव 17 और 23	पयान वर्णन	पैंतीसवाँ प्रकाश 8 और 10	अश्वमेघ-यज्ञ
11. शोणित सलिल नर बानर सलिल चर	आठवाँ प्रभाव 31	संग्राम वर्णन	उन्तालीसवाँ प्रकाश 3	लवकुश और भरत-युद्ध
12. एक दमयन्ती ऐसी हरैं हंसि हंस बंस	आठवाँ प्रभाव 37	जल-केलि वर्णन	बत्तीसवाँ प्रकाश 37	रामजी की जल-क्रीड़ा
13. बैरी गाया ब्राह्मण को कालै सब काल जहां	ग्यारहवाँ प्रभाव 43	नियम श्लेष	सत्ताईसवाँ प्रकाश 3	इन्द्रकृत राम-स्तुति
14. राम की बाम जो आनी चोराम	ग्यारहवाँ प्रभाव 58	भयानक रसवत अलंकार	पन्द्रहवाँ प्रकाश 6	मन्दोदरी-रावण संवाद
15. बाल बाली न बाच्यो	ग्यारहवाँ प्रभाव 59	वीमत्स रसवत अलंकार	पन्द्रहवाँ प्रकाश 7	मन्दोदरी-रावण संवाद
16. सिगरे नर नायक असुर विनायक	ग्यारहवाँ प्रभाव 60		पाँचवाँ प्रकाश 38	सीता स्वयंवर

इनके अतिरिक्त और भी कई उदाहरण हैं किन्तु ये इस बात के प्रमाणित करने के लिए पर्याप्त हैं कि रामचन्द्रिका में कविप्रिया-उल्लिखित वर्ण्य-विषयों को लाकर कवि कर्त्तव्य-पाल करना कवि का एकमात्र ध्येय तो नहीं किन्तु एक प्रमुख उद्‌देश्य अवश्य था जिसने रामचन्द्रिका की प्रबन्धात्मकता पर छाया डाल दी थी।

केशव की अलंकार-योजना

केशवदास अलंकारवादी थे और उन्होंने कवि-प्रिया के आरम्भ में ही मुक्त-कंठ से कह दिया है कि–

"भूषण बिनु न बिराजई कविता बनिता मित्त"

इसलिए अलंकार उनका दृढ़ स्तम्भ है। उनके सौन्दर्य से उनके काव्य की सुन्दरता है और उनके दोष से उनका काव्य दूषित होता है। कवि के साथ न्याय करने के लिए यह आवश्यक है कि जिन बातों में वह महान समझा जाता है, उनकी ही विशेष आलोचना की जाय।

अलंकार क्राव्य शरीर की शोभा के साधन अवश्य हैं किन्तु उनमें भी औचित्यानौचित्य का ध्यान रखना पड़ता है। औचित्य अलंकारों के ऊपर की चीज है। अलंकार चाहे जितना बहुमूल्य क्यों न हो यदि यथास्थान नहीं पहना जाता तो शोभा नहीं देता। पैर की पायजेब गरदन में गुलेबन्द के रूप में पहनना उसकी शोभा को घटायेगा ही, बढ़ायेगी नहीं। यह दूसरी बात है कि विभ्रम हाव के रूप में कुछ मोहकता बढ़ा दे।

केशवदासजी अपने पांडित्य के कारण श्लेष का चमत्कार दिखाने में सिद्धहस्त थे किन्तु जब ये कवि द्वारा न प्रयुक्त होकर ऐसे पात्रों द्वारा प्रयुक्त होते हैं जो कि उनके सर्वथा अनधिकारी हों, हास्यास्पद बन जाते हैं। नगर स्त्रियों द्वारा सुधाधर और द्विजराज के आधार पर सीता जी को चन्द्रमा से समता कराना श्लेष का प्रदर्शन ठीक होता। जहाँ पर श्लेष केवल शब्द-साम्य को उपस्थित करता है और वर्ण्य वस्तु से अनुरूपता नहीं रखता वहाँ पर भी वह शब्दाडम्बर मात्र रह जाता है। धाय एक वृक्ष का नाम है और शिशु के पालन-पोषण करने वाली स्त्री को भी धाय कहते हैं। केवल धाय नाम के वृक्ष की उपस्थिति के कारण पहाड़ (प्रवर्षण आदि) को शिशु बना देना अनुपात-ज्ञान की अवज्ञा है– *'सिसु सो लसै संग धाय'*। धाय हमेशा शिशु से बड़ी होती है लेकिन प्रवर्षण की धाय उस पर ही उगने वाला एक वृक्ष है जो उसी की जलवायु से पोषित होता है। एक साँस में उसे शिशु कहा और दूसरी ही साँस में उसे शेषनाग के समान बना दिया–

"अहिराज सो यहि काल बहु सीस सोभत भाल।"

इसी पर्वत को शब्द(साम्य) के आधार पर शिव बनाया गया है। पर्वतों का प्रायः शिव से साम्य किया जाता है। इसमें कोई हानि नहीं किन्तु जहाँ रूपक की सांगता के लिए ऐसी वस्तु का सहारा लिया जाता है जो शिव-पार्वती के गौरव के विरुद्ध है, वहाँ पर रूपक की सफलता के लिए हम केशव को बधाई नहीं दे सकते।

''संग सिवा विराजै, गजमुख गाजै,
परभृत बोलै चित्त हरै।''

शिवा-पार्वती को कहते हैं और शृंगाली को भी; कहाँ माता पार्वती और कहाँ शृंगाली? यही है शब्द-साम्य की विडम्बना। शब्द-साम्य के चमत्कार का सबसे अच्छा रूप परिसंख्या अलंकार में दिखाई पड़ती है जहाँ कि चमत्कार किसी बुराई को नाम-मात्र में सीमित कर देने में रहता है। *'विधवा बनी न नारि'* में विधवा का बनी के साथ आने में चमत्कार निखर आता है। बनी के क्रिया ओर संज्ञा के उभय रूप चमत्कार को द्विगुणित कर देते हैं—

''मूलन ही की जहाँ अधोगति केशव गाइय।
होम हुताशन धूम नगर एकै मलिनाइय॥
दुर्गति दुर्गन ही जु कुटिल गति सरितन ही में।
श्री फल को अभिलाष प्रगट कविकुल के जी में॥''

विरोधाभास में भी शाब्दिक चमत्कार क्षम्य हो जाता है क्योंकि उसका नाम ही विरोधाभास है। हाँ, यह बात अवश्य है कि उसका श्लेष बहुत दुरूह न हो जैसा कि *'विषमय यह गोदावरी अमृतन को फल देति'* में हो गया है। बहुत ही कम लोग विष का अर्थ जल समझते हैं किन्तु दूसरी पंक्ति का श्लेष इतना दुरूह नहीं है और उसके द्वारा पर्याप्त चमत्कार उत्पन्न हो जाता है।

''केसव जीवनहार को दुख असेष हर लेति'

इसमें गोदावरी की उदारता की भी व्यंजना हो जाती है। अवधपुरी की पताकाओं के सम्बन्ध में एक विरोधाभास पूर्ण वर्णन देखिए—

''अति सुन्दर अति साध। थिर न रहत पल आधु।
परम तपोमय मानि। दंड धारिणी जानि॥''

पताका साधु अर्थात् सीधी होती हुई भी चंचल है। उसमें चंचलता के अतिरिक्त यती का बाह्य रूप पूरा है। विरोधाभास में भी जहाँ औचित्य का उल्लंघन हो जाता है वहाँ उसका चमत्कार दब-सा जाता है। देखिए श्री रामचन्द्रजी का परिचय देते हुए विश्वामित्रजी कहते हैं—*'परदार प्रिय साधु मन वचन काय के।'* विरोधाभास का चमत्कार तभी पूर्णरूप से विकसित होता है जब परदार का अर्थ परायी स्त्री भी लगाया जाय। बालक और शिष्य के लिए ऐसी बात, शब्द साम्य का चमत्कार दिखाने को, कहना औचित्य का उल्लंघन है और हास्य भी रसाभास बन जाता है।

केशव ने सन्देह अलंकार में अपनी कल्पना की उर्वरता दिखाई है, किन्तु

जहाँ पर सम्भावनाओं की लड़ी बाँधते हैं वहाँ कभी-कभी कुछ बहक भी जाते हैं। विश्वामित्र के साथ राम लक्ष्मण के जनकपुर में प्रवेश करने पर सूर्योदय होता है; इसको केशवदासजी ने बड़ा अच्छा शकुन माना है।

''काहू को न भयो कहूँ, ऐसो सगुन न होत।
पुर वैठत श्रीराम के, भयो मित्र उद्दोत॥''

यहाँ पर मित्र का श्लेष बहुत ही उपयुक्त है (मित्र सूर्य को भी कहते हैं)। यहाँ पर सूर्य का वर्णन मंगलमय ही होना चाहिए था किन्तु पहली ही पंक्ति में उसे चोर और चकोरों के लिए चिता बना दिया है। चिता से वर्ण-साम्य अवश्य है किन्तु यह शब्द मंगलसूचक नहीं है। इसी प्रकार नीचे के छन्द में बड़े शुभ और मंगलमय वर्णनों के साथ *'काल कापालिक'* का *'शोणित कलित कपाल'* बना दिया है। यह उपमा भी बुरी नहीं है। सूर्य का सम्बन्ध काल से है क्योंकि सूर्योदय ही कालचक्र का माप-दंड है और वह वर्णसाम्य के कारण काल की क्रूरता का प्रतीक और *'काल-कापालिक* का *'शोणित कलित कपाल'* हो सकता है किन्तु और उपमाओं के साथ यह मेल नहीं खाती विशेषकर ऐसे शुभ अवसर पर और जब कि शेष सब सम्भावनाएँ शुभ और मंगलमय हों। देखिए—

''अरुण गात अति प्रात पद्मिनीप्राणनाथ भय।
मानहु केशवदास कोकनद कीक प्रेम भय॥
परिपूरण सिन्दूरपूर कैधौं मंगलघट।
किधौं शक्र को छत्र मढ़्यौ माणिकमयूखपट॥''
''कै शोणित कलित कपाल यह,
किल कापालिक काल को।
यह ललित लाल कैधौं लसत,
दिग्भामिनि के भाल को॥''

सीता के अग्निप्रवेश के वर्णन में यद्यपि सीता के मानसिक पक्ष के उद्‌घाटन न होने का दोष कहा जा सकता है तथापि उस समय के सीता के गौरवमय बाह्य रूप का जो वर्णन है वह समय की गम्भीरता के अनुकूल है। प्रत्येक उपमा में पवित्रता और श्रेष्ठता का चित्र है। देखिए—

''कि सिन्दूर शैलाग्र में सिद्ध कन्या।
किधों पद्मिनी सूर संयुक्त धन्या॥
सरोजासना है मनो चारु बानी।
जपा पुष्प के बीच बैठी भवानी॥''

जपा पुण्य के बीच बैठी भवानी की उत्प्रेक्षा बड़ी सार्थक है। जपा पुष्प (गुड़हल का फूल) अग्नि-सदृश लाल होता है और काली की पूजा में उसका प्रयोग भी होता है।

इसमें प्रसंगानुकूल ओज भी है। केशव के मन पर इस दृश्य का गहरा प्रभाव पड़ा था। रसिक-प्रिया में भी इसका कल्पना और भावुकता से पूर्ण सुन्दर चित्र है। देखिए-

"केशव एक समय हरि राधिका,
आसन एक लसे रंग भीने।
आनँद सों तिय आनन की,
द्युति देखत दर्पण में दृग दीने॥
भाल के लाल में बाल बिलोकत ही,
भरि लालन लोचन लीने।
शाँसन पाय सबासिन सीय,
हुतासन में जनु आसन कीने॥"

यद्यपि कहीं-कहीं उपमाओं—जैसे रामचन्द्रजी की उपमा उलूक से देने में—औचित्य का ध्यान भूल गये हैं, तथापि उनकी अधिकांश उपमाएँ और उत्प्रेक्षाएँ बड़ी उपयुक्त और मौलिक हैं। वे अर्थबोध और भाव-व्यंजना में भी सहायक होती हैं। रामचन्द्रजी शरद् ऋतु की वृद्धा दासी से उपमा देते हैं, रात्रि की भाँति वर्षा में भी कार्य-कलाप मन्द रहता है, शरदागम से ही उन दिनों कार्यारम्भ होता था। इस बात को ध्यान में रखते हुए केशव की उक्ति बड़ी ही सुन्दर है।

"लक्ष्मण दासी वृद्ध-सी, आयी सरद सुजाति।
मनहुँ जगावन को हमहिं, बीते वर्षा राति॥"

हनुमानजी सीता की शोध को लंका जाते समय समुद्र को लाँघते हैं। तेज गति की उपमा लकीर से ही दी जाती है किन्तु स्वर्ण शैलाभदेह हनुमान की समुद्रोल्लंघन गति को सोने की लकीर कहना और भी उचित था। आकाश नीला होता है, इसलिए उसे सोने के कसने की कसौटी बनाया है, देखिए—

"लीक-सी लिखत नभ पाहन के अंक को।"

केशवदासजी श्री रामचन्द्रजी की ग्रीवा का वर्णन करते हुए गर्दन की तीन लकीरों को उत्प्रेक्षा द्वारा मन, कर्म, वचन की लकीरें बतलाते हैं। रामचन्द्रजी का सौन्दर्य वर्णन उनके चरित्र के अनुरूप होता है।

''ग्रीवा श्री रघुनाथ की, लसति कम्बु वर वेष।
साधु मनो बच काय की, मानो लिखी त्रिरेष॥"

"तातैं ऋषिराज सवैं तु छाँड़ौ,
भूदेव सनाढ्यन के पद माठौ।"

तब यह कथन साम्प्रदायिकता का रूप धारण कर दोष की हद तक पहुँच जाता है।

केशवदासजी कुछ तो अनुमान की झोंक में और कुछ कादम्बरी के अनुकरण में विश्वामित्र के आश्रम में वे वृक्ष ले आये जो वहाँ नहीं होते। वहाँ पर राज-हंसों का वर्णन अनौचित्य ही है। देखिए—

"तरु तालीस तमाल ताल हिंताल मनोहर।
मंजुल बंजुल लकुच बकुल केर नारियर॥
एला ललित लवंग संग पुंगीफल सोहे।
सारी शुक कुल कलित चित्त कोकिल अलि मौहै॥
शुक राजहंस कलहंस कुल नाचत मत्त मयूरगन।
अति प्रफुलित फलित सदा रहै केशवदास विचित्र बन॥"

इससे बढ़कर बात यह है कि दन्डक बन में और लंका में केशवदासजी ने केशर की क्यारियाँ खड़ी कर दी हैं। यदि अयोध्या की वाटिका में चन्दन के वृक्ष की भाँति केशर की क्यारी होती तो कोई बात न थी। रामचन्द्रजी की विरहावस्था सीताजी को बताते हुए और सीताजी की अवस्था का रामचन्द्रजी के सामने वर्णन करते हुए हनुमानजी द्वारा केशर नहीं केशर के कानन का उल्लेख हुआ है क्योंकि केशरी से सिंह और केशर दोनों श्लेष सहज में बन जाता है। हनुमानजी रामचन्द्रजी के सम्बन्ध में सीताजी से कहते हैं– *'केशरी को देख बन करी ज्यों कपत है'* और सीताजी की विरह दशा का वर्णन उसी बात को दूसरे शब्दों में दुहराते हैं।

"हरिनी ज्यों हेरति न केशर के काननहिं।"

ऐसा मालूम पड़ता है कि हनुमानजी के पास शब्दों की कुछ कमी थी जो एक ही शब्दावली को दो बार दुहराना पड़ा। राम से सम्बन्ध रखने के कारण शायद इसकी भी पुनरुक्ति में वे दोष न समझते हों।

केशवदासजी भाषा-सम्बन्धी च्युत संस्कृति के दोष से भी नहीं बच सके हैं। इसके लिए दो एक उदाहरण पर्याप्त होंगे–

(क) "पीछे मघवा मोहिं शाप दई।"

'शाप' पुल्लिग है, उसके साथ *'दई'* स्त्रीलिंग क्रिया का आना उचित नहीं था।

(ख) "अंगद रक्षा रघुपति कीन्हो"

रक्षा के साथ *'कीन्हीं'* आना चाहिए था न कि *'कीन्हो'*। इन दोषों के अतिरिक्त रामचन्द्रिका में न्यूनपदत्व *(पानी, पावक, पवन, प्रभू, ज्यौं असाधु त्यौं साधु'*–इसमें बिना क्रिया के अर्थ पूरा नहीं होता है), अधिकपदत्व (*'जनु अग्नि ज्वाल मँह धूम भई'*–यहाँ पर *'भई'* अधिक और निरर्थक है), अक्रमत्व (*अमानुषी भूमिं अबानरी करौं*–यहाँ यह प्रतीत होता है कि भूमि अमानुषी तो है ही अबानरी करना बाकी है) आदि दोष भी हैं। मालूम नहीं कि ये दोष शुद्ध गंगाजल में हाला की एक बूँद में कुछ अधिक हैं या नहीं?– *'बुन्दक हाला परथ ज्यौं, गंगाजल अपवित्र।'*

मानव-प्रकृति परिज्ञान और चरित्र-चित्रण : केशव यद्यपि अलंकारों के जाल में फँसकर अनेक प्रकार के अनौचित्य में पड़ गये, फिर भी काव्य के लिए जो मानव प्रकृति का परिचय आवश्यक है, वह उनमें पर्याप्त मात्रा में था और कहीं-कहीं उन्होंने इस सम्बन्ध में बड़े कौशल से काम लिया है। विश्वामित्र जब राम-लक्ष्मण को यज्ञ

रक्षा के लिए अपने साथ ले जाने को प्रस्तुत होते हैं तब दशरथ का मौन सैकड़ों प्रमत्त प्रलापों से अधिक बलवान हो जाता है, देखिए–

"रामचरित नृप के युग लोचन,
बारिभरित भए बारिदरोचन।
पायन परि ऋषि के सजि मौनहिं,
केशव उठि गये भीतर भौनहिं॥"

मनुष्य जब किसी मनोराग के आवेश में होता है तब वह जन-सभा में नहीं बैठना चाहता है। जब आँसू रोके न रुकते हों तब भीतर उठ जाना स्वाभाविक ही था, और जब आवेश के कारण शब्द न निकलते हों तो केवल पैर छूने में स्नेह और शिष्टाचार दोनों का निर्वाह हो जाता है। रावण के धनुषयज्ञ के अवसर के वार्तालाप से उसकी आसुरी प्रकृति का पूरा पता चल जाता है। वह घनुष तोड़ने से पहले कन्या देखने का आग्रह करता है–

"देखि कै राजसुता धनु देखौं।"

बिना कुछ करतब दिखाये वृथा बाहुबल की डींग मारता है, प्रतिज्ञा करके कि बिना अपने किसी सेवक की आर्त पुकार सुने सीताजी को वहाँ से लिए बिना नहीं हटेगा, तुरन्त एक नौकर की आर्तपुकार सुनकर चला जाता है मानो उसने ऐसा इन्तजाम पहले से कर रखा हो।

परशुराम के क्रोधी स्वभाव के अन्तर्गत उनकी अधीरता का परिचय केशव ने बड़े कौशल के साथ दिया है। परशुरामजी वामदेव से राम का 'रा' सुनते ही अधीरतावश रावण के प्रति अपने उद्गार निकाल बैठते हैं–

"तोर्‌यो 'रा' यह कहत ही, समझ्यो रावणराज।"

केशव ने राम की विरक्ति के वर्णन में अपने समय के राजाओं की प्रकृति का अच्छा वर्णन किया है। यद्यपि यह भी एक प्रकार से काल दूषण है–

"मृगया यहै सूरता बड़ी।"

× × ×

"दर्शन देबोई अति दान। हँसि बोलिबो बड़ सम्मान।"

लक्ष्मणजी जब संजीवनी बूटी के स्पर्श से जाग उठते हैं तो पहली बात यही कहते हैं *'लंकेश न जीवित जाय घरै'*। उनकी वीर प्रकृति का इससे सुन्दर उद्घाटन नहीं हो सकता था।

केशव ने कहीं-कहीं कथा को इतना संक्षिप्त कर दिया है कि चरित्र के विकास की अधिक गुंजाइश नहीं रहती। फिर भी रामचन्द्रजी, भरतजी तथा लक्ष्मणजी, रावण, विभीषण आदि प्रधान पात्रों का चरित्र प्रकाश में आया है। रामचन्द्रजी की धीरता, वीरता का परिचय परशुराम-संवाद में मिलता है। उनके हृदय की कोमल भावना का परिचय लक्ष्मण के शक्ति लगने पर लगता है। केशव ने राम के शील के

अन्तर्गत उनकी हनुमान, लक्ष्मण, सुग्रीव और विभीषण के प्रति कृतज्ञता का अच्छा परिचय दिया है। राजाओं की-सी दृढ़ता का पता सीता-वनवास के समय लक्ष्मणजी की उक्ति न सुनकर राजाज्ञा पर बल देने में मिलता है। उसमें उनकी आज्ञा के अनौचित्य की आत्म-स्वीकृति भी दिखाई देती है। राम के स्वभाव के विरुद्ध यदि कोई बात दिखाई देती है तो वन जाते समय भरतजी के व्यवहार के प्रति सन्देह की एक क्षीण रेखा का आना—

"आय भरत्थ कहाँ घौं करैं जिय भाय गुनौ।
जो दुख देयँ तो लै उर गौं यह सीख सुनौ॥"

केशव के रूपक भी कहीं-कहीं बड़े चमत्कार-पूर्ण हो गये हैं। देखिए—

"शोक की आग लगी परिपूरण,
आइ गये घनश्याम बिहाने।
जानकि के जनकादिक के,
सब फूलि उठे तरु पुण्य पुराने।"

इसमें घनश्याम का श्लेष बड़ा उपयुक्त और प्रसंगानुकूल है—

केशव के श्लेष भी—जहाँ कि अप्रस्तुत अर्थ पात्र की मनोदशा के अनुकूल होता है—बड़े मर्मस्पर्शी बन जाते हैं। वर्षा के सम्बन्ध में जो अपह्नुति और श्लेष हैं वे दोनों ही रामचन्द्र जी की मनोदशा के अनुकूल हैं। अपहुति देखिए—

"अति गाजत बाजत दुन्दुभि मानो।
निरघात सवै, पविपात बखानो॥
घनु है यह गौरमदाइन नाहीं।
शर जाल बहै जलधार वृथा हीं॥
भट चातक दादुर मोर न बोले।
चपला चमकै न फिरै खंग खोले॥
द्युतिवंतन की विपदा बहु कीन्हीं।
धरनी कहँ चन्द्र-बधू धरि दीन्हीं।"

अन्तिम पंक्ति में रामचन्द्रजी ने अपनी ओर भी संकेत कर दिया। वे भी तो सूर्यवंशी होने के कारण दुतिवन्तों में से थे और सीतारूपी चन्द्र-बधू स्वर्ग से घसीटी लायी जाकर पृथ्वी अर्थात् एक सांसारिक राजा के सुपर्द कर दी गयी थी। यहाँ पर अलंकारव्यंजना की झंकार के कारण और भी चमत्कृत हो गया है।

केशवदास ने कहीं-कहीं साधारण तुलना और विरोध द्वारा भी बड़ी सरल भाषा में अच्छा चमत्कार दिखाया है—

"सिन्धु तर्‌यो उनको बनरा,
तुम पै धनुरेख गयी न तरी।

बाँदर बाँधत सो न बँध्यो,
उन बारिध बाँधि के बाट करी ॥"

ऐसी उक्तियाँ चाहे किसी शास्त्र में अलंकार के ढाँचे में न आवें किन्तु चमत्कारपूर्ण अवश्य हैं। केशव में अलंकारों का चमत्कार अवश्य है किन्तु जहाँ वे औचित्य के विरोध में आते हैं वहाँ उनकी प्रशंसा नहीं की जा सकती। केशवदास ने औचित्य का उल्लंघन प्रायः पांडित्य-प्रदर्शन के लिए ही किया है। यह उनकी कमजोरी है।

सूरदासजी की भक्ति-भावना

सूर और तुलसी एक तुलना : भक्ति-काल हिन्दी-साहित्य के इतिहास में स्वर्णयुग माना जाता है। इसी ने हिन्दी-साहित्य गगन के सूर और शशि, सूर और तुलसी की अमर रचनाएँ कीं। भक्ति-काल में कबीर, नानक आदि सन्त कवि भी हुए और सूर और तुलसी जैसे भक्त कवि हुए। सूर और तुलसी के उपासना-भेद से उनकी भक्ति-भावना में भी अन्तर था। सूर ने अपने भगवान के माधुर्य पक्ष को अपनाया था तो तुलसी ने अपने इष्ट देव के ऐश्वर्य पक्ष को। सूर ने नियम और मर्यादा की अपेक्षा प्रेम को प्रधानता दी, तुलसी ने नीति और मर्यादा को। सूर ने भगवान के लोकरंजक रूप पर अधिक बल दिया तो तुलसी ने उनके लोकरक्षक रूप को। इसका यह अर्थ नहीं कि सूर ने उनके लोकरक्षक रूप की उपेक्षा की हो। श्रीकृष्ण जी ने केसी, अघासुर, बकासुर और कंस का दमन किया था। तुलसी ने भगवान के सौन्दर्य पक्ष और लोकरंजक रूप को अपनाया है। तुलसी ने राम के बाल सौन्दर्य का तथा बनगमन समय की माधुर्यमयी छटा का बड़ा मनोरम वर्णन किया है। दोनों ही ने भगवान की शरणागत वत्सलता पर विश्वास किया, दोनों ही ने भगवत्-कृपा का आश्रय लिया हैं। दोनों में समानताएँ अवश्य है किन्तु दोनों के दृष्टिकोण में भेद है। तुलसी ने दास-भाव को अपनाया है, क्योंकि दास-भाव में पूर्ण निरभिमानता जो भक्ति का एक आवश्यक उपकरण है, रहती है। दूसरा लाभ यह है कि दास के बनने-बिगड़ने का उत्तरदायित्व मालिक पर ही रहता है– *'बिगरे सेवक स्वान ज्यो साहिब सिर गारी (वि. पृष्ठ 150)।'* तुलसीदास जी ने दास्य भाव को अपनाया है किन्तु वे घर के मुँह लगे दास की भाँति नहीं हैं जो नीति और मर्यादा की उपेक्षा करते हों। वे रामभक्ति के साथ नीति को महत्त्व देते हैं–

'चलत नीति मग, रामपग नेह निवाहत नीक' (दोहावली, 469)। सूर ने यद्यपि दास्य और दैन्य को अपनाया है फिर भी उन्होंने सख्य को विशेष महत्त्व दिया है। सूर की उसी सख्य-प्रधान भक्ति का यहाँ विवेचन किया जाता है।

सूर की भक्ति का स्वरूप : महात्मा सूरदास जी वल्लभ-सम्प्रदाय में दीक्षित थे *'श्री वल्लभ गुरु तत्त्व सुनायो लीला भेद बतायो।'* उन्होंने भगवदनुग्रह रूप जीव के पोषण को प्रधानता देने वाले पुष्ट मार्ग की प्रेम लक्षणा भक्ति को अपनाया था।

इस प्रकार की भक्ति में श्रीमद्‌भागवद्‌गीता के *'सर्वधर्मान्परित्यज्य मामेकं शरणं ब्रज'* के अनुसार पूर्ण आत्म-समर्पण करना पड़ता है। भगवदनुग्रह से गोपियाँ इस भाव में दीक्षित थीं। इसी भाव की कमी के कारण ज्ञान का गर्व रखने वाले उद्धव श्रीकृष्ण जी द्वारा गोपियों की चटसाल में प्रेम की पाती पढ़ने भेजे गये थे। *'प्रेम भजन न नेकु याके, जाय क्यों समझाय? सूर प्रभु मन यह आनी ब्रजहि देहु पठाय।'* इस प्रेमा भक्ति के दो मुख्य रूप हैं—वात्सल्य और माधुर्य या कान्त भाव। इनका सम्बन्ध परब्रह्म परमात्मा भगवान कृष्ण के बाल और कुमार रूपों से है। वल्लभ-सम्प्रदाय के अनुकूल भगवान के ये रूप जो ब्रज में प्रकट हुए हैं, उनके शुद्ध अमिश्रित आनन्द अंश से सम्बन्धित हैं। उन्होंने ये बाल और यौवन लीलाएँ अपने कृपा भाजन जीवों को आनन्द देने के लिए की थीं। भगवान अपने कृपा-पात्रों को सुख देने के लिए ऐसे ही उत्सुक रहते हैं जैसे धेनु अपने बछड़े को। यद्यपि वल्लभ-सम्प्रदाय में वात्सल्य और कान्त भाव की मुख्यता है तथापि उसमें दास्य और सख्य का निषेध नहीं है। दास्य-भाव की दीनता का महाप्रभु वल्लभाचार्य द्वार अनुमोदन ही हुआ है— *'दैन्यं तत्तोष साधनम्'* किन्तु सख्यभाव वात्सल्य और माधुर्य भाव के अधिक अनुकूल पड़ता है क्योंकि सखा ही बाल-लीला और यौवन-लीला के स्वच्छन्द माधुर्य का निसंकोच रूप से वर्णन कर सकता है। सदा साथ रहने के कारण वह इन लीलाओं का अधिकारी हो जाता है। इसलिए सूरदास जी के लिए सखा-स्वाभाविक ही था।

कृष्ण सखा के प्राकट्य : वल्लभ सम्प्रदाय की मान्यताओं के अनुसार महाप्रभु वल्लभाचार्य स्वयं पूर्ण पुरुषोत्तम भगवान कृष्ण के अवतार हैं। जब-जब भगवान अवतार लेते हैं तब-तब उनका परिकर भी अवतरित होता है। श्री कृष्णावतार के समय वेद की ऋचाएँ गोपियाँ बनकर आयी थीं। महाप्रभु वल्लभाचार्य के अवतार के समय अष्टछाप के कवियों के सम्बन्ध में श्री कृष्ण जी के अष्ट सखाओं की कल्पना की गयी थी। वार्ता के टीकाकार श्री हरिराय ने भाव प्रकाश नाम की टीका में लिखा है— *'सो ये रदसूदास जी लीला में श्री ठाकुर जी के अष्ट सखा हैं, सो तिन में ये कृष्ण सखा के प्राकट्य है'* फिर उनका सखा-भाव का अपनाना कोई आश्चर्यजनक नहीं। सखा-भाव में पूर्ण समता के साथ संकोच का प्रभाव होता है और साथ ही अपने सख्य के आलम्बन की लीलाओं में आनन्द और गर्व की भावना रहती है। सखा-भाव में विनोद का प्राधान्य रहता है। सूर की वाणी में ये सभी बातें हैं।

मुख्य तीन रस : सूर ने मुख्यतया तीन रसों को अपनाया है। शान्त, वात्सल्य और शृंगार। शान्त के अन्तर्गत विनय के पद वात्सल्य के अन्तर्गत बाल-लीला के पद और शृंगार के संयोग वियोगात्मक उभय पक्ष सूर-सागर की श्री वृद्धि कर रहे हैं। वात्सल्य और शृंगार के दैवी आलम्बन होने के कारण ये दोनों भी शान्त के ही अंग बन जाते हैं। ये सभी प्रेमलक्षणा-भक्ति के विशाल क्षेत्र में आ जाते हैं। नन्द-यशोदा का वात्सल्यमय हर्षोल्लास और राधाकृष्ण की परस्पर आकर्षणमयी योग रति और

प्रेमालाप और गोपी गोपांगनाओं का विरह और नैराश्यपूर्ण व्यंग्यात्मक उपालम्भ सब सूर की सख्य-भाव की भक्ति के विषय बन जाते हैं।

दैन्य का अभाव नहीं : वल्लभ सम्प्रदाय में दैन्य भाव का निषेध नहीं है किन्तु लीला के गायन को अधिक महत्त्व दिया गया है। सूर ने जब महाप्रभु वल्लभाचार्य के सन्मुख *'हों हरि सब पतितन को नायक'* *'प्रभू में सब पतितन को टीको'* ऐसे पद गाये तब उन्होंने सूरदास जी को सम्बोधित कर कहा, *'जो सूर है के ऐसो काहे को घिघियात है कुछ लीला वर्णन कर'* इस आदेश में सख्य-भाव के बीज निहित थे। वैसे तो सूरदासजी दैन्य में तुलसीदास जी से पीछे नहीं हैं– *'सूरदास द्वारे ठाढ़ो आँधरो भिखारी'* में एक दम दैन्य, विवशता और शरणागति का भाव सामने आ जाता है किन्तु सूर में सखा-भाव प्रेरित अक्खड़पन की कमी नहीं है। उनकी विनय भी इससे प्रभावित है।

अक्खड़पन : एक किंवदन्ती के अनुसार सूर के प्रारम्भिक जीवन की एक घटना का उल्लेख होता है जिसमें बतलाया गया है कि सूरदास जी जब एक अन्धे कुएँ में गिर पड़े थे और भगवान कृष्ण उनको कुएँ से निकालकर अन्तर्धान हो गये थे तब उन्होंने भगवान को यह चुनौती दी।

''बाँह छुड़ाए जात हो, निबल जाति कै मोहि।
हृदय ते जब जाहुगे, मर्द वदौंगो तोहि॥''

चुनौती : सूरदास जी के विनय के पदों में दैन्य और सखा-भाव का अक्खड़पन दोनों ही है। दैन्य के पदों के लिए यह कहा जाता है कि वल्लभ कुल में दीक्षा लेने से पहले के हैं। ऐसा भी हो सकता है किन्तु वल्लभ सम्प्रदाय में दैन्य का नितान्त विरोध नहीं है, लीला वर्णन को अवश्य महत्त्व दिया गया है।

उनके विनय के बहुत से पदों में चुनौती की-सी ध्वनि है– *'कै प्रभू हारि मान कै बैठहु कै करहु विरद सही।'* वे अपने भगवान से खुलकर बात करते हैं– *'पतित पावन हरि विरद तुम्हारो कौने नाम धर्‌यो तुम कब मोसो पतित उधार्‌यो। काहे को प्रभु विरद बुलावत बिन मसकत के तार्‌यो।'* इस अक्खड़पन में हठवाद नहीं है वरन् निजी सम्बन्ध का विश्वास और शरणागतभाव की दृढ़ता है, *'नाहिन मैं काचो कृपानिधि करौ कहा रिसाइ। सूर तबहूँ न द्वार छाँड़ै डारि हो कढ़ाइ।'* अक्खड़पन के साथ कहीं-कहीं विरद बिनु करने की धमकी भी है और अपनी दृढ़ता के बलबूते लड़ने की भी बात कही गयी है।

"आज हौं एक-एक करि टरिहौं।
कै तुम ही कै हमहीं माधौ अपने भरोसे लरिहौं॥
हौ तो पतित सात पीढ़िन कौ पतितै है निस्तरिहों।
अब हौ उधरि नच्यौ चाहत हौ तुम्है विरद विनु करिहौं॥''

–सूर सागर (नन्ददुलारे द्वारा सम्पादित) प्रथम स्कन्ध 134

सूर अपनी पतितता पर गर्व करते हैं और पतित बने रहकर भगवान की कृपा का भरोसा रखते हैं। अन्त में निजी सम्बन्ध के साथ रीझभरी स्मितमयी कृपा की आशा भी रखते हैं– *'सूर पतित तबही उठि है, प्रभु, जब हँसि देहो बीरा'* बीरा देना कृपा का सूचक है। तुलसी ने भी पूतरा बाँधने की धमकी दी है किन्तु विनय न सुने जाने के बाद एक ही बार डरते-डरते कहा है। देखिए–

''हों अब लौं करतूति तिहारिय चितवत न हुतो रावरे चेते।
अब तुलसी पूतरो बाँधि है सहि न जात मौपे परिहास एते॥''

–वि. पत्रिका, 241

अन्य अन्तर : सूर और तुलसी की विनय में एक और भी अन्तर है। सूरदास हरि भक्ति के आगे और देवताओं की भक्ति नहीं करते। उन्होंने अपने सूर-सागर का आरम्भ *'चरन कमल बन्दौ हरिराई'* से किया है। तुलसीदास जी ने यथास्थान सभी देवताओं की वन्दना गायी है। *'जेहि सुमिरत सिधि होई। गणनायक कविवर वदन'* से रामचरितमानस का प्रारम्भ हुआ है। विनयपत्रिका का श्रीगणेश गणेश-वन्दना से हुआ है, *'गाइए गनपति जग वन्दन'* सूर ने और देवताओं की बुराई भी की है उन्हें रंक और भिखारी कहा है, *'और देव सब रंक भिखारी;* तुलसी मर्यादा में बँधे रहे हैं, केवल बलि चाहने वाले देवताओं की दोहावली में बुराई की है– *'बलि मिस देखे देवता कर मिस मानव देव'* तुलसी हर प्रकार से मर्यादावादी थे।

भीष्म की प्रतिज्ञा : सूर ने स्वयं ही नहीं वरन् दूसरे भक्त पात्रों द्वारा दृढ़ता और भक्ति के हठ के साथ बात कहलायी है। भीष्म पितामह हठ-पूर्वक प्रतिज्ञा करते हैं कि भगवान से अस्त्र ग्रहण कराकर ही रहेंगे।

"आजु जो हरहि न सस्त्र गहाऊँ।
तो लाजौ गंगा जननी कौ, सान्तनु सुत न कहाऊँ।
स्यंदन खंडि महारथि खंडौ, कपिध्वज सहित गिराऊँ।
पांडव-दल-सन्मुख ह्वै धाऊँ, सरिता रुधिर बहाऊँ।
इती न करौ सपथ तो हरि की, छत्रिय गतिहि न पाऊँ।''

–प्रथम स्कन्ध, 270

भीष्म पितामह के वचनों में वीर की गर्वोक्ति अवश्य है किन्तु हरि की शपथ खाने में उनकी भक्ति-भावना भी बरबस झाँक उठती है। साथ ही सूर की भक्ति-भावना में सखा-भाव की दृढ़ता का भी परिचय मिल जाता है।

बाल-विनोद : बाल-लीला के प्रसंग में तो सूरदास जी विनोद करने के लिए डाढ़ी का रूप धारण कर गोवर्धन से नन्दगाँव पहुँच जाते हैं। *'हौं तेरो जनम-जनम को डाढ़ी सूरदास कहि गाऊँ'* भगवान कृष्ण का बालरूप भक्तों को सुख देने के लिए प्रकट हुआ था– *'जो सुख सूर अमर मुनि दुर्लभ, सो नन्द भामिन पावे।'* नन्द-यशोदा द्वारा बालकृष्ण को अपने-अपने पास बुलाने की होड़ में भगवान कृष्ण के सखा

सूरदास को आन्तरिक आनन्द मिलता प्रतीत होता है। *'इत से नन्द बुलाइ लेत है उतते जननि बुलावति री। दम्पति होड़ करत आपस में श्याम खिलौना कीनो री'*। श्याम का बाल-विनोद सूर को भाता है *'बाल-विनोद खरो जिय भावत मुख प्रतिबिम्ब पकरिबे कारन हुलसि घुटरवनि धावत'*। *'चुटकी देहि नचावहिं सुत जान नन्हैया। बाल-विनोद आनन्द सों सूरज जन गावत।'* सूर के हृदय का आनन्द स्थान-स्थान पर मुखरित होता सुनाई पड़ता है। *'हरि अपने आगे कछु गावत। तनक तनक चरनन सो नाचत मनहि मनहि रिझावत। वाँह उचाइ कजरी धौरी गैयन टेरि बुलावत—सूर श्याम के बाल चरित नित देखत मन भावत।'*

यशोदा मैया चोटी बढ़ने का प्रलोभन दे, बालकृष्ण को दूध पिलाने को प्रोत्साहित करती हैं। *'कजरी को पय पियउ लाल बढ़ेगी तेरी चोटी'*। श्याम अपने भोलेपन में दूध पीते ही बाल टटोलने लगते हैं—*'पुनि पीवति ही कच टकटोहे झूठे जननि रढै'*। फिर वे अपनी माता से पूछते हैं, *'मैया, कबहि बढ़ैगी चोटी। किती बार मोहि दूध पिवत भई यह अजहूँ है छोटी'* कृष्ण के इस भोलेपन पर सूर भी मन ही मन मुसकराये होंगे।

खीज पर रीझ : सूर को अपने प्रभु को बालकों द्वारा खिजवाने में आनन्द आता था और उनके प्रभु को देखकर यशोदा मैया के साथ खीज का प्रभाव सिहाते थे।

'मैया दाऊ मोहि बहुत खिजायो। मो सो कहत मोल को लीनो तू जसुमति कब जायो। कहा कहौ यहि रिस के मारे खेलन नहीं जात—मोहन को मुख रिस समेत लखि यशुमति सुन सुन रीझै।' सूर भी इस खीज पर रीझे थे। माता के आश्वासन पर भी सूर को अपने सखा-कृष्ण के साथ सन्तोष हुआ होगा। *'सुनहु कान्ह बलभद्र चबाई जनमत ही को धूत। सूर श्याम मो गोधन की सौं हौं माता तू पूत'*। कबि के हृदय की यह सराहना संक्रामक हो पाठक को भी भाव विभोर कर देती है।

ब्रज जीवन की याद : श्री कृष्ण जी के बालसखा उनकी अचगरी और नटखरी में सदा साथ रहते थे *'दधि माखन चोरी कै लै हरि ग्वाल सखा संग खात'* और भगवान कृष्ण भी मथुरा के राजवैभव में उन सखाओं को नहीं भूले थे। *'ऊधो। मोहि ब्रज विसरत नाहीं। हंस सुता की सुन्दर कगरी अरु कुंजन की छाहीं। वे सूरभी, वे वच्छ दोहनी खरिक दुहावन जाहीं। ग्वाल-बाल सब करत कुलाहल नाचत गहि गहि वाहीं। यह मथुरा कंचन की नगरी मनि-मुक्ताहल जाहीं। जबहिं सुरत आवत वा सुख की जिय उमगत, तनु नाहीं।'*

—भ्रमरगीतसार, 400

समता-भाव : सख्य के समता भाव की पराकाष्ठा तब आती है जब श्याम के सखा बराबरी का दावा करते हुए कहते हैं, *'खेलत में को काको गुसैयाँ'* यह समता भाव धूर्तता की कोटि तक पहुँच जाता है। गेंद काली दह में गिर जाती है, सखा इस पर भी खुश होते हैं कि श्री कृष्ण को गेंद लाने के अर्थ दह में प्रवेश करना

पड़ेगा। *'जानबूझ तुम गेंद गिरायो अब दीन्हे ही बन्हे कन्हाई। सूर सखा सब हँसत परस्पर भली करी हरि गेंद गिराई'*।

वात्सल्य-वर्णन में अन्तर : तुलसीदास सूर के निकट ही आ पाते हैं, उनकी बराबरी नहीं कर पाते। इसका एक कारण उपासना भेद में है। वे अपने इष्टदेव को एश्वर्य-मंडित रूप में देखते हैं। उनके साथ रेता-पैता, मनसुखा नहीं वरन् राजकुमार चौगान खेलते हैं, देखिए–

''राम लखन इक ओर, भरत रिपुदवन लाल इक ओर भये।
सरजु तीर, सम सुखद भूमि थल गनि गनि गोइयाँ बाँटि लये॥
कन्दुक केलि कुशल हय चढ़ि चढ़ि, मन कसि कसि ठोंकि ठोंकि खये।
कर कमलत विचित्र चौगानैं खेलन लगे खेल रिझये॥''

× × ×

प्रभु वकसत गजवाजि दसन मनि, जय धुनि गगन निसान हये।
पाई सखा सेवक जाचक, मरि जनम न दुसरे द्वार गये॥

–गीतावली, बा. कांड, 43

तुलसी के राम मर्यादा में बँधे हुए हैं, वे फूल तोड़ते हैं तो *'पूँछि माली गन'* और आनन्द कन्द श्री कृष्ण दही खाते ही नहीं, मटकी भी फोड़ देते हैं। वन भोज में सब मर्यादा को तोड़ देते हैं। *'सूर श्याम अपनो नहि जेंवत ग्वालन कर ते लेले खात'* और सुनिए *'झूठो लेत सबन के मुख को अपने मुख लै नावत'*। दास अपने प्रभु की कमजोरियों का इतना खुलकर नहीं कर सकता, यह सखा ही कर सकता है।

शृंगार में डाट-फटकार : शृंगार के प्रसंग में दास को और भी कठिनाई पड़ती है। श्री कृष्ण और गोपियों के सम्बन्ध में कौमारभाव भी लगा हुआ है। यह सखाओं के और भी अधिक विनोद का कारण बन जाता है। एक गोपी कृष्ण की ढिठाई पर उनकी भर्त्सना करती प्रतीत होती है।

"कहा भए अति ठीट कन्हाई।
ऐसी बात कहत सकुचित नहिं कहधों अपनी लात गवाँई॥
बहुत हुए दसहि बरस के बात कहत हो बनी बनाई॥''

रास में प्रेमा भक्ति : रास में प्रेम-भक्ति आ जाती है। गोपियाँ कृष्ण की मुरली की ध्वनि सुनकर प्रेम-विभोर हो जाती हैं और घरबार छोड़कर उनके पास चली आती हैं।

"जबहि बन मुरली स्रवन परी।
चकित भई गोप कन्या सब काम-धाम विसरी॥
कुल मर्यादा वेद की आज्ञा, नेकहुँ नारि डरी।
स्याम सिन्धु, सरिता ललना गन जल की ठरनि ठरी॥

–दशम स्कन्ध, 1000

गोपियों के इस प्रेम सागर में सूर का हृदय भी तरंगित होता दिखाई देता है।

विरह में निष्कामता : प्रेम का शुद्ध रूप विरह में मिलता है। विरह में स्वार्थ का कर्दम जल जाता है, सुनिए–

"फिर ब्रज बसहु गोकुलनाथ!
बहुरि न तुमहिं जगाय पठवौं गोधनन के साथ॥
बरजौं न माखन खात कबहूँ, दैहौं देन लुटाय।"

–भ्रमरगीतसार, 163

यह सन्देश कृष्ण के पास कृष्ण के सखा उद्धव के द्वारा भेजा जाता है। इसमें सूर की निष्काम भक्ति व्यंजित है और सखा की शुद्ध निष्काम सान्निध्य सुख की अभिलाषा प्रतिबिम्बित होती है।

गोपियाँ विरह में व्याकुल थीं *'निसि दिन बरसत नयन हमारे'*। ऐसी ही दशा में ऊधो आये और उन्होंने ज्ञान तथा योग का सूखा उपदेश दिया। वे तो नन्दनन्दन की उपासिका थीं, निर्गुन को क्या जानें। ऊधो से पूछती हैं– *'निर्गुण कौन देश को वासी'*। ऊधो को करारी डाट देती हैं–*'रहुरे मधुकर मधुमतवारे'*, *'कहा कहौ निर्गुन लैके हौं! जीवौ कान्ह हमारे'* और फिर मधुकर के साथ कृष्ण को भी लपेटे में ले लेती हैं– *'यह मथुरा काजर की कोठरि जे आवे ते कारे'*, *'सखी री श्याम कहा हित जानै। सूरदास सर्वस जो दी–जै कारो कृतहि न मानै'*, *'एक रंग कारे तुम दोऊ धोय सेत क्यों कीजै'*। *'कान्ह केलि'* की भूखी गोपियों को योग की बात रूखी लगती है– *'जा घर रहत श्याम घन सुन्दर सदा निरन्तर पूर, ताहि छाँड़ि क्यों सून्य अराधे, खोवै अपनो मूर'*। दुख में भी उनको हँसी आ जाती है– *'ऊधो भली करी तुम आए। ये बातें कहि कहि या दुख में ब्रज के लोग हँसाए।'*

करारे व्यंग्य : उनकी विनोदवृत्ति जाग्रत हो जाती है और श्याम सुन्दर पर करारे व्यंग्य कसती हैं–

"वे दिन माधव भूल विसरि गये गोद खिलाये कनिया।
गुहि गुहि देते नन्द जसोदा तनक काँच के मनियाँ।
दिना चार तें पहरन सीखे पट पीताम्बर तनियाँ।"

–भ्रमरगीतसार, 159

यह गोपियाँ के मुख से सूर का सखाभाव बोल रहा प्रतीत होता है।

शुक्ल जी का मत : आचार्य शुक्ल जी के मत से इस प्रकार की खरी-खोटी कहलाने की बात का सखाभाव से कोई सम्बन्ध नहीं है वरन् यह बात विषय के अनुकूल है, और इस व्यंग्य में रति का संचारी हर्ष व्यंजित है, यह ठीक है किन्तु इन परिस्थितियों में भी तुलसी मर्यादा में बँधे रहते और अपने इष्टदेव को ऐसी हँसी न उड़ाने देते। कुल मिलाकर सूर और तुलसी की प्रकृति में भेद स्वीकार करना पड़ेगा। तुलसी में मर्यादा का प्राधान्य था–सूर में प्रेम की समता और स्वतन्त्रता। हमारे लिए दोनों ही वन्द्य हैं। देवताओं में कोई छोटे-बड़े नहीं होते हैं।

दूसरा पक्ष : सूरदासजी में सख्यभाव अवश्य था किन्तु इसका यह अभिप्राय नहीं है कि तुलसीदासजी आदि मर्यादा में बँधे हुए अपने इष्टदेव के साथ इतनी स्वतन्त्रता का व्यवहार नहीं कर सकते थे। यदि सख्यभाव को ही सूर की भक्ति-भावना का परिचायक मान लें तो उनके साथ अन्याय होगा। सूर में कहीं-कहीं मर्यादा का अभाव है किन्तु वे दीनता, आर्त्तता और वैराग्य-भावना में भी किसी से पीछे न थे। उनको अपने पापों और अपनी न्यूनताओं की इतनी ही प्रबल चेतना थी जितनी कि तुलसीदासजी को।

''कौन गति करिहौ मेरी नाथ।
हौं तो कुटिल, कुचील, कुदर्शन, रहत विषय के साथ॥
दिन बीतत माया के लालच, कुल कुटुम्ब के हेत।
सिगरी रैन नींद भरि सोवत, जैसे पसू अचेत॥''

—सूरसागर, प्रथम स्कन्ध, 125

पश्चात्ताप : सूर ने विषय-वासना के सम्बन्ध में अपनी तुलना *'शूकर ग्रामी'* से की है—*'भरि-भरि द्रोह विषै को धावत, जैसे शूकर ग्रामी।'* पश्चात्ताप करते हुए उन्होंने सब अपने दोष गिनाये हैं। जो अकर्त्तव्य है वह किया और कर्त्तव्य है वह नहीं किया—

''आछौ गात अकारथ गार्‌यौ।
करी न प्रीति कमल लोचन सों जनम जुवा ज्यों हार्‌यौ॥
निसि-दिन विषय-विलासनि विलसत, फूटि गयी तब चार्‌यौ।''

—सूरसागर, प्रथम स्कन्ध, 101

प्रबोधन : अपने मन को उन्होंने बार-बार प्रबोधा है। उसको संसार से हटाकर परमार्थ में प्रवृत्त करने का प्रयत्न किया है—

"मन, तौसों किती कही समुझाई।
नन्द-नन्दन के चरन-कमल भजि, तजि पाखंड चतुराई॥
सुख सम्पति, दारा सुत, हय गय, छूट सवै समुदाई।
छन भंगुर यह सवै श्याम बिनु, अन्त नहिं संग जाई॥''

—सूरसागर, प्रथम स्कन्ध, 317

बार-बार वे अपने मन से कहते हैं—

"रे मन, छाँड़ि विषय की रँचिवौ।
कत तूँ सुवा होत सेमर कौ, अन्तहि कपट न बचिवौ॥
अन्तर गहत कनक कामिनि कौ, हाथ रहैगो पचिवौ।

× × ×

सुरदास-प्रभू हरि-सुमरन बिनु जोगी कपि ज्यौं नचिवौ॥''

—सूरसागर, प्रथम स्कन्ध, 59

विषय-वासना : कंचन, कामिनी और विषय-वासना का उन्होंने उतना ही त्याग

किया जितना सन्तों और भक्तों ने। सूरदासजी सच्चे वैष्णव भक्तों की भाँति अपने पुरुषार्थ पर भरोसा नहीं करते हैं–

"करी गोपाल की सब होइ।
जो अपनो पुरुषारथ मानत, अति झूठो है सोइ॥"

इसीलिए भगवान की शरण में जाते हैं–

"सूरदास स्वामी करुनामय; स्याम चरन मन पोइ।"

–सूरसागर, प्रथम स्कन्ध, 262

सूरदासजी अपने को विषय-वासना के कमलकोश में पाकर रात्रि से छुटकारा पाने के लिए भगवत् कृपा के सूर्योदय की प्रार्थना करते हैं–

"मूर-मधुप निशि कमलकोष वस, करौ कृपा दिन भान।"

– प्रथम स्कन्ध, 100

शरणागति : वे भगवान की शरण में एक दृढ़ भरोसा लेकर जाते हैं–

"अपुने कौं को न आदर देइ?
ज्यौं बालक अपराध कोटि करै, मातु न मानै तेइ॥
ते वेली कैसें दहियत हें, जे अपनें रस भेइ।
श्री संकर बहु रतन त्यागि कैं, विषहिं कंठ धरि लेइ॥
माता अछत छीर बिन सुन मरै, अजा-कंठ-कुच सेइ?
जद्यपि सूरज महापतित है, पतिन पावन तुम तेई॥"

–प्रथम स्कन्ध, 200

वे भगवान की शरण में मिले हुए दैन्य और सख्य भाव की दृढ़ता से जाते हैं वहीं पर डटे रहने की बात कहते हैं–

"महामाचल, मारिवे की सकुच नाहिं न मोहिं।
किए प्रन हौं पर्‌यौं द्वारै लाज प्रन की तोहिं॥
नाहिं काँचौ कृपा-निधि हौं, करौ कहा रिसाइ।
सूर तबहुँ न द्वार छाँड़े, डारिहौ कढ़िराइ॥"

–प्रथम स्कन्ध, 106

सूरदास नन्द नन्दन और भगवान राम की ही शरण में गये हैं, अन्य देवताओं को तो उन्होंने रंक, भिखारी और व्यापारी कहा है–

"और देव सब रंक भिखारी, त्यागे बहुत अनेरे।"

–प्रथम स्कन्ध, 170

"लियैं दियौ चाहें सब कोऊ, सुनि समरथ जदुराई।
देब सकल व्यापार परस्पर, ज्यौं पसु-दूध-वराई॥
तुम बिन और न कोउ कृपानिधि, पावै पीर पराई॥"

–प्रथम स्कन्ध, 195

हरिहर : सूरदासजी ने एक पद में हरि और हर की एकता स्थापित की है एक सर्प-शैया पर सोने वाले तो दूसरे सर्पों को अंग-विभूषन बनाने वाले, एक नीलकण्ठ हैं तो दूसरे नील बदन हैं–

"हरि हर संकर नमो,
अहि सायी, अहि अंग-विभूषन, अमित दान बल विष हारी॥
नील कंठ, वर, नील कलेवर प्रेम परस्पर कृत हारी।"

–सूरसागर, दशम स्कन्ध, 171

अनन्यता : सूर ने जो अन्य देवताओं की बुराई की हैं, उसमें अन्य देवताओं की अपेक्षा भगवान कृष्ण के प्रति अनन्यता अधिक है किन्तु मर्यादा में बँधे हुए तुलसीदासजी नाम को भी बुराई न करते।

सूर एक ही इष्ट देव के उपासक हैं। जिस प्रकार जहाज का पंछी चाहे जहाँ उड़कर धूम आवे किन्तु विश्राम उसको जहाज पर ही मिलता है, उसी प्रकार सूरदासजी उपासना के लिए कहीं भी भटक लें, शरणागति के लिए भगवान कृष्ण के पास जाते हैं। वहीं उनको विश्राम मिलता है–

"मेरो मन अनत कहाँ सुख पावै।
जैसे उड़ि जहाज को पंछी, फिरि जहाज पर आवै॥

× × ×

सूरदास प्रभु कामधेनु तजि, छेरी कौन दुहावै।'

–प्रथम स्कन्ध, 168

दास्य : श्याम को छोड़कर अन्यत्र जाने में सूर को दुख होता है–

"मेरी तौ गति-पति तुम, अनतहिं दुख पाऊँ।
हौं कहाइ तेरौ, अब कौन कौ कहाऊँ॥"

–प्रथम स्कन्ध, 166

सूर को यदि सुख मिलता है तो श्याम के गुलाम कहलाने में–

"हमें नन्द नन्दन मोल लिए

× × ×

सब कोउ कहत गुलाम श्याम कौ, सुनत सिरात हिए।
सूरदास कौं और बड़ौ सुख, जूठन खाइ जिए॥"

–प्रथम स्कन्ध, 171

यह पद चाहे महाप्रभु वल्लभाचार्य की शरण में जाने से पहले लिखा हो, चाहे पीछे, इस बात का परिचायक है कि सूर ने सख्य भाव को अपनाया है, पर दास्य भाव से लज्जित नहीं होते थे। वे अपने भगवान को सख्य के उपालम्भ दे लें– *'बेर सूर की निठुर भए प्रभु, मेरो कछु न सर्यो'*–किन्तु वे अपने दोषों के प्रति अचेत न थे। भगवान तो कृपा ही करते हैं, जीव ही अपने अज्ञानवश उस कृपा से लाभ

नहीं उठाता। यदि दिन में उलूक को सूर्य न दिखाई दे तो सूर्य का क्या दोष?–

"तुम्हरी कृपा गोपाल गुसाईं, हौं अपने अज्ञान न जानत।
उपजत दोष नैन नहिं सूझत, रवि की किरनि उलूक न मानत॥
सब सुख निधि हरिनाम महा-मनि, सो पाएहुँ नाहिं पहिचानत।
परम कुबुद्धि, तुच्छ रस लोभी, कौड़ी लगि मग की रज छानत॥
सिव को धन, सन्तनि को सरबस, महिमावेद पुरान बखानत।
इते मान यह सूर महासठ, हरि नग बदलि, विषय-विष आनत॥"

–प्रथम स्कन्ध, 114

शील : तुलसी की भाँति सूर ने भी अपने इष्टदेव के शील, शक्ति और सौन्दर्य रूपी दैवी गुणों का वर्णन किया है। आराध्य का गुणगान भक्ति का एक आवश्यक उपकरण है। शील के कुछ उदाहरण लीजिए–

"प्रभु कौ देखौ एक सुभाइ।
अति-गम्भीर-उदार-उदधि हरि, जान सिरोमनि राइ॥
तिनका सौं अपने जन कौ गुन, मानत मेरु समान।
सकुचि गनत अपराध समुद्रहिं, बूँद तुल्य भगवान॥
बदन-प्रसन्न-कमल सनमुख ह्वै, देखत हौं हरि जैसैं।
विमुख भए अकृपा न निमिषहुँ, फिरि चितयौं तो तैसैं॥"

–प्रथम स्कन्ध, 8

ऐसा ही तुलसी ने अपने राम के विषय में कहा है।

"रहति न प्रभुचित चूक किये की। करत सुरति सयबार हिये की॥"

–बालकांड 45वें दोहे के बाद

पांडवों के राजसूय यज्ञ में श्री कृष्ण जी द्वारा अतिथियों के पैर धोये जाने की बात का बड़ी श्रद्धा के साथ उल्लेख किया है–

"जाकौ चरनोदक सिब सिर धरि, तीनि लोक हितकारी।
सोइ प्रभु पांडु सुतनि के कारण निज कर चरन पखारी॥"

–प्रथम स्कन्ध, 15

शक्ति : उन्हीं श्री कृष्ण जी की शक्ति का वर्णन करते हुए सूर ने भगवान की बाल क्रीड़ाओं के साथ किये हुए पराक्रमपूर्ण कार्यों का उल्लेख किया है। यह सब भगवान के लोकरक्षक रूप से सम्बन्ध रखते हैं–

"अध, बक, वृषभ, बकी, धेनु कहति, भव जलनिधि तैं उवारे।
संख चूड़, मुष्टिक, पुलंव अरु, तृनावर्त संहारे॥
गज चानूर हते दव नास्यौ, व्याल मथ्यौ, भयहारे।"

–प्रथम स्कन्ध, 27

आर्त्तता : श्री कृष्ण जी के सौन्दर्य के वर्णनों से तो सूरसागर भरा पड़ा है।

उनके यहाँ उल्लेख करने की आवश्यकता नहीं। ऐसे ही शील, शक्ति, सौन्दर्य आदि गुणों से विभूषित भगवान पर वे दृढ़ता के साथ भरोसा करते हैं– *'हकारे निर्धन के धन रहौ।'* उन्हीं से वे अपने उद्धार की प्रार्थना करते हैं। द्रोपदी की आर्त्त पुकार में सूर के हृदय की भी पुकार सुनाई पड़ती है *'तुम्हरी कृपा बिनु कौन उवारे', 'निवाहो वाह गहे की लाज'* इन शब्दों पर सूर की दीनता मुखरित हो उठी है। वे अपने को चारों ओर से घिरा हुआ पाते हैं। यद्यपि तुलसी विनय और आर्तता में बहुत बढ़े हुए हैं तथापि सूर भी उनके पीछे नहीं हैं। वे भवसागर से बाहर जाना चाहते हैं और सांग रूपक द्वारा अपनी दशा का वर्णन करते हैं।

''अब के नाथ, मोहि उधारि।
मगन हौं भव-अंवुनिधि में कृपासिन्धु मुरारि
नीर अति गम्भीर माया, लोभ लहर तरंग
लिए जात अगाघ जल कौं गहे ग्राह अनंग।''

–प्रथम स्कन्ध, 98

विषय-स्थिति : एक और रूपक द्वारा सूर ने अपनी ही विषम स्थिति को स्पष्ट किया है। सिर पर पापों की गठरी ही उनको भवसागर में डुबाए दे रही है–

''अति प्रपंच को मोट बाँधि कै अपने सीस धरी।
खेवनहार न खेवट मेरैं, अब मो नाव अरी
सूरदास तव चरनन की आस लागि उवरी॥''

आर्त होकर ही वे चिल्ला उठते हैं, *'अब मैं नाच्यौ बहुत गुपाल...सूरदास की सर्व अविद्या दूर करौ नन्दलाल'* (दशम स्कन्ध, 153) इसीलिए वे भगवान के चरणों की शरण में जाना चाहते हैं और चिर शान्ति के लिए उत्सुक हैं–

''चकई री, चलि चरन सरोबर, जहाँ न प्रेम-वियोग
जहँ भ्रम-निसा होति नहि कबहूँ, सोइ सागर सुख जोग।''

–प्रथम स्कन्ध, 37

उपसंहार : सूर में भक्ति के दोनों ही पक्ष (दास्य और सख्य) प्रबल हैं। हास्य-भाव जितना पुराना और दृढ़ हो जाता है उतना ही भय का सम्बन्ध कम होता जाता है। सूर के लीला-वर्णन में जो उनकी मानसिक स्थिति है वह सख्य की है और सूर सागर में लीला-वर्णन की प्रधानता होने के कारण उनकी सख्य भक्ति को प्रधानता दी जाती है। भक्ति चाहे दास्य की हो और चाहे सख्य की–सूरदास जी पूरे भक्त थे। इसीलिए वे अपने भगवान से भक्ति की ही याचना करते हैं–

''अपनी भक्ति देहु भगवान।
कोटि लालच जो दिखावहु, नाहिनै रुचि आन॥''

बिहारी का सौन्दर्य-बोध

बिहारी की विशेषता : कविवर बिहारीलाल जी हिन्दी के शृंगारिक कवियों में अग्रगण्य हैं। उनकी सतसई शृंगार रस का भी शृंगार है। यद्यपि उन्होंने रीतिकाल में लिखा तथापि उनकी कविता खाना पूरी की नहीं है। शृंगार का सांगोपांग रूप जैसा उनके *'नावक के तीर'* वाली सतसई में विकसित हुआ है, वैसा अन्यत्र कठिनता से ही दिखाई पड़ेगा। शृंगार का स्थायी भाव रति है जो सौन्दर्याश्रित है। सौन्दर्य का वर्णन प्रायः सभी शृंगारिक कवियों ने किया है किन्तु बिहारी के वर्णन में कुछ विलक्षणता है। जहाँ और कवियों ने नायक-नायिका के नख-शिख आदि आलम्बनगत उद्दीपनों की लुभावनी छटाएँ दिखालायी हैं वहाँ वे इस ब्यौरे के जाल में व्यापक सौन्दर्य का वर्णन करना भूल-से गये हैं, ठीक उसी प्रकार जिस प्रकार एक-एक वृक्ष के नाम परिगणन में लोग वन के व्यापक सौन्दर्य को ग्रहण नही कर पाते हैं। महाकवि बिहारी ने ऐसा नहीं किया है, उन्होंने जहाँ ब्यौरे का वर्णन किया है वहाँ वे व्यापक सौन्दर्य का वर्णन करना नहीं भूले हैं। उसके आधार पर कहा जा सकता है कि उनका सौन्दर्य-बोध बहुत वैज्ञानिक और उच्चकोटि का है।

तीन दृष्टिकोण : प्रत्येक प्रत्यक्ष ज्ञान की भाँति सौन्दर्य में भी एक वस्तुगत पक्ष और दूसरा मानसिक पक्ष होता है। कोई लोग विषयीगत (Subjective) पक्ष को प्रधानता देते हैं तो कोई विषयगत (Objective) पक्ष को। कुछ समन्वयवादी दोनों पक्षों को। उस दृष्टिकोण को हम विषयी-विषयगत (Subjective objective) दृष्टिकोण कहेंगे। अब हम देखेंगे कि बिहारी में हमको तीनों दृष्टिकोण मिल जाते हैं।

विषयीगत दृष्टिकोण : विषयीगत पक्ष के मानने वालों का कथन है कि सौन्दर्य के विषयगत पक्ष की अपेक्षा विषयीगत पक्ष का अधिक महत्त्व है– *'पिया चाहे सोई सुहागिन'* की बात है। तमाशाई न हों तो तमाशे का कोई मूल्य नहीं, *'फूल्यो अनफूल्यो भयो गँवईगाँव गुलाब'*। इतना ही नहीं वरन् सौन्दर्य सहृदय नायक की रुचि पर ही निर्भर रहता है। बिहारी ने इस विषयीगत पक्ष को नीचे के दोहों में व्यक्त किया है–

''जद्यपि सुन्दर सुघट पुनि, सगुनो दीपक देह।
तऊ प्रकास करै तितौं, भरिये जितौ सनेह॥225॥

× × ×

समै समै सुन्दर सवै, रूप कुरूप न कोय।
मन की रुचि जेती जिते, तित तेती रुचि होय॥''22॥

इस दृष्टिकोण से सौन्दर्य प्रेम का जनक नहीं वरन् प्रेम सौन्दर्य का जनक है।

"O lady, we receive but what we give
And in our life alone doth nature live."

यह दृष्टिकोण प्रत्ययवादी (Idealists) का है। इसमें सापेक्षितावाद भी लगा हुआ है। बिहारीलाल जी चाह की पूर्ति में सौन्दर्य को सापेक्षिता मानते हैं–

''अति अगाध अति औथरे, नदी कूप सर बाय।
सो ताको सागर जहाँ, जाकी प्यास बुझाय॥''645॥

विषयगत दृष्टिकोण : विषयगत दृष्टिकोण के रखने वाले विश्वास करते हैं कि यदि वस्तु में सौन्दर्य न हो तो द्रष्टा उसमें उसे उत्पन्न नहीं कर सकता। यदि गुलाब में लाली न हो तो हर एक आदमी उसको अलग-अलग रंग का देखेगा। हम लाल को ही लाल कहते हैं, काले को लाल नहीं। *'पिया चाहे सोई सुहागिन'* की अव्यवस्था से बचने के लिए हमको वस्तुगत सौन्दर्य मानना पड़ेगा। बिहारी ने इस दृष्टि कोण को नीचे के दोहों में व्यक्त किया है–

''सीतलतारु सुगन्ध की, महिमा घटी न मूर।
पीनस वारे जो तज्यो, सोरा जानि कपूर॥671॥

× × ×

बाल छवीली तिनन में, बैठी आपु छिपाय।
अरगट ही फानूस-सी, परगट परै लखाय॥''150॥

सान्दर्य-प्रेम और धुएँ की भाँति छिपाये नहीं छिपता। चन्द्रमा और सूर्य को कौन नहीं देखता–जो उन्हें न देखे उसी का दोष है। उलूक यदि सूर्य को दिन में न देखे तो सूर्य का क्या दोष? और देखिए–

'हौं रीझी, लखि रीझिओ, जबहि छबीले लाल।
सोन जुही-सी होति दुति, मिलति मालती माल॥''136॥

जो वस्तु सुन्दर है उस पर सभी रीझेंगे। इस निश्चय को लेकर सखी नायक से कहती है। वह अपने को एक साधारण व्यक्ति के उदाहरण में रख देती है, नायक तो नागर और रसिक है, वह अवश्य ही रीझेगा। वह वस्तुवादी दार्शनिकों का दृष्टिकोण है। पुर हत्थी नवलवधू के सौन्दर्य से आकर्षित हो भिखारियों की भीड़ लग जाने की बात भी सौन्दर्य की वस्तुगतता का द्योतक है–

''कन देबो सौंप्यो ससुर, बहू थुर हथी जानि।
रूप रहँचटे लगिलायो, माँगन सब जग आनि॥''161॥

विषयी-विषय-प्रधान दृष्टिकोण : इस वस्तुवादी दृष्टिकोण में एकांगिता रहती है। उसरी एकांगिता को स्पष्ट करने के लिए ही *'भैंस के आगे बीन बजायी वा*

जानी मेरी सानी आयी', को लोकोक्ति प्रचार में आयी है। सौन्दर्य में तो मानसिक पक्ष प्रधान होता ही है किन्तु साधारण प्रस्यक्षीकरण में भी द्रष्टा की ग्राहकता अपेक्षित है। इसी लिए कहा भी है कि *'अरसिकेषु कवित्त निवेदनं शिरसि मा लिख मा लिख'।* बिहारी द्रष्टा की ग्राहकता के पक्ष का महत्त्व भली प्रकार जानते थे। उन्होंने अलग-अलग दृष्टिकोणों का महत्त्व स्वीकार कर सौन्दर्य के समन्वयात्मक दृष्टिकोण को भी, जिसमें वस्तु और द्रष्टा के मानसिक पक्ष–दोनों को महत्ता दी गयी है, अपनाया है। उन्होंने एक दोहे में इस दृष्टिकोण को हमारे सामने रखा है। वह दोहा इस प्रकार है–

''मोहि भरोसो रीझि है उझकि झाँकि इस बार।
रूप रिझावनहार वह, ये नैना रिझवार॥''306॥

'रूप रिझावन हार वह' मैं सौन्दर्य का वस्तुगत पक्ष आ गया और *'वे नैना रिझवार'* में सौन्दर्य का विषयीगत पक्ष उभार में आ जाता है। इस दोहे के नैतिक पक्ष की ओर हम ध्यान न देंगे। इस समय हम इसके वैज्ञानिक रूप को ही लेंगे।

सौन्दर्य का मानदंड : अब प्रश्न यह है कि बिहारी ने सौन्दर्य का कोई व्यापक मानदंड भी दिया है या नहीं। बिहारी ने सौन्दर्य में पहले तो अलंकार, अंगराग आदि बाह्य उपकरणों का निराकरण किया है। उनको दर्पण के-से मोर्चे, या *'दृग पग पौंछन को किये भूषण पायन्दाज'*। अंगराग के लिए उन्होंने कहा है *'अंगराग अंगन लग्यो ज्यों आरसी उसास'।* बिहारी सहज स्वाभाविक सौन्दर्य के उपासक थे। वे सौन्दर्य को आँख, नाक की शोभा के ऊपर प्रतीपमान अर्थ की भाँति एक विलक्षण वस्तु मानते हैं। देखिए–

''अनियारे दीरघ दृगनि कितौ न तरुनि समान।
वह चितवन औरे कछू जिहि बस होत सुजान॥''

इसमें भी सुजान या सहृदय द्रष्टा को उचित महत्त्व दिया गया है। सौन्दर्य विलक्षण होते हुए भी उसकी कुछ रूपरेखा है। वह अनन्त है, वह क्षण-क्षण में नवीन छटा धारण करता है *'क्षणे क्षणे यन्नवतामुपैति तदेव रूपं रमणीयतायाः।'* यह क्षण क्षण की बदलने वाली छटाएँ अव्यवस्थित भीड़-सी नहीं लगा देती हैं। वे सुव्य'वस्थित और क्रमबद्ध होने के कारण शरीर के आयाम और आकार को अनुपात से बढ़ने नहीं देते। बिहारी ने एक नायिका की छवि का इस प्रकार वर्णन किया है–

''अंग अंग छवि की लपट, उपटति जाति अछेह।
खरी पातरीऊ तऊ, लगै भरी सी देह॥''154॥

'खरी पातरीऊ तऊ लगै भरी सी देह' में थोड़े में बहुत, गागर में सागर और अनेकता में एकता की बात आ जाती है। काव्य के ध्वनि-सम्बन्धी सौन्दर्य में भी थोड़े में बहुत *'खरी पातरीऊ तऊ लगै भरी सी देह'* की बात आ जाती है। भरी-सी देह क्षण-क्षण बदलने वाली छवि की छटाओं के कारण ही लगती है। इसके कारण

नायिका का सौन्दर्य चित्रकार की पकड़ में नहीं आता है। चतुर चितेरा भी क्रूर बन जाता है।

"लिखन बैठि जाकी सबिहि, गहि-गहि गरब गरूर।
भये न केते जगत में, चतुर चितेरे क्रूर॥"165॥

सौन्दर्य की इसी अनन्तता के अनुरूप द्रष्टा या रस की शब्दावली में आश्रय की न बुझने वाली प्यास की ओर संकेत किया गया है। प्यास का भौतिक कारण सलौना (सलवण) रूप बताया गया है। नमक खाकर प्यास अधिक लगती है, इस लौकिक अनुभव का लाभ उठा कर श्लेष के सहारे बिहारी ने सौन्दर्य की अनन्तता की बात व्यंजित की है—

"त्यों त्यों प्यासो ही रहत ज्यों ज्यों पियत अघाय।
'सगुन' सलोने रूप की, जु न चख तृषा बुझाय॥"162॥

बिहारी के दोहों के सौन्दर्य के सम्बन्ध में भी यही बात कही जा सकती है *'त्यों त्यों प्यासो ही रहत, ज्यों ज्यों पियत अघाय।'*

विशेष—इस लेख में दोहों के नम्बर बिहारी-बोधनी से दिये गये हैं।

स्वतन्त्रता के उपासक–भूषण

वीरगाथा काल के युद्ध : यद्यपि हिन्दी में वीर रस की कविता का अभाव नहीं रहा है तथापि वीर रस में माता शारदा चरण पखारकर उनका श्रम दूर करने वालों में सभी स्वतन्त्रता के गायक नहीं हुए। वीरगाथाकाल में जो वीर-काव्य रचा गया वह या तो वैयक्तिक मान-रक्षा के लिए होता था या किसी रमणी का परित्राण कर उसके साथ विवाह करने के लिए *'मानो हि महतां धनम'*। जो मान राजपूतों का सर्वस्य था वही उनमें परस्पर वैमनस्य के बीज बोकर उनके पतन का कारण बना। उन दिनों मानापमान का मानदंड बड़ा संकुचित था। वह व्यक्ति तथा छोटे-छोटे राज्यों की चार-दीवारियों में सीमित था। लोग अपनी-अपनी डफली पर अपना-अपना राग अलापना चाहते थे। क्षात्र-कर्म के राम पर रुधिर की नदियाँ बहायी जाती थीं, रण-चंडी का खप्पर अपने भाइयों के ही रुधिर से भरा जाता था। विवाह जैसे मंगल-कर्मों का उपोद्घात और उपसंहार रक्त-प्रवाहिनी रणभेरी में होता था।

राजपूती रस्सी अधजली अवश्य हो गयी थी परन्तु उसमें ऐंठ पूरी बाकी थी। यद्यपि उन दिनों विदेशी आक्रमणकारियों से भी युद्ध होते थे तथापि अधिकांश युद्धों में पारस्परिक प्रतिद्वन्द्विताओं की झलक रहती थी। दिल्ली और कन्नौज प्रतिद्वन्द्विता के केन्द्र बने हुए थे। कवि लोग भी अपने आश्रय दाताओं से तादात्म्य कर अपने नमक की बात को निभाते ही थे किन्तु साथ ही पारस्परिक वैमनस्य की ज्वालाओं को कविता के हव्य से उसे और भी प्रदीप्त करते रहते थे। सारा वीरगाथा काल इस प्रकार के प्रतिद्वन्द्वितापूर्ण वातावरण से अवरुद्ध-सा हो रहा था, जरा-जरा-सी बातों पर तलवारें खिंच जाती थीं, सती होने वाली पृथ्वीराज की बहिन बेला का दाहकर्म कहीं विपक्षी लोग न कर दें, इसपर युद्ध छिड़ गया। बेला की मृत्यु का भयानक दृश्य भी प्रतिद्वन्द्विता और कुलाभिमान की अग्नि को क्षणिक विराम न दे सका, देखिए–

"गुस्सा होय के पृथ्वीराज तब
और तुरतै हुक्म दियो करवाय।
बत्तीं दै दिव तोपन में
इन पाजिन को देव उड़ाय।

झुके खलासी सब तोपन पर
तुरतै बत्ती दई लगाय।
दगी सलामी दोनों दल की
धुवना रहयो सरग मँडराय।
तोपें छूटी दोनों दल की
रण में होन लगे घमसान।
अररर अररर गोला छूटे
कड़ कड़ करें अगनिया बान।
रिमझिम रिमझिम गोला बर्सें
सनसन परी तीर की मार।"

इस तरह के वर्णन वीर दर्प अवश्य पैदा करते थे किन्तु सरस्वती देवी इन देशवासियों की पारस्परिक फूट और मार-काट पर चार आँसू बहाकर ही ब्रह्मलोक को लौटती होंगी।

रीतिकाल में वीर रस : रीतिकाल में शृंगार का ऐसा प्राबल्य हुआ कि उसने वीर रस को आक्रान्त कर लिया था। राजा लोग मुसलमान आक्रमणकारियों को लोहा मान चुके थे। उनके मृतक प्रायः शरीरों के लिए वीर रस की रसायन भी शायद निष्फल रही– *'निर्वाण दीये किं तेल दानम्'*—बुझे दीपक में तेल डालने से क्या लाभ? हार की मनोवृत्ति में दो ही मार्ग प्रलम्बनीय रहते हैं या तो अपनी सांस्कृतिक श्रेष्ठता प्रमाणित करना जैसा कि यूनान वालों ने रोम वालों के साथ की थी अथवा विजेताओं के हास-विलास के समय जीवन में घुल-मिलकर अपनी हार को भूल जाना। पहली वृत्ति का परिचय हम को भक्ति-काल में मिलता है, दूसरी का रीतिकाल में। राजा लोग विलासिता की मदिरा में अपने दुख को भुला देना चाहते थे। अकबर, जहाँगीर और शाहजहाँ की उदार नीति ने विद्रोह की भावना को कम कर दिया था। कवि लोग ऐसे ही, अशक्त राजाओं का गुणगान करने के लिए सरस्वती देवी का आवाहन करते थे किन्तु गोस्वामी तुलसीदास के शब्दों में *'गिरा लाग सिर धुन पछताना'*, की ही बात सार्थक होती थी।

बदला हुआ दृष्टिकोण : भूषण के समय औरंगजेब की अनुदार नीति ने हिन्दू राजाओं में हिन्दुत्व की भावना जाग्रत की और उनके तीन प्रबल विरोधी बने—दक्षिण में शिवाजी, बुन्देलखंड में छत्रसाल और पंजाब में सिख।

भूषण इसी नव जाग्रत हिन्दुत्व की भावना के, जो उस समय के लिए राष्ट्रीय भावना थी, वैतालिक बने। उनको अपनी ओजमयी वाणी के उपयुक्त आलम्बन भी मिल गया। शिवाजी सच्चे क्षत्रिय थे जिन्होंने अपने वैयक्तिक लाभ की परवाह न कर अपने धर्म और जाति के लिए अपना जीवन अर्पण कर दिया। ऐसे राजाओं के यश-गान में सरस्वती देवी का श्रम सार्थक हुआ होगा, इस बात को तो भूषण ने

स्वयं स्वीकार किया है। सुनिए—

"ब्रह्म के आनन ते निकसे ते
अत्यन्त पुनीत तिहुँ पुर मानी।
राम युधिष्ठिर के बरने
बालमीकहु व्यास के अंग सोहानी।
'भूषण' ज्यों कलि के कविराजन
राजन के गुन पाय नसानी।
पुन्य चरित्र सिवा सरजै सर
न्हाय पवित्र भई पुनि बानी।"

—भूषण-ग्रन्थावली (मिश्रबन्धु), 290

यश से : भूषण ने यद्यपि शिवा पर से बहुत दान-मान पाया था और शायद वे भी केशव की भाँति राज सृष्टि करते होंगे। क्योंकि कविवर भिखारीदासजी ने उन्हें सम्पत्ति वाले कवियों की ही श्रेणी में रखा है।

"एक लहै तप के पुंजन के फल
ज्यों तुलसी अरु सुर गोसांई।
एक लहैं बहु सम्पत्ति केशव
भूषन ज्यों बलवीर बड़ाई।"

—काव्य-निर्णय, (मंगलाचरण 10)

स्वतन्त्रता की लगन : किन्तु भूषण का मन उस समय की करुण दशा से द्रवित हुआ था। धन देने वाले तो और भी मिल जाते किन्तु भूषण, हिन्दुत्व के हिमायती शिवाजी के और छत्रसाल के दरबार में ही गये। यदि उनको स्वतन्त्रता की लगन न होती तो आस-पास के राजा-रईसों को छोड़कर सुदूर दक्षिण में न जाते। उन्होंने हिन्दुत्व का गढ़ ढहते देखा था और वास्तव में भूषण के सामने हिन्दू और मुसलमान का प्रश्न न था वरन् शासित और शासक एवं शोषित और शोषक का था। अकबर ने इस अन्तर को अपनी उदारनीति से न्यूनातिन्यून कर दिया था किन्तु औरंगजेब के समय में वह पार्थक्य और भी बढ़ गया था। तभी भूषण और शिवाजी का आविर्भाव हुआ। भूषण ने शिवाजी का स्तवन इसलिए नहीं किया कि उन्होंने उनको बहुत से हाथी दिये थे।

"ऐते हाथी दीन्हे मालमकरन्ख जू के नन्द
जेते गनि सकति विरंच हू की न तिया।"

—(भूषण-ग्रन्थावली, 10)

यह भी शिवाजी के गुणों में गणनीय बात थी किन्तु मुख्य बात यह थी कि—

"साहस अपार हिन्दुवान को अधार धीर,
सकल सिसौदिया सपूत कुल को दिया।

जाहिर जहान भयो साहिजू खुमान वीर,
साहिन को सरन सिपाहिन को तकिया।''

—भूषण ग्रन्थावली, 10

हिन्दुत्व की भावना : भूषण पहले कवि थे जिन्होंने हिन्दुत्व की सामूहिक भावना को जन्म दिया। उन्होंने शिवा का इसीलिए आदर किया था। *'तुरकान मलिन कुमुदनी करी हैं हिन्दुवान नलिनी खिलायो विविध विधान सों'* (भू. ग्र., 69) दल थम्भ को उन्होंने *'हिन्दुआन खम्भ गढ़पति'* (भू. ग्र., 189) कहा है किन्तु भूषण की यह भावना संकुचित साम्प्रदायिक भावना नहीं थी। उन्होंने अकबर और शाहजहाँ की तारीफ की थी क्योंकि वे हिन्दुओं को चाहते थे, *'और पातसाहन के हुती चाह हिन्दुन की अकबर शाहजहाँ कहैं साख तब की।'* उन्होंने कुरान और वेद की अलग-अलग मर्यादा रखी थी। *'बब्बर के तिब्बर हुमायूँ हद बाँध गये दो में एक कुरी ना कुरान वेद ढब की।'* (शिव बावनी, 21) किन्तु औरंगजेब में अकबर और शाहजहाँ की-सी हिन्दुओं की चाह न थी। उसने दोनों के बीच की मर्यादा नहीं रखी। उसने दोनों को एक करना चाहा, जब अत्याचार बढ़ गये और धर्म की स्वतन्त्रता न रही। शिवाजी को उन्होंने हिन्दू जाति के उद्धारकर्ता के रूप में देखा और स्तवन किया। भूषण ने दो-एक और स्थानों में बाबर और अकबर की दुहाई दी है– *'दौलत दिल्ली की पात्र आलमगार बब्बर, अकब्बर के विरद बिसारे हैं'।* इन बातों से स्पष्ट हो जाता है कि भूषण को साम्प्रदायिक विरोध न था वरन् कुशासन का विरोध था।

केतकी और चम्पा : शिवाजी और छत्रसाल ही ऐसे राजे थे जिन्होंने औरंगजेब की प्रधानता नहीं स्वीकार की थी। अन्य और सब पुराने राजवंश औरंगजेब की शोषण नीति के शिकार बन चुके थे किन्तु शिवाजी उससे अछूते रहे। इस बात को भूषण ने एक कवि-समय का आधार लेकर बड़े सुन्दर ढंग से कहा है। भौंरा और सब फूलों पर जाता है, चम्पा के पास नहीं जाता–

''चम्पा तोमें तीन गुन रूप रंग अरु बास,
औगुन तो में एक है भौंर न आवत पास।''

भूषण ने इस औगुण को गुण बना दिया। और सब राजा रईसों को गुलाब, चमेली और मचकुन्द आदि के फूल कहा, औरंगजेब को भौंरा बताया और केवल शिवाजी को चम्पा कहा, सुनिए–

''कूरम कमल कमधुज है कदम फूल,
गौर है गुलाब राना केतकी बिराज है।
पाँडरि पँवार जुही सोहत है चन्द्रावत,
सरस बुन्देला सो चमेली साज बाज है।
'भूषन' भनत मुचकुन्द बड़गूजर हैं,

बघेले बसन्त सब कुसुम-समाज है।
लेइ रस एतेन को बैठि न सकत अहै,
अलि नवरंगजेब चम्पा सिवराज है॥"

—शिवा-बावनी, 19

इस छन्द में राना को केतकी कहा है, क्योंकि केतकी थोड़ी काँटेदार होती है। वैसे वे राणा की भी अकर्मण्यता से दुखी थे। *'राना रह्यो अटल बहाना करि.... ।'* केवल शिवाजी अपने प्रण पर अटल रहे। *'अटल शिवाजी रह्यो दिल्ली को निदरि धीर धरि ऐड़ धरि तेग धरि गढ़ धरि के।'*

—शिवा-बावनी

लाज के रक्षक : भूषण ने न तो अन्य कवियों की भाँति अपने आश्रयदाता की प्रेम-लीलाओं का वर्णन किया और न वे अपने समय की शृंगारिक प्रवृत्ति में पड़े। अनुकरण करने को उनके भाई ही मौजूद थे। उन्होंने तो शिवाजी की विजयों को भी वैयक्तिक महत्त्व नहीं दिया वरन् हिन्दू-धर्म रूपी द्रुपद-तनया के उद्धार का साधन समझा, सुनिए—

"जाहु जनि आगे खता खाहु मति यारो,
गढ़नाह के डरन कहैं खान यों बखान कै।
'भूषन' खुमान यह सो है जेहिपूना माँहि,
लाखन में सासता खाँ डार्यो बिन मान कै।
हिन्दुवान की द्रुपदी की ईजति बचैवे काज,
झपटि विराटपुर बाहर प्रमान कै।
वहै है सिवाजी जेहि भीम हूँ, अकेले मार्यो,
अफजल कीचक को कीच घमसान कै।"

—भूषण ग्रन्थावली, 337

बैर का कारण : शिवाजी और औरंगजेब का बैर अकारण न था। वह इसलिए नहीं था कि वह मुसलमान था वरन् उसने हिन्दुओं को स्वधर्म में नहीं रहने दिया था— *'खेद डारे देवी देव सहा मुहल्ला बाँके लाखन तुरुक कीन्हें छूटि गयी तबकी। भूषन भनत भागो कासीपति विश्वनाथ...चारों वरन धर्म्म छाँड़ि, कलमा निवाज पढ़ि शिवाजी न होतो तौ सुनति होत सबकी।'*

—शिवा-बावनी, 32

"कासी हू की कला जाती मथुरा मसीह होती,
शिवाजी न होतो तौ सुनत होत सबकी।"

—शिवा-बावनी, 33

हिन्दुओं की ही दुर्गति न थी, उसने अपने परिवार के लोगों के साथ भी अन्याय किया था।

"किबले की ठौर बाप बादसाह साहजहाँ,
ताको कैद कियो मानो मक्के आगि लाई है।
बड़ो भाई दारा बाकी पकरि क कैद कियो,
मेहर हू नाहिं माँ को जायो सगो भाई है।
बन्धु तौ मुरादबक्स बादि चूक करिबे को,
बीच दै कुरान खुदा की कसम खाई है।
'भूषन' सुकवि कहै सुनौ नवरंगजेब,
एते काम कीन्हे फेरि पातसाही पाई है॥"

—शिवा-बावनी, 14

भूषण ने शिवराज की प्रशंसा इसलिए की थी कि उन्होंने— *'राजन की हद राखी तेग बल शिवराज देव राखे देवल स्वधर्म राख्यो घर में।'*

इतिहास की अनुकूलता : भूषण ने अपने नायक की हवाई प्रशंसा नहीं की जो नाम बदल देने मात्र से किसी पर लागू हो सकती है। भूषण ने जो शिवाजी की प्रशंसा की है उसमें इतिहास अनुस्यूत है! सर जदुनाथ सरकार किन केड, चिट नीस जैसे इतिहासज्ञों ने भूषण से सामग्री ग्रहण की है। उस समय के प्रसिद्ध राजवंश, विख्यात गढ़ जैसे—बीजापुर, गोलकुंडा, रामगढ़ आदि उस समय के गणमान्य सेनानायकों, जैसे आदिलशाह, अफजल खाँ, कारतलब खाँ, साइस्ता खाँ आदि-आदि और ऐतिहासिक रणस्थालों का जैसे—मलहेरि, बीजापुर आदि का जैसा यथातथ्य वर्णन किया है वैसा, अन्य किसी कवि ने नहीं किया।

अलंकारों का निर्वाह : भूषण की यह विशेषता रही है कि उनके काव्य में इतिहास की अनुकूलता के साथ-साथ निर्देशित अलंकार का पूरा-पूरा निर्वाह हुआ है। उन्होंने जहाँ शत्रुओं की स्त्रियों का वर्णन किया है वहाँ यमक की चाह में थोड़े अनुदार हो गये हैं— *'तीन बेर खातीं सो तीन बेर खाती'*

—शिवा-बावनी, 8

किन्तु अधिकांश में मर्यादा का निर्वाह किया है। प्रतिनायक को हमेशा महत्ता दी है। यदि शिवाजी को 'सिंह' कहा है तो औरंगजेब को गजराज कहा है। एक स्थान में बिल्कुल बराबर ही कह दिया है—

"सिंह की सिंह चपेट सहै गजराज
सहै गजराज को धक्का।"

—भूषण ग्रन्थावली, 133

ओजमयी भाषा : भूषण की भाषा वीर रस के अनुकूल ही ओजमयी है। उसमें वीर साक्षात् मूर्तिमान हो जाता है। मालोपमा का उदाहरण लीजिए। इसमें जो व्यंजना है, वह यही है कि शिवराज अन्धकार और अन्याय की शक्तियों पर विजय पाने आये थे।

"इन्द्र जिमि जम्भ पर, बाड़व सुअम्भ पर,
रावन सदम्भ पर, रघुकुलराज हैं।
पौन बरिबाह पर, सम्भु रतिनाह पर
ज्यों सहस्रबाहु पर राम द्विजराज हैं॥
दावा द्रुम-दंड पर, चीता मृग-झुंड पर,
'भूषन' वितुण्ड पर जैसे मृगराज हैं।
तेज तम-हंस पर, कान्ह जिमि कंस पर
त्यों मलिच्छ-अंश पर सेर सिवराज हैं॥"

(आल इंडिया रेडियो दिल्ली पर प्रसारित एक वार्त्ता के आधार पर परिवर्द्धित।)

सेनापति का प्रकृति-चित्रण

मानव और प्रकृति : कविता हमारा शेष सृष्टि के साथ रागात्मक सम्बन्ध स्थापित कराती है। शेष सृष्टि में हम ही से हाड़-मांस-चाम के शरीर से आच्छादित चेतन और सुख-दुख, प्रेम, दया, क्रोध, आशा-निराशा की भावदशा से आन्दोलित और आकर्षण-विकर्षण और तटस्थ भाव के पात्र-स्वरूप मनुष्य आते हैं और उन्हीं के साथ सौम्य और विकराल रूपों में नित्य परिवर्तनशील वह प्रकृति जो हमारी क्रीड़ास्थली ही नहीं वरन् बहुत अंश में हमारी सहचरी भी दृष्टिगोचर होती है। साहित्य में भावों का प्राधान्य होने के कारण उसका मुख्य विषय तो मानव ही है किन्तु प्रकति की भी उपेक्षा नहीं की जाती। बिना प्रकृति की रंगस्थली के मानव-समाज का नाटक अधूरा रहता है। इसलिए काव्य में प्रकृति का वर्णन मानव-क्रिया-कलाप की पृष्ठ-भूमि के रूप में तो होता ही है किन्तु कभी-कभी हम उस रंग-स्थली से मानव को अलग कर स्वयं उसकी ही 'शोभा से आकर्षित हो, उसका वर्णन करने लगते हैं। पहले प्रकार के वर्णन को साहित्यशास्त्र की पारिभाषिक भाषा में उद्‌दीपन रूप से वर्णन करते हैं, और दूसरे प्रकार के विवरण को आलम्बन रूप से करते हैं। यह बात माननी पड़ेगी कि प्रकृति में मनुष्य का-सा ही आकर्षण और विकर्षण है। उसमें मानवी भावों के आरोप की भी पात्रता है। अति प्राचीन काल में तो मनुष्य उसमें मनोवेगों का आरोप ही नहीं करता था वरन् उसको दृढ़ विश्वास था कि उसके उग्र और सौम्य-रूप मनुष्य के से मनोरोगों से प्रेरित है। दार्शनिक लोग भी उसमें उसी आध्यात्मिक सत्ता से ओत-प्रोत देखते हैं जो मनुष्य को भी अनुप्राणित और अनुशासित कर रही है। कवियों ने उसका वर्णन कभी तो शुद्ध सौन्दर्योपासक के नाते उसके प्राकृतिक रूप में और कभी उसमें मानवीकरण करके किया।

संस्कृत कवियों का ध्यान प्रकृति की ओर कुछ अधिक गया है। उसका कारण भी है, तपोवनों तथा हिन्दू धार्मिक जीवन के नित्य-कर्मों में हिन्दुओं का प्रकृति के साथ सहज सम्पर्क रहा है। संस्कृत कवियों के प्राकृतिक वर्णन बड़े उत्कृष्ट हैं किन्तु उनके वर्णन भी प्रकृति के उद्‌दीपनत्व से खाली नहीं। भवभूति के अधिकांश वर्णन जैसे—*'एते ते एव गिरयो विरवन्मयूरास्तान्येव मत्तहरिणानि'* आदि पूर्वानुभूति

सुखों के साक्षीरूप होकर सम्बन्ध ज्ञान से उनकी स्मृति हरी कर देते हैं। कालिदास का *'अस्त्युत्तरस्यां दिशि देवतात्मा हिमालयो नाम नागाधिराजः'* वाले प्रसिद्ध श्लोक से आरम्भ होने वाला हिमालय का वर्णन बहुत मनोरम है। किन्तु वहाँ हिमालय का वर्णन पार्वतीजनक के शरीर रूप में ही है, उसको मानवीकरण कहना तो ठीक न होगा क्योंकि कालिदास के मन में आरोप भावना न थी। वह वर्णन मानव या देवरूप में ही हुआ है। अठारहवें श्लोक में ही प्रकृति-चित्रण का पर्दा उठ जाता है, और मानव का-सा चेतन-व्यापार आरम्भ होता है—पर्वतराज का विवाह हो जाता है—*'मेनां मुनीनामपि माननीयामात्मानुरूपां विधिनोपयेमे।'* वाल्मीकि आदि के वर्णन भी बहुत सुन्दर हैं किन्तु वे सब प्रसंगागत हैं। यह बात अवश्य माननी पड़ेगी कि संस्कृत कवियों के वर्णन विशुद्ध प्रकृति-प्रेम से प्रेरित न होते हुए भी प्रकृति से सूक्ष्म और सीधे सम्पर्क के द्योतक हैं। मानव अपने से बच नहीं सकता और यदि संस्कृत कवियों में प्रकृति का वर्णन मानव-सम्पर्क से ही कहा जाय तो उनकी कुछ गौरव-हानि नहीं होती।

रीतिकाल का प्रकृति के प्रति दृष्टिकोण : विलास-वैभव की प्राचीन काल में भी कमी न थी किन्तु हिन्दुओं की धार्मिकता विशेषकर सरस्वती के उपासकों में प्रकृति से सम्पर्क बनाये रखती थी। मुसलमानी सभ्यता ने प्रकृति से सीधा सम्पर्क कुछ कम कर दिया था और विलास वैभव की वैज्ञानिक व्यवस्था-सी हो चली थी। हमारे रीतिकाल के कवियों ने उसी वातावरण में आँखें खोली थीं। उनको साहित्यशास्त्र का पांडित्य तो पैतृक सम्पति के रूप में प्राप्त हुआ ही था।

हार की मनोवृत्ति में दो ही बातें होती हैं—(1) अपनी श्रेष्ठता किसी दूसरे क्षेत्र में दिखाना, पूर्वजों का गुणगान करना तथा उनके पुण्य-प्रताप के बल-भरोसे भविष्य के स्वप्न देखना, (2) अथवा हास-विलास की मदिरा के प्याले में अपने दुख को डुबा देना। सेनापति भक्तिकाल और रीतिकाल के सन्धिकाल के कवियों में से हैं। इसीलिए उनमें धार्मिक और श्रृंगार और अलंकारप्रियता की उभयपक्षी मनोवृत्तियाँ परिलक्षित होती हैं—एक का परिस्फुटन रामभक्ति-सम्बन्धिनी कविताओं में हुआ, दूसरी का श्लेष-वर्णन, श्रृंगार-वर्णन और ऋतु-वर्णन सम्बन्धी रचनाओं में।

सेनापति ने ऋतु-वर्णन चार प्रकार से किया है। (1) उद्दीपन रूप से। (2) श्लेषादि आलंकारिक चमत्कार दिखलाने के लिए। (3) मानवीकरण करके। (4) आलम्बन रूप से। इनमें उद्दीपन रूप की प्रधानता है।

उद्दीपन रूप से वर्णन : अन्य उद्दीपनों की भाँति श्रृंगार के भी उद्दीपन दो प्रकार के होते हैं—एक मानवी और दूसरे प्राकृतिक या दैवी। मानवी उद्दीपनों में मुस्कराहट, भ्रूभंग, गीत, वाद्य, दूती आदि प्राकृतिक में चन्दन, चाँदनी, चोया, यमुनापुलिन, वंशीवट आदि। केशव ने तो मानवी उद्दीपन ही लिए हैं। मतिराम ने प्राकृतिक उद्दीपनों को इस प्रकार गिनाया है—

"चन्द्र कमल चन्दन अगर, ऋतु बन वाग विहार।
उद्दीपन शृंगार के, उज्ज्वल शृंगार॥"

सेनापति ने इनमें ऋतुओं को विशेष महत्त्व दिया है। सभी कवि इसको किसी-न-किसी अंश में महत्ता देते हैं। इसको आचार्यों ने (केशव ने भी कविप्रिया में) वर्ण्य विषयों में मानकर कवि कर्म का अंग समझा है। ऋतुओं का सम्बन्ध शृंगार के संयोग वियोगात्मक दोनों पक्षों से है। सेनापति ने संयोग-पक्ष कुछ अधिक लिखा है। वियोग-पक्ष भी अछूता नहीं है।

संयोग-पक्ष : यह विशेषरूप से कृष्ण-सम्बन्धी पदों में दिखाई देता है। सेनापति के संयोग-सम्बन्धी छन्दों का ऋतु वर्णन तत्कालीन विलास-वैभव के समाज से प्रभावित हैं। देखिए—

"प्रात उठि न्हाइबे कौं, तेलहि लगाइबे कौं,
मलि-मलि न्हाइबे कौं गरम हमाम है।
ओढ़िबे कौं साल, जे बिसाल हैं अनेक रंग,
बैठिबे कौं सभा, जहाँ सूरज कौं घाम है॥
धूप कौं अगर, सेनापति सोंधौ सौरभ कौं,
सुख करिबे की छिति अन्तर कौं धाम है।
आये अगहन, हिम-पवन चलन लागे,
ऐसे प्रभु लोगन कौं होत बिसराम है॥"

अब जरा ग्रीष्म-सम्बन्धी विलास-वैभव का चित्र देखिए—

"सुन्दर बिराजैं राज-मन्दिर सरस, ताके
बीच सुख-दैनी, सैनी[1] सीरक उसीर की।
उछरै सलिल, जल-जन्त्र ह्वै बिमल उठैं,
सीतल सुगन्ध मन्द लहर समीर की।
भीने हैं गुलाब तन सने हैं अरगजा सौं,
छिरकी पटीर[2] नीर टाटी तीर-तीर की।
ऐसे बिहरत दिन ग्रीषम के बितवत,
सेनापति दम्पति मया तें रघुबीर की॥"

इसमें सेनापति ने शृंगार और वैभव-प्रियता के साथ रघुवरोपासना का भी परिचय दे दिया है। ऋतु वर्णन के इन चित्रों में ऋतुओं की कठिनाइयों पर विजय पाने के मानवकृत साधनों की प्रधानता है। सेनापति के मानवी वैभव के साज-सामान से स्वतन्त्र प्रकृति के वर्णन बड़े आकर्षक हैं, इनमें आलम्बनत्व की प्रधानता है। वर्षा का वर्णन देखिए—

1. श्रेणी।
2. चन्दन।

"बरसत घन, गरजत सघन, दामिनि दिपै अकास।
तपति हरी, सलफौ करी, सब जीवन की आस॥
सब जीवन की आस, पास नूतन तिन अनगन।
सोर करत पिक-मोर, रटत चातक बिहंग गन॥
गगन छिपे रबि-चन्द, हरष सेनापति सरसत।
उमगि चले नद-नदी, सलिल पूरन सर बरसत॥"

सेनापति की व्यापक दृष्टि सम्पन्न प्रभु लोगों तक ही सीमित नहीं रही वरन् जाड़ों में विशेष कष्ट उठाने वाले गरीब लोगों पर भी पड़ी है। देखिए–

"धूम नैनं बहैं, लोग आगि पर गिरे रहैं,
हिए सौं लगाई रहैं नैंक सुलगाइ कै।"

और लीजिए–

"आयौ जोर जड़कालौ, परत प्रबल पालौ,
लोगन कौं लालौ पर्‌यौ, जियैं कित्त जाइ कै।
ताप्यौ चाहैं बारि कर, तिन न सकत टारि,
मानौं हैं पराए, ऐसे भए ठिठराइ कै॥"

जो लोग शीत-काल में सुबह के वक्त कुछ काम करने को बाहर निकलते हैं वे सेनापति के सूक्ष्म निरीक्षण की दाद दिये बिना न रहेंगे।

संयोग के सुख की बातें कहीं-कहीं अश्लीलता की कोर तक पहुँच गयी हैं।

वियोग-पक्ष : परम्परा के अनुसार वियोग शृंगार के अन्तर्गत ऋुत-वर्णन प्रायः गोपियों से सम्बन्धित है। कहीं, तमाल, रसाल आदि वृक्ष कुछ तो रूप-सादृश्य के कारण और कुछ पूर्वानुभूत सुखों के साक्षित्व के कारण विरह-वेदना को तीव्र कर देते हैं। देखिए–

"केतिक, असोक, नक्ष चम्पक, बकुल कुल,
कौन धौं वियोगिनी कौं ऐसो बिकराल है।
सेनापति साँवरे की, सूरति की सुरति की,
सुरति कराइ करि डारत बिहाल है।

× × ×

लाल हैं प्रबाल फूले देखत बिसाल, जऊ
फूले और साल पै रसाल उरसाल है॥"

ऋतुओं का उद्‌दीपन से वर्णन अस्वाभाविक नहीं है। ऋतुओं का हमारे मन पर प्रभाव पड़ता है और मन का प्रभाव उनकी सौन्दर्यानुभूति में बाधक या साधक होता है। प्रकृति का उद्‌दीपन या आलम्बन रूप से वर्णन तभी हास्यास्पद हो जाता है जब उसमें कोरा शाब्दिक चमत्कार रह जाता है। ऐसे चमत्कार केशव में बहुतायत से हैं। सेनापति में उनकी कमी नहीं है किन्तु उनके छन्दों

में शाब्दिक चमत्कार के साथ बिम्ब-ग्रहण भी पर्याप्त मात्रा में है। उनके वर्णन वास्तविकता लिए हुए हैं।

श्लेष-चमत्कार : वैसे तो सेनापति ने स्थान-स्थान पर आलंकारिक चमत्कार दिखलाया है किन्तु कुछ छन्दों में यह विशेष रूप से प्रकट होता है, इसीलिए उनके कुछ छन्द श्लेष-सम्बन्धिनी पहली और ऋतु-वर्णन-सम्बन्धिनी तीसरी तरंग में समान रूप से पाये जाते हैं। एक में तो स्वयं सेनापति ही अपनी कविता की तारीफ किये बिना नहीं रह सके हैं, देखिए–

"देखैं छिति अम्बर जलै है चारि ओर छोर,
तिन तरवर सब ही को रूप हर्‌यो है।

× × ×

देखौ चतुराई सेनापित कबिताई की जु,
ग्रीसम विषम वर्षा की सम कर्‌यो है।"

'जलै' (जलता है, और पानी) और *'हर्‌यो'* (हर लिया और हरा) के श्लेष चमत्कार के आधार पर ग्रीष्म और वर्षा की समानता स्थापित की गयी है। इसमें कविता की चतुराई ही चतुराई है।

सेनापति में शाब्दिक चमत्कार है किन्तु वह चमत्कार जब उनके कथन की पुष्टि के रूप में आता है तब वह निरर्थक नहीं रहता है। देखिए नीचे के छन्द में शाब्दिक चमत्कार के साथ ज्योतिष की जानकारी चमत्कार को और भी चमका देती है।

"और की कहा है, सबिता हू सीत रितु जानि,
सीत कौं सतायो धन रासि में परत है।"

श्लेष के चमत्कार के साथ सेनापति ने यत्र-तत्र अतिशयोक्ति का भी सहारा लिया है किन्तु उनकी अतिशयोक्तियाँ कुछ-कुछ वास्तविकता का सहारा लिए हुए हैं। देखिए–

"कलप-सी राति, सो तो सोये न सिराति क्यौंहू,
सोइ सोइ जागे पै न प्रता पेखियत है।
सेनापति मेरे जान दिन हू तैं राति भई
दिन मेरे जान सपने में देखियत है॥"

दिन की बड़ाई का जो वर्णन उन्होंने किया है यह और भी सुन्दर है–

"सोई जागे जानै दिन दूसरो भयो है,
काल्हि की-सी करी भोरैं भोर की कहत है।"

मानवीकरण : प्रकृति के मानवीकरण में प्रकृति के साथ मानव की भी प्रधानता रहती है। सेनापति में प्रकृति के मानवीकरण का कार्य कल्पना और शब्द-साम्य के कारण सहज हो गया है।

बसन्त का यह रूप देखिए–

"धर्‌यौ है रसाल मौर सरस सिरस रुचि,
ऊँचे सब कुल मिले गनत न अन्त है।"

× × ×

"सेनापति धुनि द्विज साखा उच्चरत देखौ,
बनी दुलहिन बनी, दूलह बसन्त है॥"

आलम्बन रूप के वर्णन : आलम्बन रूप के वर्णनों के कुछ उदाहरण आ चुके हैं। ऋतुओं के वर्णनों में कहीं तो उद्‌दीपनता स्पष्ट कर दी गयी है और कहीं उसका लेश मात्र को भी उल्लेख नहीं है। वहाँ उद्‌दीपन व्यंजित हो सकता है। किन्तु हम उनको आलम्बन रूप से भी कह सकते हैं और वे अधिकांश में हैं भी। ऐसे ही वर्णनों में शुद्ध प्रकृति का ही रूप दिखाई देता है। सेनापति के वर्णन में हम को सूक्ष्म निरीक्षण और बिम्ब-ग्रहण तथा संश्लिष्ट योजना की शक्ति का परिचय मिलता है। वे सभी प्रकार के बादलों को एक लाठी से नहीं हाँकते। सावन और कुआर की वर्षा के बादलों का भेद नीचे के छन्दों में स्पष्ट है। श्रावण के बादलों की घटा काली और मंडलाकार होती है तो क्वार के बादल जल से रिक्त, श्वेत और छिन्न-भिन्न होते हैं—सेनापति ने दोनों ही चित्र दिये हैं।

"सेनापति उनए नये जलद सावन के,
चारि हू दिसान घुमरत भरे तोइ कै।
सोभा सरसाने, न बखाने जात काहू भाँति,
आने हैं पहार मानौं काजर के ढोइ कै।
घन सौं गगन छयौ, तिमिर सघन भयौ,
देखि न परत मानौं रबि गयौ खोइ कै।
चारि मास भरि स्याम निसा के भरम करि,
मेरे जान याही तैं रहति हरि सोइ कै॥"

इसके क्वार के बादलों की छटा की तुलना कीजिए—

"खंड खंड सब दिग-मंडल जलद सेत,
सेनापति मानौं सृंग फटिक पहार के
अम्बर अडम्बर सौं उमड़ि घुमड़ि, छिन
छिछकैं छछारे छिति अधिक उछार कै॥
सलिल सहस्र मानौं सुधा के महल नभ,
तूल के पहल किधौं पवन अधार के।
पूरब कौं भाजत हैं, रजत से राजत हैं,
गग गग राजत गगन घन क्वार के॥"

इन दोनों वर्णनों में यद्यपि तुलनात्मक विरोध दिखाई देता है। एक जगह काजल के पहाड़ हैं तो दूसरी जगह स्फटिक के। तूल के महल में रूप और गुण साम्य पूरा-पूरा

है। सावन में बादल छा जाते हैं और क्वार के खंड-खंड दिखाई देते हैं। सावन के बादलों को स्पष्ट रूप से भरे 'तोइ के' कहा गया है। *'आने हैं पहार मानौं काजर के ढोइ कै'। 'ढोइ के' क्रिया उनके बोझिलपने के अनुकूल है।* क्वार के बादलों को *'पूरब कौं भाजत'* कहा है। भाजना उनकी जल-शून्यता के अनुकूल क्रिया है।

इन वर्णनों से सेनापति के ऋतु-वर्णन की तीन विशेषताएँ स्पष्ट हो जाती है–

विशेषताएँ : (1) सेनापति के वर्णन अधिकांश में उद्दीपन रूप से हैं किन्तु आलम्बन के वर्णनों का अभाव नहीं है।

(2) इन वर्णनों में सूक्ष्म निरीक्षण के साथ बिम्ब-ग्रहण और संश्लिष्ट योजना है। इनमें केशव का-सा परिगणन-मात्र नहीं है।

(3) ये वर्णन कल्पना से रंगीन और अलंकारों से सुसज्जित हैं। अलंकार और विशेषकर श्लेष तो सेनापति की विशेषता है ही लेकिन उन्होंने कल्पना की भी ऊँची उड़ान ली है। वर्षा के चार महीने देवताओं के सोते रहने की काव्यमय व्याख्या हम पहले ही देख चुके हैं– *'चारि मास भरि स्याम निसा के भरम करि, मेरे जान याही तैं रहत हरि सोइ कै'* कहने से वर्षा ऋुत के तमाधिक्य का सजीव चित्र उपस्थित हो जाता है। नल के पानी के ऊँचे उठने के सम्बन्ध में कवि की उत्प्रेक्षा देखिए–

''ऊरध गमन बारि, ताकी छबि कौं निहारि,
सेनापति कछू बरनन कौं करत है।
मति कोउ तरु बिनु सोच्यौ रहि गयौ होई,
ताहि फेरि सीचौं यह जीय में धरत है॥
यातैं मानौं जल, जल-जन्त्र के कपट करि,
बाग देखिबे कौं ऊपर कौं उछरत है।''

तुलना : इस प्रकार हम देखते हैं कि सेनापति ने प्रकृति-वर्णन में केशव का-सा कवि-कर्त्तव्य का पालन-मात्र ही नहीं किया है वरन् उनका हृदय इस कार्य में रमा है। उन्होंने शाब्दिक चमत्कार का आश्रय लिया अश्य है किन्तु वे उसमें फँस नहीं गये हैं। शाब्दिक चमत्कार के बल पर उन्होंने उपवन नहीं रचे हैं। वे सेब और बेर शब्द-मात्र लाकर प्रकृति-वर्णन की इतिकर्तव्यता नहीं समझ बैठते और न वे अर्जुन भीम के शब्द साम्य के आधार पर पंचवटी को पांडवों की प्रतिमा बना देते हैं– *'पांडव की प्रतिमा सम लेखो, अर्जुन भीम महामति देखो'। न वे 'एला ललित लवंग पुंगीफल सोहै'* कहकर नाम-परिगणन की प्रवत्ति में पड़ते हैं। यदि ऐसा करते भी हैं तो अपने वस्तु-वर्णन को अलंकृत करने के लिए उनके नामों के पीछे वस्तुएँ रहती हैं। केशव ने रसिकप्रिया में तो ऋतु-वर्णन किया ही नहीं। कविप्रिया में जो वर्णन किये वे श्लेष प्रधान हैं। श्लेष में दो पक्षों को समलोचक महत्त्व मिलने से दोनों का महत्त्व कम हो जाता है, साथ ही उसमें उल्लास के स्थान में प्रयास दिखाई देता है।

सेनापति ने लूओं का वर्णन किया है किन्तु ग्रीष्म के ही समय वर्णन में,

बिहारी की भाँति माघ-पूस में नहीं। कुछ वर्णनों में जैसे जेठ की दुपहरी के वर्णन में 'छाहौ चाहति छाँह' पावस के रातद्यौस के अभेद में और पूस के दिनमान वर्णन में 'धरहि जँवाई लौं घट्यौ पूस दिनमान' में बिहारी के वर्णन उनके से ही हैं। बिहारी में कहीं-कहीं चमत्कार का आधिक्य है किन्तु पूर्ववर्ती होने के कारण सेनापति को अधिक श्रेय दिया जायगा। सेनापति ने भी जायसी की भाँति प्रकृति को मानवी रूप दिया है किन्तु उसे बात-बात में मानव के साथ रुलाया-हँसाया नहीं। सेनापति के वर्णन जायसी और बिहारी की भाँति सिद्ध नहीं है वरन् वे उत्प्रेक्षा द्वारा सम्भावित मात्र है। वसन्त के मानवीकरण में जितना चमत्कार और निरीक्षण-कौशल विद्यापति ने दिखलाया है, उतना सेनापति में नहीं है। वसन्त के जन्मोत्सव में धतूरे के फूल को शंख बजाने वाला कह कर विद्यापति ने अपने सूक्ष्म निरीक्षण का परिचय दिया है, देखिए– *'कालहरकार धतूरा, नागकेशर, 'कलि संख धूनि पूर'*। सेनापति की कुछ उद्‌भावनाओं में विद्यापति की छाया भी दिखाई पड़ती है। *'आछे अलि अच्छा'* और *'मधुकर माला आखर पाँति'* में बहुत कुछ साम्य है। यह आकस्मिक ही हो किन्तु इसको देखकर हमारा मन इस अनुमान की ओर अवश्य दौड़ता है कि सेनापति ने विद्यापति की छाया ग्रहण की किन्तु इतने से सेनापति का मान नहीं घटता, फिर भी यह कहा जायगा कि प्रकृति-वर्णन में वे अद्वितीय हैं।

❑❑